econometrics for empirical analysis

実証分析のための
計量経済学

正しい手法と結果の読み方

山本 勲・著
Yamamoto Isamu

中央経済社

はしがき

本書のねらいと特徴

「プロ野球選手が成績を高めると，チーム勝率が上昇し，球団収入も増加するが，選手の年俸は球団収入ほどは増えない。こうした事態は，選手が球団間を自由に移籍できないという労働市場の不完全性が原因で生じており，推定すると，それによって年俸は4割程度低く抑えられている」

このエビデンス（科学的な根拠）は，筆者が大学生の当時，初めて実施した計量経済分析の結果です。当時，計量経済学の本格的な勉強はしていませんでしたが，データやコンピュータを用いて見よう見まねで推定を繰り返すと，客観的で興味深いエビデンスが得られることが，とても刺激的でした。勉強をしているという感覚はなく，適切な推定を行うための知識を必要に応じて教科書や学術論文で学び，それをすぐに統計ソフトを使って実践していました。どのような結果が出てくるか心が躍り，推定結果に一喜一憂したり，結果の考察・解釈に悩んだり，新たな発見に高揚したりしていました。

このように，刺激的でわくわくするような計量経済分析の経験を多くの人に味わってもらいたい。また，分析自体をしなくても分析結果を正しく読み取ることで計量経済分析のエビデンスの有用性を多くの人に知ってもらいたい。本書はこうした思いから執筆した計量経済学の教科書・参考書です。計量経済学を用いた実証分析は，学術論文・書籍・白書・調査レポートなどさまざまな場面で用いられていますが，本書を学習することで，専門的な学術書を含め多くの分析結果を理解できるようになるはずです。

もっとも，分析は興味深いのですが，計量経済学の知識を本格的に勉強することは，実は非常に難しいものです。筆者も大学院に進学してから，計量経済学の理論や数式展開，証明，さまざまな応用などを勉強しましたが，もし学部生時代に計量経済分析の醍醐味を経験していなければ，難解かつ厳密な計量経済学の知識を習得することに挫折していたかもしれません。

本書の問題意識は，こうした計量経済分析の実践の興味深さと学問としての

計量経済学の難しさのギャップにあります。計量経済学は統計学・経済学・データ解析といった多くの難しい要素からできており，習得すべき知識は膨大な量があります。しかし，最低限の用語・概念や重要事項を適切に押さえれば，分析結果の読み方や使い方は効率的に学ぶことができます。

　そこで本書は，難解な計量経済学の知識を本格的にすべて習得しなくても，最低限の概念やルールを学ぶことで，計量経済学を用いたさまざまな実証分析が適切に実施できるようになったり，推定結果を正しく読み取れるようになったりすることを目指しています。そのため，本書は，できるだけ多くの方に読んでいただけるように，計量経済学の理論や数式展開を極力省略し，代わりに，推定結果の具体例を多く紹介しながら，直感的で実践的な解説を心掛けています。また，エッセンスを効率的かつ実践的に把握できるように，重要な箇所を太字にしたり，各所にチェックポイントを示したり，Q&A 形式での解説を含めたり，演習問題を提示したりしています。

　さらに，本書では，ミクロ実証分析で開発されてきた計量経済学の多くの分析手法を扱います。近年，計量経済分析では多くの分析手法が開発されており，コンピュータや統計ソフトの発展もあって，それらを簡単に使えるようになってきています。しかし，多くの分析手法の中から正しいものを選ぶことは容易ではなく，適切でない分析手法を誤用していたり，分析結果を誤って解釈してしまったりするケースは意外と多いものです。

　そこで本書では，どのような場合にどの分析手法を正しく適用し，分析結果をどのように読み取るべきか，といった実践的な視点から，できるだけ多くの分析手法を扱います。このため，本書は計量経済学の入門レベルから始めますが，後半では，大学院レベルの講義で扱うようなミクロ実証分析の最新の分析手法も幅広くカバーします。

本書の概要と利用目的

　本書は3部から構成されています。まず，第Ⅰ部では，計量経済学の概要や基本的な事項を理解し，計量経済分析の実践的な理解を進めます。第Ⅰ部は計量経済学の初学者向けの内容になっており，計量経済学に興味を持つことや，

計量経済分析で何ができるか，また，どのように使われるかといった点を把握することも目的にしています。主な対象としては，経済・商・経営学部などの大学生・大学院生，ビジネスパーソン，政策担当者，他の分野を専門とする人で計量経済分析のエッセンスを理解したい人などになります。なお，計量経済学を勉強したことのある人や実践的な使い方を理解している人は，第Ⅰ部あるいは第Ⅰ部の第1～3章はスキップして構いません。

　第Ⅱ部と第Ⅲ部では，計量経済学の基本的な分析手法を身につけるとともに，応用ミクロ経済学分野を中心に頻繁に使われている応用的な分析手法について，概念や有用性，結果の読み方などを把握することを目的としています。具体的には，第Ⅱ部では，最小二乗法という最も基本的な推定方法やその適用条件を学んだ後，最小二乗法が適用できないときに，どのような手法やモデルを適用すべきかといった観点から，最尤法（さいゆうほう）やプロビットモデル，トービットモデル，ヘーキットモデルなどを理解します。さらに第Ⅲ部では，操作変数を用いた推定やパネルデータを活用した固定効果モデルやサバイバル分析，政策評価分析などについて実践的な理解をしていきます。

　以上の概要・目的から，本書は，実証分析のために最低限必要な計量経済学のエッセンスを実践的に習得する授業や自習のテキストとして，あるいは，計量経済学の理論や知識を厳密に習得する授業の補助教材や参考書，自習書として利用するのに適していると考えられます。さらに，大学・大学院での課題論文・レポートや卒業論文・修士論文などで実証分析を行うための参考書としても役に立つと考えられます。

＊

　本書は，筆者が慶應義塾大学商学部の3～4年生向けに春学期に開講している「計量経済学各論（ミクロ計量経済学）」の講義内容がもとになっています。また，筆者が担当する学部のゼミでは，講義内容を踏まえ，計量経済学の分析手法を活用した研究論文を個人やグループで作成しています。本書は，こうした講義やゼミでの学生の研究指導を通じて，正しい分析手法を活用するために最低限必要な概念や事項は何かという点を洗い出し，試行錯誤で実践してきたことの積み重ねから出来上がっているといえます。過去9年間の講義やゼミの

学生の皆さんに，深く感謝いたします。

　ちなみに，本書で用いている計量経済分析の推定結果の例は，いずれも共著も含め筆者自身の研究か，筆者が指導した大学院生や大学生の研究を引用したものです。大学生の研究であっても，分析手法は高度なものです。本書が意図するように，計量経済分析のエッセンスを効率的に習得することで，幅広い計量経済分析が可能になることを理解してもらえれば幸いです。

　本書が出来上がるまで，多くの方からご指導・ご支援をいただきました。慶應義塾大学の樋口美雄先生からは，筆者が大学2年生のときの統計学の講義に始まり，3～4年生のゼミでは計量経済学の面白さを教えていただき，その後，大学院修士課程では実証分析のイロハを実践的に厳しく叩き込んでくれました。現在，筆者が計量経済学の教鞭がとれるのも，樋口先生のご指導があったからといえます。

　早稲田大学の黒田祥子氏とは，共同研究者として計量経済学について意見交換を繰り返しながら多くの分析を実施し，本書でその一部を引用させてもらいました。さらに，黒田氏には，本書の内容や文章表現に至るまで詳細にチェックしてもらい，数多くの有益なコメントをいただきました。慶應義塾大学大学院の伊藤大貴君と野原快太君には，原稿段階での本書の内容について，難易度や表現・内容など多くの有益な指摘・提案をもらいました。中央経済社の市田由紀子氏には，編集者として本書の企画を提案していただき，また，スケジュール管理や編集作業で大変お世話になりました。皆様に心より御礼申し上げます。

　最後に，共同研究の一部を本書の具体例として利用させてもらうとともに，公私での会話を通じて，違う分野の専門家に計量経済分析のエッセンスを伝えるコツを考えさせてくれた妻の東京大学の武藤香織に，感謝の意を伝えたいと思います。

2015年9月　三田にて

山本　勲

目　次

はしがき／i

第 I 部　計量経済学の基本事項と推定結果の実践的な理解

第 1 章　計量経済学とは何か
──計量経済学の有用性と分析の流れ　　　　　　　2

1. 計量経済学の有用性／2
2. 計量経済学の習得に必要なもの／5
3. 計量経済分析の流れ／9

第 2 章　計量経済分析のエッセンス 1
──理論と実証，データの種類，推定結果の見方　　　20

1. 理論と実証の結びつき／20
2. データの種類／22
   - 2.1　時系列・横断面・パネルデータ／22
   - 2.2　集計・個票データ／25
3. 推定結果を理解するための用語や概念／28

第 3 章　計量経済分析のエッセンス 2
──さまざまな形の回帰分析と活用方法　　　　　　35

1. 複数の説明変数を用いた重回帰分析の意味／35
2. 簡単な非線形モデルの扱い／39
   - 2.1　交差項と 2 乗項を用いた非線形モデルの推定／40
   - 2.2　自然対数を用いた非線形モデルの推定／43
3. ダミー変数の活用：血液型による賃金の違い／46

3.1 切片ダミー変数／47
3.2 傾きダミー変数／48
3.3 属性の分類が3つ以上ある場合のダミー変数の活用／51

第4章 計量経済学を用いた実証分析の具体例
——さまざまな推定結果の見方とその実践1　54

1. 決定要因の解明①：スポーツ選手の年俸はどのように決まるのか／54
2. 決定要因の解明②：メンタルヘルスの状態はどのように決まるのか／58
3. 効果の測定：アカデミー賞をとった映画は商業的にも成功するのか／63
4. Oaxaca分解：男女間賃金格差はどのように生じているのか／65
5. 演習問題／68
    5.1 サッカー選手の成績と年俸【決定要因解明】／68
    5.2 従業員の労働時間とメンタルヘルス【決定要因解明】／69
    5.3 文学賞が小説の売れ行きに与える影響【効果測定】／71
    5.4 ゆるキャラの導入の集客効果【効果測定】／72

第II部　最小二乗法から最尤法・非線形モデルへの発展

第5章 最小二乗法の仕組みと適用条件
——最小二乗法とBLUE　76

1. 最小二乗法の仕組み／76
2. 最小二乗法が用いられる理由／79
    2.1 BLUE（最良線形不偏推定量）：最小二乗推定量の特性／79
    2.2 ガウスマルコフの定理：最小二乗法のための仮定／80
3. BLUEのための仮定が成立しないケースと対処方法／81
    3.1 均一分散が成立しないケース／82

3.2 共分散ゼロが成立しないケース／84

3.3 説明変数と独立でないケース／86

3.4 まとめ／90

第6章 加重最小二乗法と一般化最小二乗法
―― 不均一分散や共分散への対処方法 ―― 93

1．加重最小二乗法と一般化最小二乗法の仕組み／93

2．加重最小二乗法を用いた推定結果の見方／96

3．加重最小二乗法や一般化最小二乗法を用いた推定例／97

4．パネルデータを用いた一般化最小二乗法：変量効果モデル／100

   4.1 変量効果モデルと一般化最小二乗法／101

   4.2 変量効果モデルの推定例／102

第7章 プロビットモデルと最尤法
―― 線形確率モデルの問題点と対処方法 ―― 104

1．線形確率モデルの問題点とプロビットモデル／104

   1.1 ダミー変数を被説明変数とした推定モデル／104

   1.2 線形確率モデルの問題点／105

   1.3 プロビットモデルの考え方／106

2．最尤法によるプロビットモデルの推定／108

3．プロビットモデルの推定結果の見方／109

4．プロビットモデルの最尤推定結果の例／112

   4.1 プロビットモデルと決定要因：ノーベル経済学賞の選定／112

   4.2 プロビットモデルと行動特性：震災ボランティアの参加／113

   4.3 変量効果プロビットモデル：ネーミングライツの導入要因／115

第8章 順序ロジットモデルと多項ロジットモデル ——118
——離散選択モデルの応用

1. 離散選択モデルと潜在変数／118
   1.1 離散選択モデルの紹介／118
   1.2 潜在変数と離散選択モデルの仕組み／119
2. 順序ロジットモデルと多項ロジットモデルの推定結果の見方／123
   2.1 順序ロジットモデル／123
   2.2 多項ロジットモデル／126
3. 離散選択モデルの推定結果の例／129
   3.1 順序ロジットモデル：大学生のキャリア意識の違い／129
   3.2 多項ロジットモデル：希望するお墓の形態の違い／131

第9章 トービットモデルとヘーキットモデル ——134
——質的変数モデルの応用

1. トービットモデルとヘーキットモデルの仕組み／134
   1.1 トービットモデル／134
   1.2 ヘーキットモデル／136
2. 各モデルの推定の仕組み／138
   2.1 最小二乗法を適用する場合の問題点／138
   2.2 トービットモデルとヘーキットモデルの推定方法／140
3. 各モデルの推定結果の見方／143
   3.1 トービットモデル：ボランティア活動時間の決定／143
   3.2 ヘーキットモデル：賃金関数の推定／144
4. トービットモデルとヘーキットモデルの推定結果の例／146
   4.1 トービットモデル：非正規雇用と健康状態の関係の把握／146
   4.2 ヘーキットモデル：高年齢者の賃金関数の推定／147

第10章　非線形モデルの実証分析の具体例　———150
——さまざまな推定結果の見方とその実践 2

1. 一般化最小二乗法・プロビットモデル：動物園の入場者数は人気動物で増えるのか／150
2. 各種非線形モデル：属性によって授業成績は違うか／153
3. 多項ロジットモデル：買手独占が生じていると就業は抑制されるのか／158
4. 演習問題／161
    - 4.1 賃金の下方硬直性の度合い【トービット】／161
    - 4.2 朝食の種類と大学生の生活満足度【ヘーキット】／163

第III部　因果関係の特定とミクロ計量経済分析の応用

第11章　操作変数を用いた因果関係の特定　———166
——同時決定・内生性バイアスとその対処方法

1. 同時決定・内生性バイアスの仕組み／166
2. 操作変数を用いた推定の仕組み／170
3. 操作変数を用いた推定結果の見方／173
4. 操作変数を用いた推定結果の例／175
    - 4.1 2段階最小二乗法：Jリーグの観客動員数の決定要因／175
    - 4.2 操作変数法：ネーミングライツ導入の集客効果／177

第12章　パネルデータ分析と固定効果モデル　———180
——固有効果の存在とバイアスの対処方法

1. 変量効果・固定効果モデルの概要／180
2. 固定効果モデルの長短所とハウスマン検定／185
    - 2.1 固定効果モデルのメリット／185
    - 2.2 固定効果モデルのデメリット／187
    - 2.3 ハウスマン検定によるモデルの選定／189

3．固定効果・変量効果モデルを用いた推定結果の例／190
    3.1　企業パネルデータの活用：WLB 施策の生産性上昇効果／190
    3.2　回顧パネルデータの活用：「あさどく」の効果／192

第13章　効果・影響の測定
──データを用いた政策・プログラム評価の方法　194

1．パネルデータを用いた DD 分析／194
    1.1　効果測定の概念と DD 分析／194
    1.2　計量経済分析における DD 分析／197
    1.3　DD 分析の推定結果の例／198
2．マッチング推定／200
    2.1　マッチングの考え方／200
    2.2　マッチング推定の方法／201
    2.3　マッチング推定の結果の見方／202
3．DD 分析とマッチング推定の例：キャリア研修の効果測定／204

第14章　サバイバル分析
──生存時間の要因特定　208

1．生存・リスクの測り方とサバイバル分析の考え方／208
2．分布ハザードモデルと Cox 比例ハザードモデル／212
    2.1　モデルの概要／213
    2.2　推定結果の見方／214
3．サバイバル分析の例／218
    3.1　Cox 比例ハザードモデル：大学生の交際期間／218
    3.2　分布ハザードモデル：女子大の存続要因の特定／218

第15章 パネルデータを活用した実証分析の具体例 ——222
——さまざまな推定結果の見方とその実践3

1. 固定効果モデルと変量効果モデル:人々はどのようなときにNHKを視聴するのか／222
2. 固定効果モデルと操作変数法:メンタルヘルスの状態が悪くなると企業業績が悪化するのか／225
3. DD分析:市町村合併によって水道料金は安くなったのか／229
4. マッチングDD分析:高年齢者雇用安定法改正の影響によって就業率は上昇したか／231
5. 演習問題／233
    5.1 ジョブカフェと若年雇用【マッチングDD分析】／234
    5.2 お笑い芸人の持続期間【サバイバル分析】／235

参考文献／237
さらに学びたい人のために／240
索　引／242

第 I 部

計量経済学の基本事項と
推定結果の実践的な理解

第1章
計量経済学とは何か
──計量経済学の有用性と分析の流れ──

　第Ⅰ部では，計量経済学の概要や実証分析の結果の基本的な読み方を把握し，さまざまな推定結果に慣れることを目指します。本章では，計量経済学の有用性や学習アプローチを説明するとともに，実際の実証分析をイメージするため，分析の流れを実例を用いて紹介します。

> **本章の目標**
> □ 1節：計量経済学の有用性や活用方法を理解する。
> □ 2節：計量経済学の構成要素を理解し，学習アプローチを知る。
> □ 3節：計量経済学を用いた実証分析の流れを把握する。

1　計量経済学の有用性

● 社会・経済の法則性や関係性を「見える化」する

　計量経済学にはどういった活用方法があるのでしょうか。学問としては，理論経済学で示されるモデルや仮説，法則性・関係性などが現実経済にどの程度当てはまるかを検証するツールとして活用されます。理論モデルが現実から乖離しないため，また，現実経済で生じている事象や問題を理論モデルに反映させるため，**経済理論と現実経済の「架け橋」の役割を担うのが計量経済学**です。

　ただし，現実経済では多様な個人や企業がさまざまな行動をとり，日々，突発的な事態や不規則な動き，自然災害による混乱など，さまざまなショックが生じています。そのため，経済活動・事象を描写したデータには経済理論が示す法則性・関係性をみえにくくする大量のノイズが含まれており，それらの法則性・関係性を確認することは至難の業といえます。そこで，計量経済学では，データに含まれるノイズを可能な限り除去したり，観察されない部分も統計的

に考慮したりすることで，表面的にはみえにくい経済現象の本質的な姿や法則性・関係性を見出そうとします。つまり，**計量経済学は現実には把握しにくい法則性・関係性の「見える化」を行うツール**と捉えられます。

◉ 原理・原則と例外を浮き彫りにする

経済の構造や経済主体（個人や企業）の行動は，近年，多様化・複雑化してきており，経済主体の行動や市場の法則性を見出すことの難しさが増しているといえます。また，情報技術の革新・普及に伴い，**ビッグデータ**と呼ばれる大規模データなど，世の中にはデータが豊富に存在するようになりました。しかし，そうした大規模データには，ノイズも多く含まれるため，データに翻弄されて本質を見誤ってしまう危険性もあります。

計量経済学のツールを活用してデータを解析することは，図表1-1にイメージしたように，表面的にはモヤモヤとした雲のようにしかみえない**現実経済から，本質的な法則性・関係性・因果性を浮き彫りにする**ようなことといえます。雲の中からみえてきた矢印が法則性・関係性（**原理・原則**）だとしたら，それ以外の部分はノイズ（**例外**）になります。現実経済ではノイズが重要なこともありますし，想定外の事象にこそ政策対応が必要ともいえます。また，想

図表1-1　現実経済と計量経済による実証分析（イメージ）

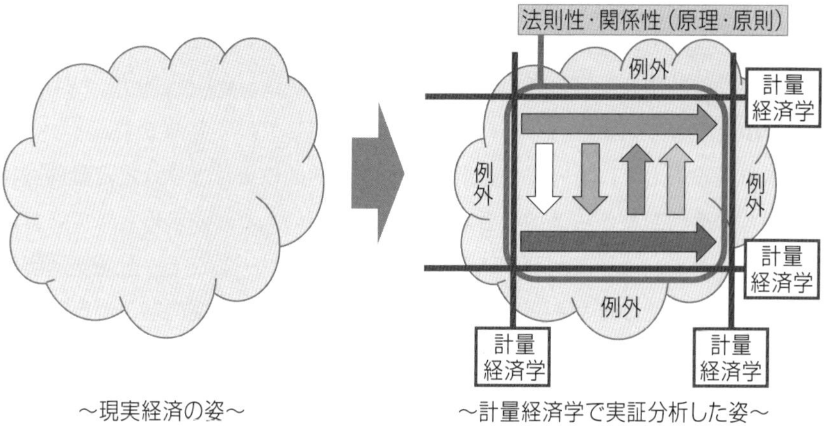

〜現実経済の姿〜　　　　〜計量経済学で実証分析した姿〜

出所：筆者作成。

定外の事象からビジネスチャンスが生まれることもあります。しかし，何が原理・原則かを知らない限りは，何が例外かもわかりません。

　計量経済学を用いた実証分析によって原理・原則がわかれば，現実に起きていることがどれだけ原理・原則から離れているのか，中長期的にはどのような方向性に向かっていくのか，といったことがわかってきます。表面的な事象に翻弄されないためにも，計量経済学によってしっかりと本質をつかむことは，現代の社会経済を捉える上で非常に重要といえます。

◉ エビデンスに基づく行動サイクル

　計量経済学を用いた実証分析の結果は，定量的なエビデンスになります。例えば，経済理論では「所得に応じて消費支出が決まる」という消費関数に関する定性的な法則性が示されますが，実証分析ではデータを用いた推計を行うことで，「所得が10万円増えると平均的には消費が6万7千円増える」といった定量的なエビデンスが示されます。具体的な数値としてのエビデンスは，政策立案・運営やビジネスにおける意思決定の材料として，有益でパワフルなものといえます。

　特に近年では，**エビデンスに基づく行動サイクル**（evidence-based policy や evidence-based management など）の重要性が指摘されています。現実に起きている事象からエビデンスを導出して行動計画を策定し，行動した後に定量的にその成果や影響を測定した上で改善点を洗い出し，政策やマネジメントの新たな行動計画を策定していく，という **PDCA**（Plan-Do-Check-Action）**サイクル**を政策や企業経営，組織運営などに適用していくものです。

　事例や経験則も時によっては必要ですが，科学的に裏付けられた定量的なエビデンスを活用しながら適切な意思決定を下していくことが求められているといえます。そのためのエビデンスを導出する強力なツールこそ，計量経済学なのです。こうしたこともあって，計量経済分析に基づく定量的なエビデンスは，学術論文や学術書はもちろんですが，経済財政白書などの政府刊行物や調査・研究機関からのレポートなど，さまざまな用途に用いられています。

> **ポイント**
> ✓ 計量経済学は，経済理論と現実経済の「架け橋」としての役割や，表面的には把握しにくい法則性・関係性をデータから「見える化」するツールとしての役割がある。
> ✓ 計量経済学をもとに原理・原則と例外が区別できれば，現状把握を適切に行えたり，本質的な方向性を把握しやすくなったりする。
> ✓ エビデンスに基づく意志決定を行う際，計量経済学はエビデンスを導出するツールとして有用であり，学術研究だけでなく，白書や調査研究レポート，ビジネスの現場でも広く活用されている。

2　計量経済学の習得に必要なもの

◉ 計量経済学は難しい？

　計量経済学は実証分析において有用なツールといえますが，どのようにしたら理解・習得できるのでしょうか。計量経済学のテキストをみると，そのほとんどが，代数・微分積分などを用いた数式展開や確率・統計理論などの難解なマテリアルであふれています。というのも，**計量経済学は，経済理論，統計学，数学，データなどから構成されている**からです。このため，それぞれを正しく理解し，さらに相互の関連性も含めて活用できるようになることが，計量経済学の習得にはどうしても必要になってきます。

　こうした計量経済学の構成要素は決して理解しやすいものではないため，テキストを手に取った多くの人が，計量経済学はとても理解・習得しにくい「難解な学問」という印象を持ってしまうと思います。実際，計量経済学の勉強をはじめてすぐに数学や統計学の難解さから挫折してしまう人も少なくないでしょう。

◉ ユーザーフレンドリーな統計ソフトがたくさんある

　その一方で，計量経済学を用いて実際の実証分析を行うこと自体は，実は非

常に簡単にできます。なぜならば，近年では**統計ソフト**（STATA，E-views，R，SPSS，TSP，SAS など）の開発・普及が進んでいるからです。統計ソフトの中には，計量経済学の知識がなくても，パソコン上でクリック操作するだけで，高度な実証分析を実施できるユーザーフレンドリーなものもあります。

ちなみに，最も汎用的で容易な統計ソフトは Microsoft 社のエクセルのアドインの「分析ツール」でしょう。このアドインを使えば，エクセル上で計量経済学の基本となる分析を簡単に実施することができます。

パソコン上でクリック操作だけで実証分析を進めることは，いわばゲーム感覚でできます。実証分析の面白さは，例えばAとBという2つの事象に関係性があるだろうとの予想を立て，収集したデータをもとに分析を実施し，その予想が統計的にも正しいことが示せたときに感じられると思います。

例を挙げると，プロ野球選手は球団間の移動が制限されているために，買手独占によって年俸が本来の水準よりも低く抑えられていると予想し，大量のデータを集めて分析を行った結果，実際に買手独占が年俸を40％低めているという結果が出たら，高揚感を覚える人は少なくないと思います。

IT技術の進歩やデータの利用可能性の向上によって，そうした実証分析の面白さは，「難解な学問」である計量経済学の中身を習得しなくても，ある程度味わえるようになってきました。図表1-2にイメージしたように，本来であれば事象Aと事象Bの間の関係性は，下側の矢印に沿って「難解な学問」を駆使してようやく把握できるものです。しかし，「ユーザーフレンドリーな統計ソフト」とデータを活用すれば，太矢印のように下側の「難解な学問」を知

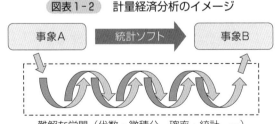

図表1-2　計量経済分析のイメージ

難解な学問（代数・微積分，確率・統計，…）

出所：筆者作成。

らなくても，容易に把握できてしまいます。このように，実証的なエビデンスを見出す方法が増えたのは望ましいことでしょう。

● 学問と実践のギャップの落とし穴

しかし，「難解な学問」と「ユーザーフレンドリーな統計ソフト」という学問と実践のギャップには注意が必要です。なぜならば，中身や構造を正しく理解しなくても分析だけは容易にできるため，誤った推定手法を使ってしまったり，分析結果を不正確に解釈してしまったりする危険性があるからです。いわば，クルマの正しい運転技能や交通ルールを知らないまま，ゴーカートやゲームのように街中でクルマを運転するようなものです。

それでは，こうした危険を冒さないためには，どうしたらいいのでしょうか。クルマを安全に運転するには，運転技能や交通ルールを徹底的に理解し，技術仕様や自動車工学まで習得することが最善といえます。同様に，計量経済学では，数学や統計理論を基礎から応用まで理解し，計量経済理論の数式展開や経済理論との関係性を適切に把握できるようにしたうえで，統計ソフトの利用方法を熟知し，実証分析を行うことが最善といえます。

しかし，一般のユーザーがクルマを安全に運転するのに自動車工学の知識を必要としないように，計量経済学を用いた実証分析を適切に実施したり，分析結果を正しく理解したりするのには，必ずしも計量経済学を基礎から応用まで完璧に理解する必要はありません。

プロの研究者を目指すなら別ですが，実務的なユーザーとして計量経済学のツールを活用するのであれば，運転技能や交通ルールにあたる最低限のノウハウを習得すれば十分といえます。「難解な学問」を理解する過程で挫折を繰り返し，計量経済学を用いた実証分析までたどり着けずに終わってしまうよりも，必要最低限のノウハウを身につけ，「ユーザーフレンドリーな統計ソフト」の恩恵を最大限に活用し，現実経済の本質的な法則性を見出していくほうが有益といえるでしょう。

● 本書の学習アプローチ

こうした問題意識から，本書では，計量経済学に関する難解な数式展開や数学・統計学の利用は極力避け，実証分析手法を正しく適用し，分析結果を的確に解釈できるようになるために必要最低限のノウハウの習得を目指します。場合によっては直感的に理解するために，必ずしも厳密でない説明をすることもありますが，全体像やエッセンスをつかむことを目的としています。

近年，IT技術やデータの発展もあって，計量経済学のなかでも応用ミクロ経済学（労働経済学，教育経済学，都市経済学，産業組織論など）といわれる分野では，実証分析ツールの発展が目覚ましく，多くの最新ツールが開発・活用されています。これら最新ツールの仕組みを本格的に理解するのは容易ではありませんが，ツールのエッセンスをつかみ，数多くある選択肢の中からどのツールをどのように使うべきか，また，どのような点に注意して結果の解釈を行うべきか，といった点を理解することは決して難しくはありません。こうしたことを意識しながら，本書では，**計量経済学を活用するために最低限必要なことを解説するとともに，基礎から応用までを実践的に幅広く理解すること**を目指していきます。

なお，計量経済分析を実施する統計ソフトにはさまざまなものがあり，それぞれの統計ソフトのマニュアルや解説書などが充実しているため，本書では統計ソフトの使い方やコマンドについてはほとんど言及しません。

ポイント

- ✓ 一般に計量経済学は経済理論・統計学・数学・データなどからなる「難解な学問」と位置づけられるが，実際の実証分析は「ユーザーフレンドリーな統計ソフト」を用いて容易に実施することもできる。
- ✓「難解な学問」と「ユーザーフレンドリーな統計ソフト」のギャップには，分析の誤用といった危険性が伴う。
- ✓「難解な学問」のすべてを理解しなくても，最低限の知識・ノウハウを理解できていれば，実証分析を正しく実施し，また，結果を適切に解釈することは可能である。

3 計量経済分析の流れ

計量経済学を用いた実証分析とは，具体的にどのようなものなのでしょうか。次章以降で詳しく説明する前に，本章では分析の概要をつかむために，消費関数の推定を例にとって，図表1-3に示したような標準的な流れを紹介します。ここではあくまでエッセンスを把握することを目的とするため，細かい点や専門用語については次章以降で確認するようにしてください。

ステップ1：理論的背景の確認（仮説の設定）

計量経済学を用いた実証分析を行う際には，必ず何らかの理論的背景が必要となります。データがあるから実証分析してみる，というスタンスは「**理論なき計測**」と批判されます。計量経済学では，経済理論モデルや分析者の問題意識などから導出された仮説を検証するために，必要なデータを収集し，適切な実証分析を行う，というスタンスをとります。つまり，あくまで「**理論・仮説ありき**」というスタンスが重要となります。

消費関数を例にとれば，経済理論にある「所得の一定割合が消費される」という理論的背景や仮説に基づき，実際に日本経済でこのことが当てはまるかをデータから検証するといった分析目的が設定されます。分析によっては厳密な経済理論が対応しないこともありますが，そうした場合でも，**少なくとも概念**

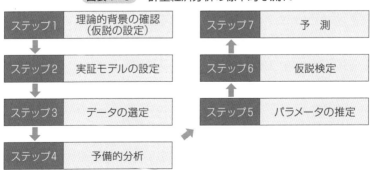

図表1-3　計量経済分析の標準的な流れ

出所：筆者作成。

やロジックなど，客観的に納得できる仮説を設定することが必要です。

ステップ2：実証モデルの設定

理論的背景や仮説から何を検証するかが決まったら，具体的にデータを用いた分析アプローチを検討します。データを用いて変数（事象）間の関係性を計測する手法の1つに**回帰分析**（regression analysis）があります。回帰分析では理論的背景を踏まえながら，変数間の関係性を描写する推定式を決めます。例えば，消費関数に関する回帰分析では，以下のような定式化を行います。

$$消費 = a + b\,所得 + 誤差$$

この式は，左辺にある消費が右辺にある所得によって説明されることを示しています。このため，左辺の消費を**被説明変数**（**従属変数**），右辺の所得を**説明変数**（**独立変数**）と呼びます。この式は，所得が1円増加すると消費支出がb円増えること，また，所得がなくてもa円は消費されることを示しています。aとbは**パラメータ**（**係数**）と呼ばれ，経済理論との関係ではそれぞれ基礎消費と限界消費性向を意味します。

計量経済学を用いた実証分析（あるいは回帰分析）では，これらパラメータ（aとb）をデータから推定することが主たる目的となります。なぜならば，パラメータが決まれば，所得に応じてどの程度の消費がなされるかといった法則性（「$消費 = a + b\,所得$」）が見出せるからです。

ただし，現実経済ではこの法則性がそのままデータに反映されることはなく，必ずノイズが含まれます。上の消費関数に**誤差**を含めているのはこのためで，法則性に誤差を加えた推定式（「$消費 = a + b\,所得 + 誤差$」）によって，データが正しく描写され，法則性によって説明できる部分とノイズによる誤差の部分とに分けることができます。

ステップ3：データの選定

次に，パラメータを推定するために，被説明変数と説明変数それぞれに当てはめるデータを選定します。データには一定時間の間隔で情報を収集した「**時**

図表1-4 消費関数の推定に利用するデータ

都道府県	性別	所得	支出
北海道	男性	227	155
青森県	男性	234	175
岩手県	男性	193	206
宮城県	男性	204	160
秋田県	男性	208	123
山形県	男性	302	155
⋮	⋮	⋮	⋮
(中略)	(中略)	(中略)	(中略)
⋮	⋮	⋮	⋮
佐賀県	男性	239	144
長崎県	男性	237	204
熊本県	男性	278	194
大分県	男性	276	193
宮崎県	男性	272	191
鹿児島県	男性	169	129
沖縄県	男性	214	138
北海道	女性	207	173
青森県	女性	169	143
岩手県	女性	246	228
宮城県	女性	224	204
秋田県	女性	159	165
山形県	女性	221	141
⋮	⋮	⋮	⋮
(中略)	(中略)	(中略)	(中略)
⋮	⋮	⋮	⋮
佐賀県	女性	185	173
長崎県	女性	186	167
熊本県	女性	181	181
大分県	女性	170	141
宮崎県	女性	236	201
鹿児島県	女性	173	169
沖縄県	女性	145	140

注：単身勤労世帯の月の可処分所得と消費支出の平均値（単位は千円）。
出所：『全国消費実態調査』（総務省，2009年）より筆者作成。

系列データ」，一時点における多くの経済主体の情報を収集した「**横断面データ**」，横断面データで収集した情報を時系列でも追跡調査によって収集した「**パネルデータ**」といった種類があります。また，個々の経済主体の情報から

なる「**個票データ**」と，それを国や都道府県，産業などの分類で集計（平均）した「**集計データ**」といった種類もあります。データの種類については次章でより詳しく説明します。

ここでは消費関数を例として，都道府県別の単身勤労世帯の消費構造を明らかにすることを想定しましょう。データとしては，『全国消費実態調査』（総務省）から2009年時点での都道府県・男女別の単身勤労世帯の月の平均消費支出と可処分所得を被説明変数と説明変数として利用します。つまり，利用するのは都道府県・男女別に集計された横断面データになります。

具体的なデータは図表1-4のとおりです。なお，47都道府県について男性と女性のデータが得られるため，**サンプルサイズ**（データの数）は94になるはずですが，データが公開されていないケースが2件あったため，それらを**欠損値**として扱い，実際のサンプルサイズは92となります。

ステップ4：予備的分析

データが準備できたら，パラメータの推定を行う前に，エクセルや統計ソフトなどを用いて，利用するデータの特性を把握するための予備的分析を行います。予備的分析では，まず，データの平均値・標準偏差（あるいは分散）・最小値・最大値などの**基本統計量**（summary statistics）を確認することが一般的で，分析に用いるデータの概観を確認します。消費関数の例では，消費と所得について図表1-5のような基本統計量を確認します。

ここで平均値をみると，所得よりも消費が小さくなっているため，所得の一定割合が消費されるという傾向がみられそうなことがわかります。また，データのばらつきを表す標準偏差をみると平均値に対して極端に大きくはなってい

図表1-5　基本統計量

	平均	標準偏差	最小	最大	サンプルサイズ
消費（千円）	182.1	37.7	113	320	92
所得（千円）	231.2	47.7	145	387	92

出所：筆者作成。

ないため,都道府県や男女によるブレ幅が過度に大きくなっていないこともわかります。最小値・最大値をみると,極端に小さかったり大きかったりする**外れ値**(outlier)がないことも確認することができます。

　ちなみに,外れ値がある場合はデータに何らかの問題があったり,特異な現象が起きていたりすることが示唆されます。その際には,外れ値を除いて分析したり,外れ値があることを考慮するためにダミー変数という変数を用いた分析を行ったりします。ダミー変数については次章以降で扱います。

　予備的分析では,被説明変数を縦軸,説明変数を横軸にとり,それぞれの組み合わせをプロットする**散布図**を示すことも一般的です。図表1-6は消費と所得についての散布図で,図中の黒印の点(プロット)がデータを示しています。散布図でプロットが右上がりに描かれている場合,横軸の値が大きいと縦軸の値も大きいことを示すため,両者には正の**相関**(correlation)があるとみなせます。同様に,右下がりのプロットは負の相関があり,右上がりでも右下がりでもないランダムのプロットは両者に相関がないとみなせます。図表1-6をみると,右上がりのプロットがみられるため,消費と所得には正の相関があることが把握できます。

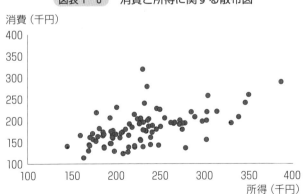

図表1-6　消費と所得に関する散布図

出所:筆者作成。

ステップ5：パラメータの推定

予備的分析でデータの特性を把握したら，回帰分析を実施し，パラメータの推定を行います。パラメータの推定とは，予備的分析で作成した散布図で考えると，プロットの中心付近に一本の直線を引くことを意味します。例えば，消費関数でいえば，図表1-7のように，図表1-6に一本の直線を引くことが推定で，引かれた直線を回帰直線といいます。この回帰直線が縦軸と交わる切片がパラメータa，傾きがパラメータbになります。

回帰直線の描き方にはさまざまありますが，一般的には，各プロットにできるだけ近い直線を引くことが望ましいとされています。なぜならば，回帰直線から各プロットまでの縦方向の距離が誤差に該当するため，各プロットに最も近い回帰直線は，誤差を最小にするからです。このように**誤差を最小にする推定方法を最小二乗法**（Ordinary Least Square；OLS）といいます。

計量経済学で最も頻繁に用いられる推定方法は，この最小二乗法です。最小二乗法は，どの統計ソフトでも実行できます。例えば，図表1-8はエクセルの分析ツールを用いて最小二乗法によって消費関数を推定した結果を示しています。この表の説明は次章以降で詳しくしていきますが，パラメータは3段目にある「係数」として示されています。具体的には，切片（定数項）の係数78.68がパラメータa，所得の係数0.45がパラメータbの**推定値**です。この推

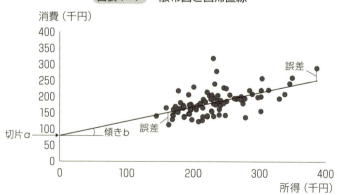

図表1-7 散布図と回帰直線

出所：筆者作成。

図表 1-8　消費関数の推定結果（エクセル・分析ツールの出力画面）

概要

回帰統計	
重相関 R	0.57
重決定 R2	0.32
補正 R2	0.31
標準誤差	31.21
観測数	92

分散分析表

	自由度	変動	分散	観測された分散比	有意 F
回帰	1	41403.23	41403.23	42.50283	3.99769E-09
残差	90	87671.59	974.1288		
合計	91	129074.8			

	係数	標準誤差	t	P-値	下限95%	上限95%
切片	78.68	16.19	4.86	0.00	46.52	110.84
所得	0.45	0.07	6.43	0.00	0.31	0.58

出所：筆者作成。

定値は，基礎消費が 8 万円程度，限界消費性向が0.5程度であることを意味します。

また，表中の係数の横にある**標準誤差**（standard error）はパラメータの推定誤差の大きさを示しています。ノイズのあるデータからパラメータを推定するため，推定値には誤差が含まれます。その大きさが標準誤差として示されますが，この標準誤差はパラメータの精度にかかわるため，計量経済学ではパラメータの推定値とともに必ず注目されます。

これらパラメータの推定値を使って散布図に回帰直線を引いたのが**図表 1-7**ですが，直線から各プロットまでの縦方向の距離が近いほど誤差が小さく，この推定の当てはまりがいいとみなします。この当てはまりの善し悪しは通常，**決定係数**（coefficient of determination）という指標で判断されます。標準誤差が各パラメータの精度に対応するのに対して，決定係数は推定式全体の精度に対応すると考えられます。表では「重決定 R2」に0.32と表示されています

が，これは決定係数が0.32で，消費の変動（ばらつき）の32%が所得によって説明されることを意味します。

以上のような推定結果は，通常，式あるいは表によって示されます。式によって示すと，以下のように，消費関数のパラメータに推定値を代入し，その下に括弧をつけて標準誤差を記し，決定係数やサンプルサイズなどを補記することが一般的です。

> 消費 = 78.68 + 0.45所得 + 誤差，決定係数0.32，サンプルサイズ92
> 　　　(16.19)　(0.07)

注：括弧内の数値は標準誤差。

ステップ6：仮説検定

計量経済学ではパラメータを推定することが主目的ですが，その際には，推定値の大きさだけでなく，推定値の誤差（標準誤差）がどの程度大きいかどうかにも注目します。というのも，推定値が得られても，その誤差が非常に大きいと，得られた結果が安定的な法則性を示しているか疑わしくなるからです。

標準誤差でも特に注目されるのは，推定値の符号条件が変わってしまうほど大きいかどうかという点です。例えば消費関数でプラスのパラメータ b が推定されたとしても，推定誤差が大きく，実際にはゼロにもマイナスにもなりうるようであれば，所得が消費に与える影響は定かではありません。特に，**パラメータ b がゼロの場合，所得がどのような値になっても消費は変わらないため，所得は消費を説明する要因とはみなせなくなります。**

所得を説明変数とした消費関数の推定を行う場合には，少なくとも所得が消費の説明要因であることが期待されています。それが否定されないかどうか，すなわち，所得が消費の説明要因になっているかどうかは，分析者にとってきわめて重要な関心事項になります。そこで，計量経済学では，**パラメータの推定値がゼロかどうかについての仮説検定を実施します。**仮説検定とは，ステップ1で考えた理論的背景（仮説「所得の一定割合が消費される」）が統計的に正しいかを確認する作業です。

仮説検定では **t 値**に注目します。t 値はパラメータを標準誤差で割ったもの

で，値が大きいほど標準誤差が小さいことを示します。正確には分布表というものをもとにサンプルサイズや説明変数の数などから判断しますが，多くの場合，t値が1.9や1.6など絶対値で2に近い値よりも大きければ，推定値の誤差はパラメータの符号条件を変えるほどは大きくなく，パラメータがゼロである可能性は低いと判断します。このとき，推定値は「**統計的に有意である**」（statistically significant）といいます。なお，統計的に有意なパラメータ推定値を，なぜt値でみて2に近い値よりも大きいかどうかで判断できるかは，次章で詳しく説明します。

　一方，同様のことは**有意水準**（significance level）あるいは**p値**でも確認できます。p値は，直感的に言うと，推定値がゼロである確率を示したものです。例えば，p値が0.01であれば，推定値がゼロになる確率は1％と非常に小さいと判断できます。計量経済分析では，p値が0.05未満や0.10未満など，十分に小さいときに「統計的に有意である」とみなします。

　消費関数の例では，パラメータaのt値は4.86（＝78.68÷16.19），パラメータbのt値は6.42（＝0.45÷0.07）と2よりも大きく，また，p値も0に近いため，統計的有意性が高く，「統計的に有意である」と判断できます。つまり，パラメータaもbもプラスであり，推定誤差によってゼロになる可能性は非常に低いとみなせます。

　なお，推定結果を式や表で示すときには，パラメータ推定値の下に括弧をつけて標準誤差を掲載することが一般的と述べましたが，その場合，t値はパラメータを標準誤差で割り算することで簡単に把握できます。また，分析者によっては括弧内に標準誤差ではなくt値を掲載する場合や，p値も併せて掲載する場合もあります。いずれの場合であっても，**脚注等に標準誤差，t値，p値のどれを載せているかが示されているため，推定結果を見る際にはその点に注目することが重要**といえます。こうしたことから，本書で示す推定結果についても，あえて標準誤差，t値，p値をさまざまな形で載せるようにします。

　このほか，消費関数の例は説明変数が所得のみの**単回帰分析**ですが，通常は，被説明変数に影響を与えうる複数の要因を説明変数として用いる**重回帰分析**が行われます。各説明変数のt値やp値をみて統計的に有意であれば，その要

因は被説明変数に影響を与えていると判断し，有意でなければ影響を与えていないと判断します。よって，仮説検定を行えば，被説明変数に影響を与える要因を特定することができます。

ステップ7：予測

推定結果を使うと，被説明変数の**予測値**（理論値）を算出することもできます。予測値は，誤差を除いた推定式の右辺に，パラメータとデータを代入して算出します。消費関数の例では，推定された「$76.68+0.45所得$」という式の所得に，任意の値を代入すれば消費の予測値が得られます。

実際のデータに基づいた予測値を算出することを**内挿**（ないそう）といいます。例えば宮城県の男性の所得204千円を代入すると消費の予測値は170千円となります。図表1-4をみると，宮城県男性の実際の消費は160千円なので，所得から予測される理論的な値よりも消費が10千円低かったことが示されます。実際の分析では，その理由についての考察が加えられることになります。

また，現実のデータではなく仮想の値を代入して予測値を得ることを**外挿**（がいそう）といいます。例えば，全国平均よりも10％高い所得がある場合の理論的な消費水準を算出する場合，全国平均の1.1倍の254千円を所得に代入することで，192千円の消費が予測値として得られます。こうした外挿をすることは**シミュレーション**とも呼ばれますが，推定結果をもとに，何らかの政策により所得が今の10％増しになったならば消費がどれだけ増えるかを予測したり，過去に別の政策や行動がとられたとしたらどのような姿になっていたかを予測したりすることができます。

ポイント

✓計量経済学を用いた実証分析の手順とポイントは以下のとおりである。
　1）理論的背景の確認（仮説の設定）：「理論なき計測」を回避
　2）実証モデルの設定：回帰分析での推定式を定式化
　3）データの選定：時系列・横断面・パネルデータなどからデータを収集

4）予備的分析：基本統計量（平均値・標準偏差）と散布図を活用
5）パラメータの推定：最小二乗法などでパラメータと標準誤差の推定値や決定係数などを算出
6）仮説検定：t 値や p 値をもとにパラメータがゼロかどうか，すなわち，統計的に有意かどうかを検定し，要因の特定化を図る
7）予測・シミュレーション：内挿や外挿で予測値・理論値を算出

第 2 章

計量経済分析のエッセンス 1
──理論と実証，データの種類，推定結果の見方──

　本章と第3章では，計量経済分析のエッセンスを把握するため，第1章3節で説明した分析の流れのうち，特に重要な点をピックアップして，より詳しく解説します。本章では，理論と実証の結びつきの重要性やデータの種類，推定結果と仮説検定の解釈などに焦点を当てます。

> **本章の目標**
> ☐ 1節：実証分析を行う際の理論や仮説の重要性を知る。
> ☐ 2節：時系列・横断面・パネルといったデータの種類を把握する。
> ☐ 3節：t 値や p 値など，推定結果の見方の基本事項を理解する。

1　理論と実証の結びつき

● 「理論なき計測」にならないように

　計量経済学を用いた実証分析では，「Y（被説明変数）という事象が X（説明変数）という要因によってどのように説明されるかを統計的に明らかにする」，言い換えれば，「X が Y をどのように説明するかという関係性を見出す」ことを目指しています。関係性とは，X が増えれば Y が増える（減る）といった正の（負の）相関や因果関係のことなどを指します。

　ただし，無暗に Y と X の関係性を探るのではなく，実証分析を始める前には，「**理論なき計測**」に陥らないため，Y と X の関係性を概念的に説明する理論的背景が必要となります。理論的背景とは，経済理論モデルから導かれる Y と X の関係だったり，経済理論や概念・ロジックを踏まえた分析者の仮説だったりします。消費関数の例では Y が消費，X が所得であり，「所得の一定割合が消費される」といった仮説が理論的背景になっています。

こうした理論的背景が必要になるのは，ノイズの多い現実経済のデータから，本質的で安定的な関係性を見出すことが容易ではないからです。データだけ見ていては，表面的で不安定な関係性を誤って捉えてしまう危険性があります。計量経済学ではそうした表面的な関係性を**誘導形**あるいは「**見せかけの関係**」と呼びます。これに対して，経済主体の行動そのものを反映した安定的な関係性を**構造形**と呼びます。

　誘導形として示される関係性は，経済主体の行動の変化やショック，制度変更などの影響を受けて，変化しやすいものです。また，本来であれば関係性・法則性のない事象を「見せかけの関係」として誤って関連づけてしまうこともあります。例えば，「過去10年間のフィンランドの GDP の推移と東京在住の自分の体重の変化との間に正の相関がある」というエビデンスが見つかったとしても，何の説得力もないのは明らかでしょう。計量経済学を用いた実証分析を行う際には，理論的背景や経済主体行動を反映した構造形を推定することや，最低でも多くの人が納得できるだけの理屈やロジックを踏まえた推定式を構築することが重要です。

◉ 因果関係の特定の難しさ

　さらに，データから因果関係を検出することが困難であることも，理論的背景が重要とされる理由の1つです。回帰分析では，一般に「$Y=f(X)$」という推定式を想定します。ここで，$f(●)$ は関数を表しており，説明変数 X が被説明変数 Y を何らかの構造 $f(●)$ で説明することを意味します。つまり，この定式化をした時点で，**説明変数 X が原因で被説明変数 Y が結果という右辺から左辺への左方向の因果関係を想定している**ことになります。

　しかし，技術的には X と Y を入れ替えても回帰分析が実施できることからわかるように，実証分析では原因と結果を意識しなくても分析はできます。ところが，第5章で詳しく触れるように，この式を推定する際に Y から X への逆方向の因果関係，いわゆる「**逆の因果性**」があると，推定されたパラメータに深刻な問題が生じることが知られています。逆の因果性とは，消費関数の例でいえば，所得 X が増えたから消費 Y を増やすという因果関係ではなく，消

費 Y を増やすために一生懸命働いた結果，所得 X が増えるというような因果関係のことを指します。実証分析において X と Y のいずれが原因でいずれが結果であるかを検定することは容易ではありません。このため，分析を行う前に，きちんと X が Y の原因となっているかを理論的・概念的に判断したうえで，推定式を検討することが重要です。

前章でも触れたように，近年，「ユーザーフレンドリーな統計ソフト」やデータの利用可能性が高まったことで，「理論なき計測」を行ってしまうリスクは高まっているといえます。このため，理論的背景を踏まえることの重要性は常に念頭に置く必要があるでしょう。

ポイント
- ✓ 理論との結びつきの弱い実証分析は「理論なき計測」と呼ばれ，表面的な関係しかない「見せかけの関係」を本質的な法則性と誤認してしまう危険性がある。
- ✓ 実証分析では，誘導形でなく，理論的背景や経済主体行動との結びつきの強い構造形を分析対象とすることが望ましい。
- ✓ 因果関係は特定しにくいため，理論的背景を踏まえるべきである。

2 データの種類

2.1 時系列・横断面・パネルデータ

計量経済学では被説明変数や説明変数にデータを当てはめていきます。優れた研究テーマや仮説があっても，分析に用いるデータが適切でないと，分析結果の信頼性は高まりません。それでは，分析にはどのようなデータを用いるべきでしょうか。

実証分析に用いるデータには，いくつかの種類があります。まずポイントとなるのが，データの構造が，ある1つの経済主体（家計や企業など）の情報を

図表2-1 時系列・横断面・パネルデータの違い（イメージ）

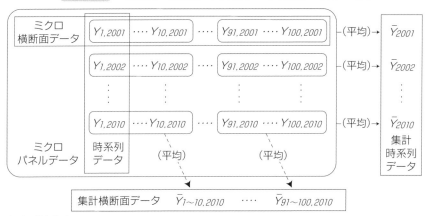

出所：筆者作成。

時系列で複数時点にわたって収集したものか，複数の経済主体のある一時点の情報を横断面で収集したものか，あるいは，その両方の要素を持ったものかといった違いです。

それぞれのデータの違いを図表2-1でイメージしてみましょう。図表2-1では経済主体iの時点tのデータを$Y_{i,t}$で表し，例として，経済主体100人の2001〜2010年のデータを配置しています。

● 時系列データ

一定の時間間隔で収集した情報は**時系列データ**（タイムシリーズデータ：time-series data）と呼ばれます。図表2-1では縦方向の長方形で囲った部分に該当します。現実経済の例では，日本のマクロでみた1人当たりの消費や所得の過去20年間の年次データなどが時系列データです。

通常，時系列データの頻度（間隔）は一定で，年・半期（6ヶ月）・四半期（3ヶ月）・月ごとに収集されたものがほとんどです（tに該当）。ただし，近年では，日・時・分・秒といった高頻度の**ティックデータ**といわれるものを用いた実証分析も，ファイナンス分野を中心に行われています。時系列データは，各変数の「変化」を追うため，「ある変数が増加したときには別の変数も増加

する」といった形で関係性・法則性を見出すのに適しています。

◉ 横断面データ

これに対して，複数の経済主体のある時点の情報を横断面で収集したものは**横断面データ**（クロスセクションデータ：cross-section data）と呼ばれます。例えば，前章3節の図表1-4で用いた2009年時点の都道府県別・男女別の消費や所得のデータなどが該当します。図表2-1では横方向の長方形で囲ったデータになります。

時点は固定しますが，対象とする範囲（iに該当）に応じて，国・地域・自治体といった地点や企業・学校といった組織，年齢・学歴といった属性の中で，各変数がどのように分布しているかを把握することができます。横断面データは，各変数の経済主体間の「違い」を比較するため，「ある変数が大きい人は別の変数も大きい」といった形で関係性・法則性を見出すのに適しています。

◉ パネルデータ

時系列データと横断面データの要素を合わせ，複数の経済主体の情報を時系列で収集した情報は**パネルデータ**（panel data）あるいは**追跡データ**（longitudinal data）と呼ばれます。例えば，1994〜2013年の都道府県別・男女別の消費や所得のデータなどが該当します。図表2-1では角丸の四角形で囲ったデータになります。

時系列方向と横断面方向の双方の情報が含まれているため，パネルデータの情報量は豊富で，かつ，サンプルサイズも大きくなります。同一経済主体を追跡しているため，大きな政策変更が生じたり，金融危機などの経済的ショックや東日本大震災などの非経済的ショックが生じたりした場合に，それらの前後で行動や事象がどのように変化したかを把握できます。また，そうした変化が，特にどのような人や企業で顕著だったのかといったことを把握することもできます。

一般に，実証分析に用いるデータには，適度なバリエーション（変動・相違）があることが望ましいといえます。例えば，過去20年間一切変化のない消

費と所得の時系列データを用いても，また，すべての人の所得が同じで消費も同じだけしている横断面データを用いても，消費と所得にどのような関係性があるのかは明らかにできません。

この点，時系列データは時間方向の変化，横断面データは経済主体による違いをバリエーションとして利用することで，変数間の関係性を見出すことができます。パネルデータでは時間と横断面の双方のバリエーションを利用できるため，表面的には把握しにくい関係性・法則性の発見に大きく役立つ可能性があります。こうしたことから，近年ではパネルデータを用いた実証分析が非常に多くなってきています。

2.2 集計・個票データ

データは消費や所得などの**観測値**（observation）の集合体といえます。国別データであれば日本やアメリカなどの国，家計別データであれば個別の家計，企業別データであれば個別の企業がそれぞれ観測値を生成します。ここで，国や家計，企業といった観測値が生成される単位を**観測単位**といいます。実証分析ではどのような観測単位からデータが生成されているかを意識することも重要となります。

◉ 集計データ

一般に，消費などのデータは家計や企業などに対する統計・アンケート調査などから作成しますが，国や地域，産業など，観測単位が大きいと，データは集計（あるいは平均）されて公表されていることが多く，それらを**集計データ**と呼びます。近年では政府のWEBサイトなどから容易にダウンロードできることもあって，集計データは実証分析で利用しやすくなっています。

集計データは，時系列データと横断面データの双方でみられます。図表2－1の右端の縦方向の長方形のように，各時点で集計（平均）されたデータからなるものを**集計時系列データ**と呼びます。一国全体の消費や所得などのマクロ変数（平均値）の時系列データは集計時系列データですが，景気判断や経済成長の見通しなどで多く活用されています。また，古くから計量経済分析で用い

られてきたこともあって，伝統的な計量経済学のテキストでは，集計時系列データを用いた分析が多く解説されています。

一方，**図表2-1**の下側の横方向の長方形のように，グループごと（図では10人ごと）に集計（平均）されたデータを**集計横断面データ**と呼びます。政府統計は日本全体のマクロの平均値だけでなく，地域別や年齢・性別・学歴などの個人属性別，産業・企業規模などの企業属性別でも詳しく公表されています。このため，集計横断面データを利用した実証分析も多く行われています。また，集計データをもとに国や地域，産業などを単位としたパネルデータを構築し，実証分析に用いることも多くあります。

◉ ミクロデータ（個票データ）

家計や企業などの観測単位からなるデータを**ミクロデータ**あるいは**個票データ**と呼びます。ミクロデータは集計前の情報であり，例えば，「全国消費実態調査」であれば，調査に協力した個々の家計の消費や所得の情報を集めたものです。このため，当然ながら**サンプルサイズ**（観測数）は膨大なものになることが通常です。

ミクロデータは定義上，横断面データになることがほとんどです。サンプルサイズが大きく，個々の家計や企業の行動の違いなどが反映されているため，**ミクロデータは，経済主体行動を反映した構造形を推定するのに適している**といえます。このため，多くの研究で，**ミクロ横断面データ**を用いた分析が行われています。なお，**図表2-1**では2001年の100人に関する上部の横方向の長方形がミクロ横断面データになります。

政府統計のミクロデータは公表されておらず，利用には一定の条件・審査が必要になります。このため，研究者を除き，政府統計のミクロデータが広く利用されることはありません。しかし，上場企業であれば財務情報をデータ化することで企業を観測単位としたミクロデータが利用できます。また，個人や家計のミクロデータについても，一部の研究機関では一般向けに研究目的で貸出を行っています。さらには，IT技術の進展によって，インターネットを利用したアンケート調査を低コストで実施することも可能になってきています。こ

のため，自らの関心に沿って実施したアンケート調査の個票データを用いて，実証分析を行うケースも増えてきています。

◉ ミクロパネルデータ

ミクロデータはパネルデータとしても活用されています。**図表2-1**では，角丸の四角形で囲ったデータがパネルデータに該当します。これまで，同一家計や同一企業を定期的に追跡するパネル調査は政府統計ではあまり実施されてきませんでした。これに対して，海外や日本の大学および研究機関の一部ではパネル調査が実施されており，一定の手続きを踏めば**ミクロパネルデータ**として利用することができます。

家計や企業の行動がどのように変化するかをダイナミックに捉えたミクロパネルデータを利用すれば，経済主体行動を反映した構造形に近い変数間の法則性・因果性・関係性を明らかにしやすくなります。このため，最先端の実証研究の多くでは，ミクロパネルデータが活用されています。

学問領域にもよりますが，労働経済学などの応用ミクロ経済学では，1970年代中頃までは集計データを用いた研究論文が多くありました。その後，1970年代後半からはミクロ横断面データを用いた研究が主流になり，1990年代中頃からはミクロパネルデータが多く用いられるようになりました。こうした動向を踏まえ，**本書では，ミクロ横断面データやミクロパネルデータを用いたミクロ実証分析に多くみられる推定方法やモデルを扱っていきます。**

> **ポイント**
> ✓ 構造に注目すると，データには時系列データ，横断面データ，パネルデータといった種類がある。また，観測単位に注目すると，データには集計データとミクロデータといった種類がある。
> ✓ 近年のミクロ実証分析では，ミクロ横断面データやミクロパネルデータを用いた研究が多く行われている。

3 推定結果を理解するための用語や概念

次に，計量経済学の理解で重要となる用語や概念について説明します。重要な部分ですが，内容がやや難解であるため，計量経済学を学び始めた人の多くが，ここでつまずくのも事実です。このため，以下では要点を絞って直感的に説明することを心がけます。より厳密な定義や説明等については，必要に応じて他の教科書・参考書で補うようにしてください。

● パラメータ推定値

計量経済分析では，上述したように，データを用いて「$Y=f(X)$」という推定式を推定します。関数 $f(●)$ はさまざまな形をとりますが，最もシンプルで広範に使われているのは，被説明変数 Y と説明変数 X を線形関係（足し算）でつなげて誤差項 u を加えた「$Y=a+bX+u$」という**線形関数**（1次関数）です。この推定式で推定されるのは a や b といったパラメータで，推定には第5章で説明する最小二乗法などの推定方法が用いられます。

図表2-2は第1章で例示した都道府県・男女別の単身世帯データを用いて，消費関数を最小二乗法によって推定した結果を再掲したものです。ただし，ここでは第1章のような式ではなく，より一般的に用いられている表形式で結果を示しています。

この表で切片や所得の横にある数値がパラメータの推定値です。このうち注

図表2-2　消費関数の推定結果（再掲）

切片	78.68***
	(16.19)
所得	0.45***
	(0.07)
F 検定（p 値）	0.00
自由度修正済決定係数	0.32
サンプルサイズ	92

注：1）括弧内の数値は標準誤差。
　　2）***印は有意水準1％で統計的に有意であることを示す。
出所：筆者作成。

目すべきは説明変数のパラメータで，ここから説明変数（所得）が被説明変数（消費）に与える影響を把握できます。例えば，所得のパラメータbは0.45とプラスに推定されているので，所得が消費にプラスの影響を与えることや，所得が1単位増加すると消費が0.45単位増加すること（例えば所得が1万円増えると4千5百円消費が増えること）がわかります。なお，被説明変数への影響度合いは**限界効果**（marginal effect）とも呼ばれます。

◉ 標準誤差とt値

　パラメータの推定には誤差が伴うため，その大きさについて考慮する必要があります。そこで，推定結果には図表2-2のように，推定値の下に括弧を付けて，標準誤差（推定誤差）を掲載することが一般的です。当然ながら誤差は小さいほうがいいのですが，厄介なことに，標準誤差の大きさはパラメータの大きさに比例して変わる傾向があります。例えば，図表2-2のパラメータbの標準誤差はパラメータaよりかなり小さいですが，パラメータ自体も小さいため，必ずしもパラメータbの振れ幅が小さいとはいえません。

　そこで，推定誤差の大きさは，パラメータに対する相対的な大きさに変換して判断します。具体的には，パラメータを標準誤差で割った指標であるt値（＝パラメータ／標準誤差）を計算し，その大きさから推定誤差の大きさを見極めます。t値は分母にある標準誤差が小さいと大きくなるため，t値が大きいほど推定誤差が小さいと判断できます。

　それではt値はどの程度大きいといいのでしょうか。第1章3節で分析の流れを説明した際には，「t値が1.9や1.6など絶対値で2に近い値よりも大きければ，推定値の誤差はパラメータの符号条件を変えるほどは大きくない」と判断できることを述べました。つまり，大雑把にいえば「1.9や1.6など絶対値で2に近い値よりも大きいt値」が1つの判断基準になります。

　符号条件を変えるというのは誤差によってパラメータ推定値がゼロになる可能性があることを意味します。パラメータがゼロだと，その説明変数が被説明変数に全く影響を与えていないと解釈できるため，推定結果を解釈する上で重要なポイントといえます。したがって，その判断基準であるt値が特に注目さ

れます。

● t 分布に基づく判断

この「1.9や1.6など絶対値で2に近い値よりも大きい t 値」を判断基準とすることの背景には，統計学の確率分布の考え方があります。パラメータを標準誤差で割った t 値は，統計的に図表2-3に示した t 分布に従うことがわかっています。図では，横軸の t 値に応じて，確率密度がどのように異なるかが描かれています。

t 値は見方を変えれば，標準誤差で基準化した（標準誤差で割った）パラメータの大きさとも解釈できます。このため，図のケース①のように，t 値が絶対値でみて小さい値をとり，分布の中央付近に位置するとき，（標準誤差に対してパラメータが小さいため）パラメータはゼロになりやすいと判断できます。一方，ケース②のように，t 値が絶対値でみて大きく，分布の中央付近から離れ，裾に近いところに位置するときには，パラメータがゼロになりにくいと判断できます。

ここで，パラメータがゼロになる確率は **p 値**あるいは**有意水準 α** と呼ばれ，ケース②では分布の両裾のグレーの部分，すなわち，t 値よりも大きい分布の領域（$\alpha/2$）の2倍で示されます。図からわかるように，**絶対値でみて t 値が大きいほど p 値（有意水準）は小さくなり，パラメータはゼロになりにくく**なります。

図表2-3　t 分布における t 値と有意水準 p 値

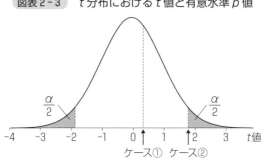

出所：筆者作成。

計量経済学では一般に，p値（有意水準α）が0.01未満，0.05未満，0.10未満といった小さい値のときに，パラメータがゼロになる確率が統計的に十分低いと判断します。このことが「**統計的に有意**」であることの意味になります。そして，t値でみれば，1.9や1.6など絶対値でみて2に近い値よりも大きいときに，統計的に有意とみなせます。上述した「1.9や1.6など絶対値で2に近い値よりも大きいt値」という判断基準はここからきています。

◉ t値とp値の関係

t値とp値（有意水準）の対応関係は，正確には，サンプルサイズや説明変数の数をもとにt分布表から調べる必要があり，有意水準0.01（あるいは0.05, 0.10）に該当するt値（絶対値）が決められています。しかし，統計的に有意なケースに該当するt値の多くが1.9や1.6となっているため，絶対値でみて2に近い値よりも大きければ有意と簡便法で判断できるのです。

t値はパラメータの推定値と標準誤差がわかれば割り算で簡単に計算できます。このため，t値は統計的有意性を判定できる便利な尺度といえますが，厳密な判定はt分布表を参照しないとできないというデメリットもあります。そこで，統計的有意性を判断する際には，t値と同様に，p値という尺度も注目されます。上述したように，p値は有意水準に該当するので，値が小さければパラメータがゼロになる確率が小さいと直感的に理解できます。

なお，有意水準はp値をパーセント表記に換算して示されることも多くあります。また，推定結果を示す場合，p値をそのまま記載することもありますが，代わりに図表2-2のように，パラメータ推定値の横に「*」印を付けることが慣例になっています。「*」印の付け方は分析者によって異なりますが，有意水準に応じて1％，5％，10％水準で有意な場合に，それぞれ「***」，「**」，「*」印を付けること多くなっています。その場合，必ず表の注として説明があるので確認することが重要です。

◉ 仮説検定

t値やp値を用いて統計的有意性を判断することは，パラメータに関する仮

説検定を実施していることを意味します。具体的には，パラメータがゼロであることを帰無仮説（$H_0: b=0$），ゼロでないことを対立仮説（$H_1: b \neq 0$）と置き，有意水準1%（あるいは5%，10%）でパラメータがゼロであるという帰無仮説を棄却できるかを検定していることになります。

t値が十分に大きいとき，あるいは，p値が小さいときには，パラメータは統計的にゼロとは有意に異なると判断できます。このとき，そのパラメータに対応する説明変数は被説明変数に対してプラスあるいはマイナスの影響を与えていると統計的にみなすことができます。

◉ F 検定

t値やp値を用いた仮説検定は各パラメータの推定値が統計的にゼロと有意に異なるかを検定するものです。これに対して，図表2-2に示されているF値は，すべてのパラメータが同時にゼロであるという複合仮説を検定するための検定量です。通常は表のように，F検定を実施した際の有意水準（p値）が示されており，このp値が小さいと，少なくとも1つのパラメータが統計的に有意であることを意味します。図表2-2では有意水準がゼロに近いため，いずれかのパラメータは統計的に有意であることがわかります。

仮に，この値が大きいと，どのパラメータもゼロと有意に異ならないことをF検定が示しています。どのパラメータもゼロであることは，推定式自体が意味のないものになってしまいます。このため，F検定の結果は，推定の総合的なパフォーマンスをチェックするものと捉えることもできます。なお，F検定は，2つ以上のパラメータを用いたさまざまな複合仮説を検定する際にもよく用いられます。

◉ 決定係数と自由度

F検定と同様に，推定の総合的なパフォーマンスを示す指標の1つに**決定係数**というものがあります。決定係数は0から1の範囲の値をとり，1に近いほど誤差が小さく，推定式の当てはまりがいいことを意味します。例えば，図表2-2に示されている決定係数0.32は，「消費の変動の32%が所得によって説明

される」と解釈します。

ただし，決定係数には，原理的にサンプルサイズが小さいとき，あるいは，説明変数が多いときに大きくなる特性があるため，注意が必要です。例えばサンプルサイズが2しかない場合，2点を同時に通す直線は誤差なく描けるため，決定係数は1になります。一般に，サンプルサイズが大きいほどノイズが多く含まれるため，決定係数は小さくなる傾向があります。また，説明変数の数が多くなると，さまざまな要因で被説明変数を説明できるようになるため，決定係数が大きくなりやすい傾向もあります。

こうした構造を加味するため，通常は**自由度修正済決定係数**という指標に注目します。**自由度**とは，サンプルサイズを説明変数の数で引いたものと定義されます。図表2-2の例では，サンプルサイズが92，説明変数の数が1なので，自由度は91になります。**決定係数は自由度が大きいほど小さくなる傾向があるため，この点を加味し，自由度に左右されないように修正した指標が自由度修正済決定係数**です。よって，決定係数ではなく，自由度修正済決定係数で推定式の当てはまりを判断することが一般的です。

なお，一般にミクロデータを用いた推定では，自由度修正済決定係数は小さくなることが多くあります。ミクロデータはサンプルサイズが大きく，また，多様な家計や企業の行動が反映されており，説明変数以外で説明される要因やノイズが大きくなりやすいためです。もっとも，決定係数が大きいほど望ましいのは事実ですが，ミクロデータを用いた実証分析では決定係数に注目することは少なく，むしろ各説明変数の統計的有意性やパラメータの大きさに注目することのほうが一般的です。

> **ポイント**
> ✓ 推定されたパラメータの符号や大きさは，説明変数が被説明変数に与える影響を示している。
> ✓ 推定値には誤差が伴うため，標準誤差や t 値，p 値に注目し，誤差が大きすぎないかを統計的に判断する必要がある。

✓ t 値が絶対値でみて 2 に近い値よりも大きいとき,あるいは,p 値が0.01,0.05,0.10など十分に小さいときには,推定されたパラメータはゼロではなく,統計的に有意であると判断できる。

✓ 推定の総合的なパフォーマンスは F 検定や自由度修正済決定係数に注目して評価する。ただし,ミクロデータを用いた推定では決定係数は小さくなる傾向がある。

第3章
計量経済分析のエッセンス2
──さまざまな形の回帰分析と活用方法──

　本章では前章に引き続き，計量経済分析のエッセンスを把握するためのポイントを解説します。前章までの説明で，計量経済学を用いた実証分析の基本的な結果は理解できるようになったはずです。そこで，本章では具体例を用いながら，推定結果の見方に慣れるとともに，推定式や変数を工夫することで，さまざまな応用ができることを学んでいきます。

本章の目標

- □1節：重回帰分析で要因をコントロールすることや特定化することの意味を理解する。
- □2節：交差項や2乗項の利用，対数線形化などの工夫を行うことで，非線形モデルを線形モデルとして扱えることを理解する。
- □3節：ダミー変数の意味を理解し，ダミー変数を活用した差の特定化の方法を理解する。

1　複数の説明変数を用いた重回帰分析の意味

● 単回帰分析から重回帰分析へ

　第1章や第2章でみた回帰分析は，説明変数が1つしかない**単回帰分析**というものでしたが，通常の実証分析では，説明変数が複数になる**重回帰分析**が用いられます。説明変数が増えても推定結果の見方はほとんど変わりませんが，複数の説明変数を用いることで，さまざまな含意を導出できるようになります。以下では，2012年にインターネット調査で収集した全国の20〜59歳の雇用者の個票データをもとに，年収がどのような要因によって決まるかを推定した図表3-1を用いて，単回帰・重回帰分析のポイントを解説します。

図表 3-1 年収・週労働時間・時給の決定：要因のコントロール

	年収 (万円)			週労働時間 (時間)	時給 (円)
	(1)	(2)	(3)	(4)	(5)
教育年数	23.7***		31.2***	0.1	182.7***
	(2.6)		(2.1)	(0.2)	(35.8)
年齢		5.5***	5.7***	0.02	24.0***
		(0.5)	(0.5)	(0.04)	(8.1)
勤続年数		7.3***	7.7***	-0.063*	46.8***
		(0.5)	(0.4)	(0.036)	(7.4)
切片	188.6***	205.5***	-268.5***	41.4***	-927.1
	(39.0)	(17.9)	(36.8)	(3.0)	(615.4)
修正済決定係数	0.03	0.3	0.36	0.002	0.06
サンプルサイズ	2,295	2,299	2,295	2,295	2,295

注：1）***, **, *印は1％, 5％, 10％水準で有意であることを示す。括弧内の数値は標準誤差。
　　2）2012年実施のインターネット調査の個票データを利用。
出所：武藤・山本（2012）のデータをもとに筆者作成。

● 単回帰分析で教育プレミアムを推定する

労働経済学や教育経済学の理論によると，労働者の年収は学校教育の影響を受けやすく，教育年数（中卒は9年，高卒は12年，短大卒は14年，大卒は16年）が長いほど年収が高くなる教育プレミアムが生じるとされています。そこで，図表3-1の(1)列では，男性雇用者をサンプルに用いて，年収を被説明変数，教育年数を説明変数とした推定式を最小二乗法で推定し，単回帰分析によって教育プレミアムの算出を試みています。

推定結果をみると，教育年数のパラメータ推定値は23.7で，t値は9.1と2を上回るため，統計的に有意にプラスと判断できます。また，年収の単位は万円なので，推定されたパラメータは，「教育年数が1年長いと年収が23.7万円高い」ということを示しています。例えば，高卒と大卒で教育年数は4年の差があるため，大卒と高卒で雇用者の年収を比較すると，その差は94.8万円（23.7万円×4年）になります。

● 他の要因による影響が含まれる

しかし，こうした差は年収に対する教育プレミアムを正しく反映したものといえるのでしょうか。(1)列の推定結果は，教育年数が長い人ほど年収が高いという関係性を捉えていることは事実ですが，年収は教育年数以外の要因によっても決まります。このため，**教育年数が他の要因と相関している場合，純粋に教育が年収を高める効果以外の影響も，教育年数のパラメータ推定値に反映されている可能性があります**。

例えば，日本では大学進学率が趨勢的に上昇しているため，若い人ほど大卒が多く存在します。一方で，労働市場では年功的賃金が観察されるため，年齢の若い人ほど年収が低い傾向があります。ということは，**教育年数の長い若年層は，年齢が若いという別の要因によって年収が低くなっている可能性があります**。そのことを考慮しないで単純に教育年数と年収の関係性を単回帰分析で捉えようとすると，教育プレミアムが年齢による影響を受けて，過小に推定されてしまうおそれがあります。また，年齢と同様のことは，勤続年数（同一企業の在籍年数）についても当てはまります。つまり，教育年数が長い人は相対的に勤続年数が短いために年収が低くなっている可能性があるため，単回帰分析では教育プレミアムを過小に推定してしまうおそれがあります。

● 重回帰分析で教育プレミアムを推定する

こうした点を確認するため，まず，図表3-1の(2)列では，年齢と勤続年数を説明変数として用いた重回帰分析を行っています。推定結果をみると，説明変数のパラメータはいずれも統計的に有意にプラスになっており，たしかに年齢が若く，勤続年数が短いと年収が低い傾向にあることがわかります。

そこで，図表3-1の(3)列では，教育年数とともに年齢と勤続年数を説明変数に加えています。この場合，若年層ほど年収が低くなる影響は年齢と勤続年数で捉えているため，**教育年数のパラメータは，年齢や勤続年数の影響を取り除いた後に，教育年数が年収に与える影響を反映していることになります**。

(3)列の推定結果をみると，年齢と勤続年数のパラメータは(2)列と大きく変わらない一方で，教育年数のパラメータは31.2と(1)列より7.5万円程度大きく

なっています。つまり、年齢と勤続年数を説明変数に加えることで、教育プレミアムの過小推定は是正され、教育年数による年収の違いが正しく推定できたと考えられます。

◉ 重回帰分析は他の要因をコントロールできる

(3)列の重回帰分析では、年収に影響を与え、かつ、教育年数とも相関する年齢や勤続年数を説明変数に加えることで、年齢や勤続年数を一定とした状態を作り出し、その上で教育年数が年収に与える影響を推定していると解釈できます。こうしたことを**「他の要因をコントロールする」**といいます。

一般に、家計や企業が現実に行動している経済を分析対象とする社会科学では、化学や生物学のように実験室で他の要因を一定とした環境を作り出し、その環境下で仮説を検証するという**統御実験**は容易には行えません。このため、社会科学分野では、統御したい要因を説明変数に加え、統計的にコントロールするといった次善策がとられます。つまり、重回帰分析で推定されるパラメータは、注目する変数以外の要因をコントロールしたうえでの純粋な影響と解釈することができます。

◉ 重回帰分析は要因の特定化ができる

図表3-1の(4)列と(5)列では、(3)列と同じ説明変数を用いて、週労働時間と時給にどのような影響を与えるかを推定しています。推定結果をみると、(4)列の週労働時間については、勤続年数のパラメータのみが10％水準で統計的に有意にマイナスになっていますが、そのほかの説明変数のパラメータは有意ではなく、決定係数も極めて小さくなっています。一方、(5)列の時給については、3つの説明変数のパラメータすべてがプラスに有意になっています。このため、(3)列でみた年収の推定結果は週労働時間でなく時給への影響を通じてもたらされたものと解釈することができます。

ここで(4)列の週労働時間について、有意ではない教育年数と年齢は、統計的にみれば週労働時間に影響を与えない要因とみなせます。つまり、**重回帰分析では、各説明変数のパラメータが有意かどうかを確認することで、どの説明変**

数が被説明変数に影響を与えるかを特定できます。

一般に，経済理論モデルなどでは，どのデータを用いてどういった情報を説明変数に用いるべきかといった点は示されません。このため，実証分析では，いくつかの候補の中から適切な説明変数を選定しなければならないことがよくあります。そこで，複数の変数を説明変数に加えたり，説明変数の組み合わせを変えたりしながら，適切な説明変数を選定することが行われます。

◉ 多重共線性の問題

複数の説明変数を用いる場合，説明変数間の相関関係が非常に強いと**多重共線性**（multi-colinearity）という問題が生じるといわれます。説明変数同士に強い相関関係があって相互に干渉してしまうため，本来は統計的に有意であるはずの要因が，有意でなくなってしまうといった問題です。

例えば，(3)～(5)列の推計で用いた年齢と勤続年数は，転職が少なければ，ほとんど似た動きをするため，多重共線性によって片方あるいは両方が有意でなくなることが予想されます。そうした場合，片方ずつを説明変数に用いた推定を行い，それぞれの結果を考察するなどの対処がとられます。

ポイント
- ✓ 重回帰分析で複数の説明変数を用いることで，他の要因をコントロールした場合の説明変数と被説明変数の関係性を検出できる。
- ✓ 有意な説明変数は被説明変数の決定要因とみなせるため，重回帰分析では要因の特定化ができる。

2　簡単な非線形モデルの扱い

これまでにも説明してきましたが，一般に推定式は「$Y=f(X)$」と書かれ，被説明変数 Y が説明変数 X に影響を受けることを想定します。その影響の受け方が関数 $f(●)$ によって規定されますが，その関数形によって「$Y=f(X)$」

は，線形モデルと非線形モデルに分かれます。

線形モデルとは，関数 $f(●)$ が足し算から成り立っていて，説明変数 X にパラメータを掛けた各項を足し上げたものが被説明変数 Y になるという線形関係をあらわしたものです。例えば，「$Y=a+bX+u$」という式が線形モデルで，これまで説明してきたすべての推定例は線形モデルに該当します。

これに対して，**非線形モデル**では，関数 $f(●)$ が掛け算や割り算，べき乗，積分などから成り立っていて，説明変数 X と被説明変数 Y の関係がかなり複雑になります。本書では第7章以降で，プロビットモデルや多項ロジットモデル，ハザードモデルなど，非線形モデルによる推定を多く解説します。

しかし，変数間の掛け算・割り算やべき乗などで構成される比較的簡単な非線形モデルは，推定式や変数に工夫を加えることで，線形モデルに変換（**線形化**）して，最小二乗法で推定できます。以下，いくつかの例を紹介します。

2.1 交差項と2乗項を用いた非線形モデルの推定

◉ 相乗効果を捉える交差項

非線形モデルで最も簡単なものは，以下の式のように2つの説明変数を掛け合わせた**交差項**を加えたものといえます。

$$Y = a + bX_1 + cX_2 + \underbrace{dX_1 \times X_2}_{\text{交差項}} + u$$

この式は，X_1 と X_2 という2つの説明変数が足し算だけでなく，$X_1 \times X_2$ という掛け算でもつながっている点で非線形モデルになっています。

こうした定式化は，X_1 と X_2 が相互に影響し合いながら相乗効果として被説明変数に影響を与えることを捉えるときに用いられます。というのも，右辺を X_1 で括れば「$(b+dX_2)X_1$」となるため，X_1 が増えたときに Y に与える影響（$\partial Y/\partial X_1$）は b だけでなく dX_2 が加わります。このため，X_2 のパラメータ d が統計的に有意であれば，X_1 の影響度合いは X_2 の大きさに依存し，X_1 と X_2 が相乗的に Y に影響を与えていると解釈できます。

この式は非線形モデルですが，推定する際には，線形モデルとして扱うことができます。というのも，非線形になっている交差項 $X_1 \times X_2$ は2つの説明変

図表 3-2　年収・週労働時間・時給の決定：非線形モデルの線形化

	年収 (万円) (1)	時給 (円) (2)	ln 時給 (3)		ln 時給 (4)
教育年数	19.8***	174.2***	0.06***	ln 教育年数	0.78***
	(3.6)	(36.1)	(0.01)		(0.11)
勤続年数	0.8				
	(2.8)				
教育年数×勤続年数	0.7***				
	(0.2)				
年齢		184.0***	0.07***	年齢	0.07***
		(54.7)	(0.01)		(0.01)
年齢 2 乗		-1.5**	-0.001***	年齢 2 乗	-0.001***
		(0.7)	(0.000)		(0.000)
切片	90.3*	-3988***	-3.99***	切片	-5.24***
	(54.3)	(1258.0)	(0.28)		(0.40)
修正済決定係数	0.326	0.042	0.095	修正済決定係数	0.095
サンプルサイズ	2,295	2,295	2,295	サンプルサイズ	2,295

注：***，**，*印は 1 %，5 %，10%水準で有意であることを示す。括弧内の数値は標準誤差。
出所：武藤・山本（2012）のデータをもとに筆者作成。

数を掛けたものなので，それをそのまま 1 つの変数 X_{12}（$=X_1 \times X_2$）とみなし，「$Y=a+bX_1+cX_2+dX_{12}+u$」という推定式を推定すればいいからです。具体的には，X_1 と X_2 のデータを掛けて新しい変数を作成し，あたかも 3 つ目の説明変数とみなして推定式に加えます。

図表 3-2 の(1)列では，教育年数と勤続年数が相乗的に年収に影響を与える可能性をみるために，教育年数と勤続年数に加えて，それぞれの交差項を説明変数とした推定を行っています。

推定結果をみると，勤続年数のパラメータは有意ではありませんが，教育年数や教育年数と勤続年数の交差項のパラメータは統計的に有意にプラスになっています。このことから，**教育年数と勤続年数は相乗的に年収に影響を与えており，勤続年数が長いほど教育プレミアムが大きくなる**ことがわかります。ここで，教育年数が年収に与える影響は「19.8＋0.7勤続年数」になるため，教育プレミアムは勤続年数 0 年の時点では19.8万円程度ですが，勤続10年時点で

は26.8万円（＝19.8＋0.7×10年），勤続20年時点では33.8万円（＝19.8＋0.7×20年）と，勤続年数とともに増加することがわかります。

◉ 影響の大きさが変わることを捉える2乗項

交差項と似ていますが，上の推定式で2つの説明変数を掛け合わせた $X_1 \times X_2$ の代わりに，同じ説明変数を掛け合わせた $X_1 \times X_1$，すなわち説明変数の**2乗項** X_1^2 を用いることもよくあります。2乗項の入っている場合も非線形モデルになりますが，2乗したものを新しい説明変数として推定式に加えることで，線形モデルとして扱うことができます。

2乗項を加えると，説明変数が被説明変数に与える影響は一定でなく，説明変数が大きくなるにつれて影響度合いが変わることになります。例えば，「$Y = a + bX_1 + cX_1^2 + u$」という推定式では，$X_1$ が Y に与える影響（$\partial Y / \partial X_1$）が $b + 2cX_1$ となり，X_1 によって大きさが変わります。図表3-3は2乗項を加えた場合の被説明変数 Y と説明変数 X の関係性を例示しています。この図でわかるように，2乗項を加えると，1乗項と2乗項のパラメータの組み合わせによって，被説明変数 Y と説明変数 X の間のさまざまな非線形的（非直線的）な関係が捉えられます。ちなみに，2乗項だけでなく3乗項や4乗項といった高次のべき乗を加えることで，より複雑な関係も捉えられます。

図表3-2の(2)列は，年齢が時給に対して非線形的な影響を与える可能性を捉えるため，年齢の2乗項を加えて推定した結果を示しています。これをみると，年齢の1乗項はプラス，2乗項はマイナスといずれも有意になっていることから，図表3-3のケース(1)に該当することがわかります。つまり，**年齢が高くなると時給は増加しますが，増加幅は年齢とともに減少していき，いずれピークを迎え，減少に転じることが示されています。**

なお，このケースでは時給がピークを迎える年齢を簡単に計算できます。時給のピークは加齢による増加幅（「$b + 2c$ 年齢」）がゼロになる時点です。よって，「$b + 2c$ 年齢 $= 0$」と置いて年齢について解けば，「$-b/2c$」が時給のピークとなる年齢になります。図表3-2の(2)列のパラメータ推定値を当てはめると，ピークの年齢は61.3（＝184.0/(2×1.5)）歳となり，ここで用いたサンプ

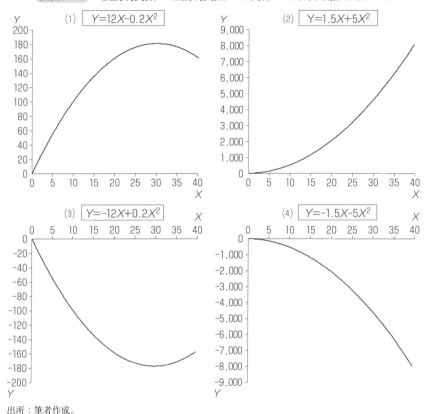

図表3-3 被説明変数 Y と説明変数 X の関係：2 乗項を加えたケース

出所：筆者作成。

ルでは従来の定年年齢付近が時給のピークで，その後は低下すると指摘できます。

2.2 自然対数を用いた非線形モデルの推定

● 対数をとって非線形モデルを線形モデルに

計量経済分析では，変数をそのままではなく，自然対数をとって推定に用いることも頻繁にあります。例えば，図表3-2の(3)～(4)列では，被説明変数として Y ではなく自然対数をとった $\ln Y$ を用いています（ln は自然対数をとっていることを示します）。

自然対数をとった $\ln Y$ を被説明変数とした「$\ln Y = a + bX + u$」という式は，自然対数を外すと，「$Y = e^{a+bX+u}$」という非線形モデルになります（e は自然対数の底です）。つまり，元の推定式は自然対数のべき乗を含む複雑な非線形モデルですが，両辺とも自然対数をとることによって，線形モデルとして扱えることになります。

自然対数をとる理由としては，1つには，経済理論から非線形な推定式が導出されても，自然対数をとることで線形モデルに変換できることがあります。例えば，コブダグラス型の生産関数は，通常，インプットである労働 L と資本 K を用いてアウトプット Y が産出されるテクノロジーとして「$Y = L^a K^b$」と定式化されます。しかし，この生産関数をこのまま推定しようとすると，非線形モデルとして扱わなければなりません。そこで，両辺とも自然対数をとって「$\ln Y = a\ln L + b\ln K$」と変換することで，被説明変数を $\ln Y$，説明変数を $\ln L$ と $\ln K$ といったように，産出量，労働，資本のすべてを自然対数値に変換することで，線形モデルとして扱うことができます。このような操作は**対数線形化**と呼ばれます。

● 自然対数をとるとパラメータの解釈が変わる

パラメータの解釈がしやすくなることも，自然対数をとるもう1つの理由といえます。推定式が自然対数をとらない「$Y = a + bX + u$」であれば，パラメータ b は説明変数 X が1単位変化したときに被説明変数 Y が何単位変化するかを意味します。しかし，この場合，① Y や X の単位（円，千円，時間，分など）を知る必要があること，②単位の変化の大きさを実感しにくいこと，③国際比較や物価水準の異なる時点の比較など，単位の異なるデータを用いた推定結果の比較が困難になること，といった支障が生じます。

これに対して，推定式の両辺が自然対数をとった「$\ln Y = a' + b'\ln X + u'$」という式では，パラメータ b' は，説明変数 X が1％変化したときに被説明変数 Y が何％変化するかという弾性値（弾力性）を意味します。あるいは，被説明変数のみ自然対数をとった「$\ln Y = a'' + b''X + u''$」という式であれば，パラメータ $b'' \times 100$ は説明変数 X が1単位変化したときに被説明変数 Y が何

図表3-4　自然対数の有無によるパラメータ b の解釈

	被説明変数 Y （原数値）	被説明変数 $\ln Y$ （自然対数値）
説明変数 X （原数値）	X が1単位増えたときに Y が b 単位増える	X が1単位増えたときに Y が $(b \times 100)$ ％増える 「偏弾性値」
説明変数 $\ln X$ （自然対数値）	X が1％増えたときに Y が $(b \div 100)$ 単位増える	X が1％増えたときに Y が b ％増える 「弾性値」

出所：筆者作成。

％変化するかという**偏弾性値**を示します。例えば、パラメータ b の推定値が0.08のとき、X が1単位増えると Y は8％増加することを意味します。

このように、パラメータがパーセント表示される弾性値や偏弾性値として解釈できるようになれば、上で述べた①～③の支障は少なくなり、直感的に説明変数の影響度合いを把握できるようになります。自然対数をとるとなぜ弾性値や偏弾性値になるかは、推定式の両辺を X で偏微分し、合成関数の微分として解けば示せますが、ここでは詳しい説明は省略します。

いずれにしても、ここでは自然対数をとるとパラメータの解釈が変わることを理解しておくことが重要です。なお、いくつかの組み合わせに応じたパラメータの解釈をまとめると、図表3-4のようになります。

◉ 弾性値や偏弾性値として解釈できる

図表3-2の(3)列では、被説明変数として時給（円）ではなく、自然対数に変換した ln 時給を用いています。このため、**教育年数のパラメータ推定値の0.06は、教育年数が1年延びると年収が6％高くなることを意味しています**。教育プレミアムを国や時代ごとに比較するような場合には、金額よりも、6％といった比率のほうが直感的に比較しやすいでしょう。一方、(4)列は説明変数の教育年数についても自然対数をとっているため、パラメータの0.78は弾性値、すなわち教育年数が1％長いと時給が0.78％高いことを意味しています。

ポイント
- ✓ 簡単な非線形モデルは交差項，2乗項，対数線形化などの工夫によって線形モデルとして扱うことができる。
- ✓ 交差項は複数要因の相乗効果，2乗項は被説明変数と説明変数の非線形な関係を捉えることができる。
- ✓ 変数の自然対数をとることで，推定式の線形化が可能になるほか，パラメータを（偏）弾性値として解釈できるようになる。

3 ダミー変数の活用：血液型による賃金の違い

推定式「$Y=f(X)$」における被説明変数 Y と説明変数 X の関係性は，どの観測値にも平均的に当てはまることが前提になっています。しかし，男女や年齢層などの属性によって関係性に差が生じることもあります。例えば，日本の労働市場では男女間賃金格差が存在し，平均的な賃金水準が男性よりも女性で低くなっている可能性があります。また，雇用形態による労働条件の格差も大きく，一般に，正規雇用の賃金は非正規雇用より高くなっています。

こうした属性による差を推定式ではどのように考慮できるのでしょうか。推定式で扱う変数はそれぞれデータに対応しており，被説明変数や説明変数に応じて，例えば，年収や賃金，教育年数，年齢などのデータを当てはめていました。しかし，男女の違いや雇用形態の違いは数値としてのデータは存在しないため，そのまま変数として利用することはできません。

そこで，こうした**属性情報は，分析者が1あるいは0の値をとる特殊なデータとして数値化し，それを変数として用います。こうした変数のことを**ダミー変数**（あるいは2値変数，指標変数，質的変数）と呼びます。ダミー変数は，数値情報に基づいているわけではないので「ダミー」という言葉が付きますが，通常の変数と同様に扱えますし，多くの推定で活用されています。

例えば，男女の違いを捉える場合，男性は1，女性は0というデータをサンプルごとに割り当て，男性ダミーという変数を作成します。また，雇用形態の

うち，正規雇用と非正規雇用の違いに注目する場合には，正規雇用であれば1，非正規雇用であれば0をとる正規雇用ダミーを作成します。

3.1 切片ダミー変数

◉ 切片ダミー変数で切片の差を検証する

こうしたダミー変数を用いると，「$Y=f(X)$」という関係性が属性に応じて異なることを捉えることができます。簡単な例として，年収 Y が勤続年数 X によって決まるものの，平均的な水準（切片）は性別という属性によって異なるケースを想定します。このとき，被説明変数である年収を Y，説明変数である勤続年数を X，男女の属性の違いを示す男性ダミーを D として，推定式を以下のように定式化します。

$$Y=a+a'D+bX+u$$

ここで，男性ダミー D は男性であれば1，女性であれば0をとるように分析者がデータを割り当てた変数です。

この式は，男女で場合分けすると，異なる形になります。すなわち，男性の場合は男性ダミー D が1なので，推定式は「$Y=(a+a')+bX+u$」となりますが，女性の場合は男性ダミー D が0なので，「$Y=a+bX+u$」となります。この場合分けを図示すると**図表3-5**のように，回帰直線は男性ダミー D が1

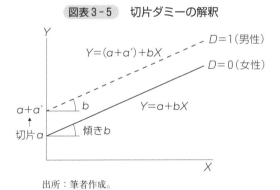

図表3-5　切片ダミーの解釈

出所：筆者作成。

の場合は点線，0の場合は実線で示されます。つまり，男女で切片の大きさがパラメータ a' だけ異なります。こうしたダミー変数は**切片ダミー**と呼びますが，ダミー変数を用いると，男女という属性で被説明変数と説明変数の関係性が異なる場合でも，1本の式で描写できるメリットがあります。

● 切片ダミー変数を説明変数として用いる

推定を行う際には，男性ダミー D も説明変数として扱ったうえで，最小二乗法などでパラメータを求めます。その結果，パラメータ a' の推定値が有意にゼロと異なれば，男女の属性間で切片に違いがあり，また，ゼロと異ならなければ同じとみなします。このように，属性間で切片などのパラメータに差があるかを特定できることもダミー変数を活用するメリットといえます。

図表3-6の(1)列は，男女のサンプルを用いて，時給（自然対数値）が教育年数・年齢・勤続年数の説明変数によって決まる賃金関数を推定したものです。ただし，正規・非正規雇用間や男女間の賃金格差を考慮し，正規雇用や男性ほど切片が大きい可能性をダミー変数（正規雇用ダミーと男性ダミー）によって確認しています。

推定結果をみると，太字で示した正規雇用ダミーと男性ダミーのパラメータは有意にプラスになっており，雇用形態や性別で賃金格差があることがわかります。パラメータの大きさをみると，正規雇用ダミーと男性ダミーはそれぞれ0.55と0.22になっています。よって，**正規雇用は非正規雇用よりも55%，また，男性は女性よりも22%，時給が高いことがわかります**。

3.2 傾きダミー変数

● 傾きダミー変数でパラメータの差を検証する

ダミー変数は属性間で切片が異なることだけでなく，パラメータの大きさが異なることも捉えることができます。例えば，勤続年数を重ねるごとに時給が高くなる勤続プレミアムが女性よりも男性で大きい可能性は，男性ダミー D を以下の式のように用いることで捉えることができます。

図表 3-6　賃金関数の推定：差の特定化

	ln 時給			
	男女		男性	女性
	(1)	(2)	(3)	(4)
教育年数	0.056***	0.055***	0.068***	0.076***
	(0.006)	(0.006)	(0.008)	(0.011)
年齢	0.003**	0.003**	0.007***	-0.010***
	(0.001)	(0.001)	(0.002)	(0.002)
勤続年数	0.018***	0.014***	0.023***	0.030***
	(0.001)	(0.002)	(0.002)	(0.003)
勤続年数×男性ダミー		0.005**		
		(0.003)		
正規雇用ダミー	0.546***	0.552***		
	(0.029)	(0.029)		
男性ダミー	0.217***	0.169***		
	(0.025)	(0.034)		
血液型（ベース＝A型）				
B型			0.001	0.060
			(0.037)	(0.050)
O型			-0.044	0.118***
			(0.034)	(0.045)
AB型			-0.042	0.064
			(0.050)	(0.065)
切片	-3.296***	-3.259***	-2.982***	-2.944***
	(0.102)	(0.104)	(0.129)	(0.188)
自由度修正済決定係数	0.288	0.289	0.163	0.099
サンプルサイズ	4,569	4,569	2,638	1,931

注：***，**，*印は1％，5％，10％水準で有意であることを示す。括弧内の数値は標準誤差。
出所：武藤・山本（2012）をアレンジしたもの。

$$Y = (a + a'D) + (b + b'D)X + u$$

ここで，勤続年数 X のパラメータは，男性ダミー D が1のときは $b+b'$，0のときは b となるため，男女によって大きさが変わります。図で示すと，図表3-7の点線が男性ダミーが1の場合で，実線が0の場合の回帰直線で，傾きの違いは b' となります（図では $a'=0$ を仮定）。

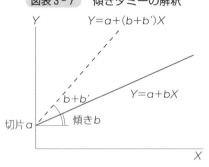

出所：筆者作成。

● 傾きダミー変数を交差項として用いる

この式を展開すると「$Y = a + a'D + bX + b'D \times X + u$」となるため，説明変数を D，X，$D \times X$ と置くことで，通常の重回帰分析として各パラメータを推定できます。そして，推定されたパラメータ b' が統計的に有意であれば，属性によって説明変数 X のパラメータが b' だけ異なると解釈します。

ここで，説明変数 X のパラメータの違い b' を捉えるための変数は X と D の交差項になっており，説明変数 X とダミー変数 D の相乗効果がパラメータ b' に反映されるとも解釈できます。このように説明変数のパラメータの違いを捉えるダミー変数のことを**傾きダミー**と呼びます。

図表 3-6 の(2)列は，(1)列の推定に加えて，傾きダミーとしても男性ダミーを加えた推定結果を示しています。推定結果をみると，太字で示した勤続年数と男性ダミーの交差項のパラメータは0.005とプラスに有意です。このため，勤続年数が時給に与える影響は女性よりも男性で0.005大きいこと，すなわち，勤続プレミアムは男性のほうが0.5％大きいことがわかります。また，勤続年数のパラメータは0.014と推定されているので，女性の勤続プレミアムは1.4％，男性の勤続プレミアムは1.9％（＝1.4％＋0.5％）と男女別に勤続プレミアムを算出することもできます。

ここで，勤続年数のパラメータ0.014は男女平均といったものではなく，女性の勤続プレミアムを示すことには留意が必要です。つまり，交差項をとって

いない説明変数のパラメータには，ダミー変数で0となる属性の影響が反映されることになります。

3.3　属性の分類が3つ以上ある場合のダミー変数の活用

◉ ダミー変数にはベースが必要

属性の分類の違いは男女や正規・非正規雇用といった2つとは限らず，既婚・未婚・離死別といった婚姻状態，20歳代・30歳代・40歳代以上などの年齢層，北海道・東北・関東などの地域のように，複数存在することが多々あります。この場合，ダミー変数は1つでなく複数を同時に用います。

このときのダミー変数の数は，分類数から1を引いたものになります。例えば，時系列の四半期データを用いた分析で，四季の違いをダミー変数で捉える場合には，春のみ1をとる春ダミー，夏のみ1をとる夏ダミー，秋のみ1をとる秋ダミーの3つの季節ダミー変数を用います。冬は，3つの季節ダミーがいずれも0のケースが該当するため，冬ダミーは作成しません。

このように，複数の分類をダミー変数にする場合，1つの分類をベース（基準）として設定したうえで，そのベースを除いた各分類についてダミー変数を作成し，説明変数として用います。そして，重要なのは，ダミー変数のパラメータは，ベースと比べた際にどの程度影響度合いが異なるかを意味するということです。季節ダミーの例では，春ダミー・夏ダミー・秋ダミーの各パラメータは冬と比べて各季節の影響度合いがどの程度違うかを示します。また，ベースとなる冬の影響は，切片にあらわれることになります。

◉ 血液型ダミーの活用例

図表3-6の(3)列と(4)列では，男女それぞれについて，時給が血液型によって異なるかを調べるために，血液型ダミー変数を説明変数に加えた推定結果を示しています。血液型はABO式ではA・B・O・AB型の4つの分類からなっています。そこで，推定ではA型をベースとして，B・O・AB型の3つの血液型ダミー変数を説明変数に入れています。

(3)列の男性の結果をみると，太字で示した血液型ダミーはいずれも統計的に

有意ではなく，血液型による時給の違いはないことが示されています。医学的には血液型によって性格や行動に違いが生じることはなく，一般的に指摘される血液型特性や血液型による占いには科学的根拠がないと言われています。よって，血液型ダミーが統計的に有意ではないという推定結果は，こうした医学的見解と整合的といえます。

ところが，(4)列の女性の推定結果をみると，B型ダミーとAB型ダミーは有意ではない一方で，O型ダミーはパラメータが有意にプラスになっていることがわかります。O型ダミーのパラメータの推定値は0.118なので，O型女性の時給は，（ベースとしている）A型女性に比べて11.8%高いことが示されています。

＜詳細説明：血液型による賃金の違いについての考察＞

医学的見解と違って，O型女性の時給が高いという結果が得られたのはなぜでしょうか。この点は考察にあたる部分で，**計量経済分析から導出されたエビデンスを踏まえ，さまざまな可能性を検討することになります**。

例えば，医学的には血液型による性格や行動の違いはないものの，日本で普及している血液型に対する言説を幼少期から聞いて育った結果，擦り込みで血液型ごとに行動が異なってしまう可能性が考えられます。事実，日本の血液型言説には，「仕事で成功するタイプにO型女性が多い」といったものがあるようです。このため，血液型言説を信じる女性がO型だから仕事をがんばってきたとしたら，社会環境要因によってO型女性の時給が高くなっている可能性が出てきます。

こうした可能性は新たな仮説として検証することもできます。例えば，アンケートで「血液型占いを信じるか」を調査し，血液型占いを信じる人を1とする占いダミー変数を切片ダミーおよび血液型ダミーの傾きダミーとして用います。そして，占いダミーとO型ダミーとの交差項がプラスに有意で，かつ，O型ダミー単体が有意でなければ，占いを信じるO型女性のみ時給が高いことになるため，上の仮説が支持されることになります。

あるいは，血液型言説のない国のデータを用いると，女性でも血液型による時給の違いがないことがわかれば，上の仮説が支持されるといえます。

実際，武藤・山本（2012）では，占いを信じているO型女性ほど時給が高い傾向があることや，台湾や韓国のデータを用いた推定では血液型による時給の違いがないことを示しています。

ポイント

✓ 属性の違いを1と0の数値で示したダミー変数を説明変数に用いると，被説明変数と説明変数の関係性の属性による違いを捉えることができる。
✓ ダミー変数は切片の違いを捉える切片ダミーと説明変数のパラメータの違いを捉える傾きダミーがある。

第4章
計量経済学を用いた実証分析の具体例
——さまざまな推定結果の見方とその実践 1 ——

　これまで説明した内容を実践的に理解するため，本章では第Ⅰ部のまとめとして，回帰分析を用いた推定結果の例をいくつか示し，その見方について実践的に解説します。なお，推定に用いている最小二乗法の仕組みや適用の適切性については次章以降で詳しく解説するため，本章ではさまざまな推定結果をいかに実践的に理解するかといったことに力点を置きます。

> **本章の目標**
> ☐ 各節：回帰分析の推定結果を実践的に理解できるようにする。
> ☐ 1～2節：回帰分析を用いると，被説明変数の決定要因を特定化できることを理解する。
> ☐ 3節：回帰分析を用いると，被説明変数に与える説明変数の効果・影響を測定できることを理解する。

1　決定要因の解明①：スポーツ選手の年俸はどのように決まるのか

　経済学の分析対象は広く，スポーツを対象にした検証も古くから数多くなされています。例えば，プロ野球選手の年俸が個々人の成績や勤続年数，チーム順位などの要因によってどのように決定されるかを調べた研究があります。一般の労働市場と違って，プロ野球では選手のパフォーマンス（限界生産力）を打率や防御率といった客観的な成績で容易に測れるため，パフォーマンスと賃金の関係を明らかにするための検証の場として適しています。また，プロ野球では選手の球団間の移動が制限されているため，労働市場が完全でなく，賃金が均衡値よりも低くなる買手独占の影響が生じている可能性があり，計量経済

図表 4-1　日米プロ野球投手の賃金関数の推定結果

被説明変数＝ ln 年俸	(1)日本	(2)米国
ln 防御率の逆数	0.24 (11.81)	0.15 (2.69)
ln 平均イニング数	0.31 (11.71)	0.51 (5.66)
勤続年数	0.05 (6.33)	0.13 (6.68)
チーム順位の逆数	0.33 (3.26)	0.09 (0.55)
リーグダミー	0.02 (0.39)	−0.01(−0.12)
FA ダミー		0.41 (2.36)
切片	16.39(103.53)	10.82(19.00)
自由度修正済決定係数	0.791	0.674
サンプルサイズ	155	257

注：括弧内の数値は t 値。
出所：樋口ほか（1993）。

分析を用いればその度合いを測ることで買手独占の影響がどの程度かを把握することもできます。

　図表 4-1 は，樋口ほか（1993）で分析された日本と米国の1991年当時のプロ野球投手を観測単位とした賃金関数の推定結果を示したものです。一般労働者の賃金関数は前章で見ましたが，図表 4-1 では賃金（年俸）の規定要因として，防御率や平均イニング数といったパフォーマンス指標を含めていることが特徴的です。

　ここで，被説明変数は自然対数をとった年俸（1992年の契約年俸），説明変数は前年の成績を示す変数として防御率の逆数（自然対数値），前年までの実績を示す変数として平均イニング数（1年当たりの通算イニング数，自然対数値）と勤続年数，所属チーム全体の成績を示す変数としてチーム順位の逆数，リーグダミー（日本はパ・リーグであれば1，米国はア・リーグであれば1をとるダミー変数），FA ダミー（フリーエージェント契約の資格保有時に1をとるダミー変数）となっています。なお，1991年当時，日本では制度が導入されていなかったため，FA ダミーは米国のみに入れています。

　この表の推定結果から何が読み取れるでしょうか。いくつかの問いに答える形式で説明していきます。

問A．プロ野球選手の年俸の決定要因としては何が挙げられますか？

　各説明変数のパラメータの有意性をみれば，その説明変数が被説明変数の決定要因になっているかどうかを判別できます。有意なパラメータは統計的に0ではないとみなせるため，説明変数の大きさに応じて被説明変数が変わるからです。逆に，パラメータが0と有意に異ならなければ，説明変数がどの値をとっても被説明変数は変わらないため，その説明変数は被説明変数の決定要因とはみなせません。

　表をみると，p値やその大きさを示す「＊」印は示されていませんが，各説明変数のパラメータの下に括弧書きでt値が掲載されています。このうち，防御率の逆数，平均イニング数，勤続年数，FAダミーはいずれも2を上回っているため，統計的に有意に0とは異なると判断できます。つまり，これらの説明変数は日米のプロ野球選手の年俸の決定要因といえます。また，リーグダミーは日米ともに統計的に有意ではなく，チーム順位の逆数については日本のみで有意になっており，米国と違って日本ではチーム全体の成績が個々人の年俸を左右することがわかります。

問B．勤続年数が1年延びると，年俸はどの程度高くなりますか？

　推定されたパラメータの大きさに注目すれば，説明変数が被説明変数に与える定量的な影響度合いがわかります。特に，ここでは被説明変数は自然対数をとっているので，偏弾性値として影響度合いを示すことができます。

　推定結果をみると，勤続年数のパラメータは日本では0.05なので，勤続が1年長くなると年俸が5％高くなることが読み取れます。米国では，その大きさは13％と日本よりも大きくなり，勤続年数への評価は米国のほうが高いと指摘できます。これは，大リーグのほうが日本のプロ野球に比べて競争が激しく，大リーガーとしての契約を継続することが難しい半面，継続した場合には高い報酬がもらえる構造があるとも解釈できます。

問C．前年の成績と過去の実績への評価は，日米でどのように違いますか？

　日米比較をすると，防御率の逆数のパラメータはあまり異ならないものの，過去の実績を示す平均イニング数や勤続年数については米国のほうが大きくなっていることがわかります。このことから，**大リーグでは日本よりも，前年の成績だけでなく，通算成績も評価する傾向がある**といえます。

問D．フリーエージェントになると賃金はどの程度高くなりますか？

　FAダミーは米国の推定のみで考慮していますが，そのパラメータは0.41となっており，フリーエージェント契約をしている選手はそれ以外の選手よりも41%年俸が高くなっていることが示されています。言い換えれば，フリーエージェントの権利がなく，球団間の移動が制限されている場合，年俸は4割程度も低く抑えられていることになります。

　労働経済学では，労働市場での移動が自由でないと，労働需要者（企業）に買手独占力が生じ，賃金が低く設定される傾向があることが理論的に示されます。この理論を応用し，プロ野球選手を労働者，球団を企業とみなせば，ここでの推定結果は，**労働市場の不完全性が労働者に大きな不利益がもたらす可能性があることを示唆している**といえます。

問E．説明変数で説明できる年俸の要素は，日米でどちらが大きいですか？

　自由度修正済決定係数を比較すると，日本は0.791，米国は0.674となっています。つまり，プロ野球選手の年俸の変動のうち，説明変数で説明できる程度は日本では80%程度，米国では68%程度であり，**日本のほうがやや大きい**といえます。

2　決定要因の解明②：メンタルヘルスの状態はどのように決まるのか

　メンタルヘルスの状態の良し悪しは，属人的な要因によるところが多いとも言われますが，企業での働き方によっても変わることが検証されています。例えば，**図表4-2**はある企業で実施したアンケート調査データに含まれる従業員を観測単位として，従業員562人のメンタルヘルスがどのような要因の影響を受けるかを推定した結果を示しています。

　被説明変数はメンタルヘルスの状態を示すバーンアウト指標と呼ばれるもので，従業員のメンタルをいくつかの質問項目で調査・集計したものです。バーンアウト指標が大きいほど，メンタルヘルスが悪いと解釈できます。一方，説

図表4-2　従業員のバーンアウト指標の決定要因の推定結果

被説明変数＝バーンアウト指標	(1)		(2)	
男性ダミー	0.039	(0.062)	0.028	(0.061)
30歳代ダミー	0.172**	(0.079)	0.161**	(0.079)
40歳代以上ダミー	0.066	(0.105)	0.053	(0.105)
勤続年数	−0.004	(0.004)	−0.004	(0.004)
異動ダミー（過去2年間）	0.004	(0.042)	−0.144**	(0.066)
×異動前在籍2〜5年ダミー			0.193**	(0.086)
×異動前在籍5年以上ダミー			0.189**	(0.081)
労働時間	0.00209*	(0.001)	0.002	(0.001)
性格特性指標（性格ビッグ5）				
外向性	0.000	(0.031)	−0.005	(0.031)
協調性	−0.049	(0.038)	−0.050	(0.038)
勤勉性	−0.135***	(0.039)	−0.135***	(0.039)
神経症傾向	0.113***	(0.037)	0.119***	(0.037)
開放性	−0.0714**	(0.035)	−0.0657*	(0.035)
定数項（切片）	2.957***	(0.240)	2.953***	(0.239)
自由度修正済決定係数	0.167		0.176	
サンプルサイズ	562		562	

注：***，**，*印は1％，5％，10％水準で有意であることを示す。括弧内の数値は標準誤差。その他の変数は掲載を省略。
出所：筆者作成。

明変数には，性別や勤続年数・年齢層・過去2年間の異動経験の有無・職種などを示すダミー変数，労働時間，性格特性などを用いています。

性格特性は，アンケート調査の回答項目をもとに，外向性，協調性，勤勉性，神経症傾向，開放性の5つについて，各傾向が大きいほど数値が大きくなる指標として作成しています。これらの指標は「性格ビッグ5」とも呼ばれ，近年，心理学だけでなく経済学の研究でも用いられています。

図表4-2では，部署間の異動がメンタルヘルスの状態にどのような影響を与えるかを検証する目的で，異動経験ダミーおよび異動前の部署での在籍期間に応じたダミー変数を異動経験ダミーに掛けた交差項を加えた推定も行っています。図表4-2の(1)列は異動ダミーのみを説明変数として入れたケース，(2)列は異動前在籍期間ダミーとの交差項も加えたケースです。この表から何がわかるでしょうか。図表4-1と同様，問いに答える形で考えてみましょう。

問A．どのような人のバーンアウト傾向が高いといえますか？

各説明変数のパラメータの有意性に基づくと，まず，性別ダミーや勤続年数といった要因は統計的に有意ではなく，必ずしもバーンアウト傾向に影響を与えていないことがわかります。統計的に有意なのは，30歳代ダミー，労働時間（ただし(1)列のみ），性格特性（勤勉性，神経症傾向，開放性）といった説明変数で，これらの要因がこの企業の従業員のメンタルヘルスの状態を左右するといえます。なお，過去2年の異動ダミーについては(1)列と(2)列で結果が異なりますが，この点については問Cで詳しくみます。

問B．30歳代の従業員は誰と比べてバーンアウト傾向が高いといえますか？

ここでは年齢層に関する切片ダミーにおいて，何がダミー変数のベースとなる分類かに注目します。年齢層ダミーは30歳代ダミーと40歳代以上ダミーの2つを用いているため，ベースは20歳代と考えられます。このため，年齢層ダ

ミーのパラメータは，20歳代と比べてバーンアウト指標がどの程度異なるかという差を示していると解釈します。

そこで，(1)列の30歳代ダミーの係数をみると，30歳代の従業員は20歳代よりもバーンアウト指標が0.172大きいことがわかります。このように，ダミー変数のパラメータはベースとなる分類との相対的な差を表していることに注意しましょう。

問C．異動はバーンアウト傾向にどのような影響を与えますか？

(1)列をみると，異動ダミーは統計的に有意になっていません。つまり，平均的にみると，異動はその従業員のバーンアウト傾向に影響を与えないと解釈できます。ただし，(2)列をみると，異動ダミーは統計的にマイナスに有意になっているほか，異動前在籍2～5年ダミーや異動前在籍5年以上ダミーとの交差項はプラスに有意になっていることがわかります。

ここで，異動前在籍期間ダミーのベースの分類は在籍2年未満です。よって，「異動前の在籍期間が2年未満の従業員に限ってみれば，異動はメンタルヘルスの状態を改善する傾向がある」と解釈できます。つまり，異動前在籍期間ダミーとの交差項を加えることで，異動がメンタルヘルスに与える影響が在籍期間ごとに異なることが明らかになったといえます。

＜詳細説明：ダミー変数の交差項のパラメータの解釈＞

図表4－2の(2)列でみたようなダミー変数同士の交差項の解釈は，混乱しやすいため，注意が必要です。

(2)列では，異動経験ダミーの係数が異動前の在籍期間によって異なることを想定し，在籍期間2年未満をベースとして，2～5年および5年以上のダミー変数と異動経験ダミーとの交差項を入れています。ここで，異動経験ダミーと在籍2～5年ダミーとの交差項のパラメータの推定結果を抜

き出すと以下のようになります。

バーンアウト指標＝−0.144異動ダミー
　　　　　　　＋*0.193* 異動ダミー×在籍*2~5*年ダミー
　　　　　　　＋*0.189* 異動ダミー×在籍*5*年以上ダミー＋…
　　　　　　＝(−0.144＋0.193在籍*2~5*年ダミー
　　　　　　　＋0.189在籍*5*年以上ダミー)異動ダミー＋…

　この式からわかるように，(2)列の**異動ダミー単体の係数（−0.144）**は，在籍2〜5年および5年以上のダミーがともにゼロとなるとき，すなわち在籍2年未満のときの異動ダミーの係数に該当します。よって，在籍2年未満の従業員は異動によってバーンアウト傾向が弱まると解釈できます。

　一方，異動ダミーと在籍2〜5年ダミーとの交差項の係数（0.193）は，異動ダミーの係数が在籍2年未満よりも在籍2〜5年でどの程度大きいかを示しています。ただし，この係数はあくまで在籍2年未満の異動者との差を示しているにすぎません。

　在籍2〜5年の異動者のバーンアウト指標が非異動者とどの程度異なるかを知るには，上の式の在籍2〜5年ダミーに1を代入し，また，在籍5年以上ダミーに0を代入することで，異動ダミーの係数を算出しなければなりません。**図表4-2**の(2)列の結果をもとにすると，その値は0.049（＝−0.144＋0.193）になります。ただし，この値が有意にゼロと異なるかどうかは別途F検定を行って確認することが必要になります。

　そこで，F検定を実施すると，0.049は統計的に0と変わらないという結果が得られます。つまり，異動前在籍2〜5年の従業員のメンタルヘルスの状態は非異動者と異ならないことが統計的に示されます。

　以上のように，**ダミー変数はベースの分類との差を捉えるものなので，交差項として用いる場合にも係数が何と比較したものであるかを意識することが重要といえます。**

問D．性格特性をコントロールすることの意味は何でしょうか？

　従業員のメンタルヘルスの問題は，働き方や職場環境が原因となっていることもありますが，その多くは属人的な問題と捉えられることが少なくありません。そこで，この**図表4-2**では，個々人のメンタルヘルスの状態の違いのうち，元来の性格の違いを性格ビッグ5という心理学の尺度でコントロールしています。そして，推定結果をみると，たしかに性格ビッグ5のうち3つの性格特性がメンタルヘルスに影響を与えていることがわかります。

　しかし，注目すべきは，そうした**個々人に起因する性格特性をコントロールした場合でも，年齢層や労働時間といった他の要因が統計的に有意となっている**ことです。つまり，他の条件を一定とした場合，職場での働き方がメンタルヘルスに影響する可能性が示されているといえます。

　このように，性格特性をコントロールすることには，属人的な要因以外で，多くの人に共通するどのような要因がメンタルヘルスに影響を与えるかを特定できる意義があります。このほか，性格特性が他の説明変数と強い相関関係を持つ場合には，性格特性をコントロールしないと推定結果にバイアスが生じるというテクニカルな問題もあります。計量経済学を学ぶ上では，この問題は非常に重要になるため，第5章や第11章などで詳しく解説します。

問E．自由度修正済決定係数が小さいことは，どの程度深刻でしょうか？

　図表4-1の推定結果と比べると，この推定では自由度修正済決定係数は0.167と小さく，従業員のバーンアウト指標の変動の16.7％程度しか説明できていないことになります。ただし，**自由度修正済決定係数は大きいほど望ましいのは事実ですが，個々の労働者や企業を観測単位としたマイクロデータを用いた推定では小さくなることが頻繁にあります**。推定結果を読み取る際には，むしろ大きなノイズがある中でも，年齢層や労働時間，性格特性といったバーンアウト指標に影響を与える共通の要因が統計的に見出せていることに注目すべきといえます。

3 効果の測定：アカデミー賞をとった映画は商業的にも成功するのか

　米国のアカデミー賞は，優れた映画を表彰して，作品賞・主演男優賞・主演女優賞などのジャンルごとにいくつかの映画を毎年1月にノミネートし，さらにノミネートされたものの中から最も優れたものを選び受賞作として2月に発表するものです。アカデミー賞は質的に優れたものであることのシグナルとして消費者に働きかけるものなので，ノミネート作品や受賞作品の興行収入はその後増加することが予想されます。

　しかし，米国でアカデミー賞が発表されるときには，ノミネート作品や受賞作品の多くが映画館での上映を終えているため，受賞発表によって興行収入がどの程度増加するかといったシグナリング効果の測定は，必ずしも正しく行われてきませんでした。この点，日本では多くの洋画が時間差を伴って輸入・上映されるため，米国のアカデミー賞の受賞作品であることを消費者が知った上で映画を観に行く傾向があるかを適切に検証できます。

図表4-3　米国アカデミー賞が映画の興行収入に与える影響についての推定結果

被説明変数＝ ln 総興行収入	(1)	(2)
ノミネートダミー	0.29	0.30
	(1.97)	(2.00)
受賞ダミー		0.07
		(0.39)
米国大手配給会社6社ダミー	0.44	0.44
	(2.97)	(2.97)
日本映画連盟加盟会社ダミー	0.27	0.26
	(1.68)	(1.65)
ジャンルや上映季節などを示すダミー	yes	yes
実質GDP成長率	yes	yes
自由度修正済決定係数	0.1551	0.1522
サンプルサイズ	271	271

注：括弧内の数値は t 値。
出所：齋藤ほか（2015）。

そこで，斎藤ほか（2015）は，図表4-3にあるように，2004～13年に日本で上映された映画を観測単位として，その映画が米国のアカデミー賞のノミネート作品あるいは受賞作品であることが日本での興行収入にどの程度の影響を与えるかを検証しました。

ここで，被説明変数は興行収入（自然対数値），説明変数は米国アカデミー賞のノミネートダミー（ノミネート作品が1をとるダミー変数），受賞ダミー（ノミネート作品のうち受賞したものであれば1をとるダミー変数），配給会社やジャンル等のダミー変数などです。表から何がわかるでしょうか。以下，問いに答える形で考えてみましょう。

> **問A．米国アカデミー賞にはどのようなシグナリング効果がありますか？**

米国アカデミー賞のシグナリング効果は，説明変数のうちノミネートダミーと受賞ダミーのパラメータをみることで把握できます。ただし，各パラメータの有意性について，図表4-3ではp値は示されていないため，t値に注目します。図表4-3の(1)列に掲載されている各パラメータのt値から判断すると，ノミネートダミーは統計的に有意にプラスであるため，**米国アカデミー賞のノミネートは日本の映画市場でシグナリング効果を持つ**ことがわかります。

一方，(2)列で受賞ダミーを入れた場合は，ノミネートダミーは引き続き有意であるものの，受賞ダミーは有意ではありません。このことは，米国アカデミー賞にノミネートされることで，消費者は優れた作品であるというシグナルを受け取り，映画を観に行く傾向があるものの，特に**受賞した作品だからといってその傾向が強まるとは限らない**ことを示しています。

> **問B．米国アカデミー賞の受賞によって興行収入は何％程度増加しますか？**

受賞ダミーの係数は統計的に有意ではありません。しかし，このことは受賞に全く意味がないことを示してはいません。というのは，アカデミー賞はノミ

ネートされた作品の中から受賞作品が選ばれる仕組みになっています。このため，受賞ダミーはノミネートされて，かつ，受賞した場合に1をとるダミー変数であり，その係数は受賞したことで，ノミネートの効果に加えてどの程度の追加的な効果があったかを示すと解釈すべきです。

　受賞ダミーが有意でないことは，受賞作品と他のノミネート作品との差がないことを意味しているに過ぎません。一方で，ノミネートダミーは有意なため，受賞作品にもノミネートされたことの効果は存在します。すなわち，ノミネートダミーの係数は0.3なので，**受賞作品はノミネート作品と同様に，ノミネートされなかった作品よりも興行収入が30%程度大きくなる**といえます。

> 問C．ジャンルや上映季節などを示すダミーが yes とは何を意味しますか？

　図表4-3をみると，ジャンルや上映季節などを示すダミーなどの説明変数は，係数や t 値の代わりに，「yes」と記されています。こうした表記は，説明変数として含めているものの，詳しい推定結果の掲載は省略する場合に用いられます。なお，推定結果を対比するため，ある推定では説明変数としてコントロールしているものの，別の推定では用いていない場合，前者は「yes」，後者は「no」と表記することもあります。

4　Oaxaca 分解：男女間賃金格差はどのように生じているのか

　計量経済分析では，属性などによって生じている事象の違いについて，どのような要因でどの程度生じているかを要因分解することができます。具体例として，男女間賃金格差の要因分解をみてみましょう。

　賃金関数の推定結果でみたように，労働者の時給は勤続年数や教育年数，就業形態などで決まります。ということは，男女間の賃金に格差が生じているとしたら，男性ほど勤続年数や教育年数が長かったり，正規雇用者に就いている

人が多かったりすることが原因になっている可能性が考えられます。

一方，勤続年数や教育年数などが同じであっても，女性よりも男性のほうが高い時給をもらっている可能性もあります。例えば，似た属性であっても男性のほうが出世が早く，女性よりも企業で評価されているかもしれません。

これらの要因を「属性の差」と「評価の差」と呼ぶと，男女別に賃金関数を推定した場合，「属性の差」は説明変数（属性）の平均値の差，「評価の差」は説明変数の係数の差に反映されます。

例えば，賃金 W が属性 X のみによって決まる簡略化した賃金関数を男女別に推定し，男性の平均賃金が「$W_m = b_m X_m$」，女性が「$W_f = b_f X_f$」で表されるとします（W_m, W_f, X_m, X_f は賃金と属性の男女別の平均値，b_m と b_f は係数の推定値を示します）。このとき，男女間賃金格差（$W_m - W_f$）は以下の式のように，「属性の差」（$X_m - X_f$），「評価（係数）の差」（$b_m - b_f$），交差項（$(b_m - b_f)(X_m - X_f)$）による部分の3つに分解できます。

図表 4-4　男女間賃金格差の Oaxaca 分解の結果

被説明変数 = ln 時給	推定結果		Oaxaca 分解の結果	
	(1) 男性	(2) 女性	(3) 属性の差 の寄与度	(4) 係数の差 の寄与度
教育年数	0.050***	0.060***	0.044***	-0.141
	(0.008)	(0.010)	(0.008)	(0.179)
勤続年数	0.021***	0.015***	0.090***	0.043**
	(0.001)	(0.002)	(0.015)	(0.019)
正規雇用ダミー	0.507***	0.555***	0.252***	-0.020
	(0.043)	(0.038)	(0.019)	(0.024)
定数項	-2.885***	-3.224***		0.338*
	(0.112)	(0.146)		(0.183)

注：1）***，**，*印は1％，5％，10％水準で有意であることを示す。括弧内の数値は標準誤差。
　　2）平均値では，男性の時給は女性よりも61.4％高い。
出所：筆者作成。

$$W_m - W_f = b_m X_m - b_f X_f$$
$$= b_m \underbrace{(X_m - X_f)}_{\text{属性の差}} + \underbrace{(b_m - b_f)}_{\text{評価（係数）の差}} X_m - \underbrace{(b_m - b_f)(X_m - X_f)}_{\text{交差項}} \quad (3)$$

このような分解を **Oaxaca（ワハカ）分解**といいます。通常，Oaxaca 分解では，「属性の差」（右辺第1項）と「評価（係数）の差」（第2項）の大きさに注目し，両者の交差項（第3項）については注目しません。

Oaxaca 分解の具体例をみるため，図表4-4には，第3章で用いた労働者のデータをもとに，男女間賃金格差を Oaxaca 分解した結果を示しています。図表4-4の(1)～(2)列は教育年数，勤続年数，正規雇用ダミーを説明変数に用いた賃金関数の推定結果を男女別に載せています。また，これらの推定結果をもとに Oaxaca 分解した結果のうち，(3)列に「属性の差」，(4)列に「評価（係数）の差」による賃金格差の大きさを示しています。

問A．賃金関数や Oaxaca 分解の結果は何を示していますか？

(1)～(2)列の賃金関数の推定結果からは，教育年数，勤続年数，正規雇用ダミーのいずれの係数も統計的に有意であることがわかります。また，脚注をみると，女性よりも男性のほうが時給が61.4%高いことが記されています。Oaxaca 分解の結果は，この61.4%の男女間賃金格差が「属性の差」と「評価（係数）の差」にどのように分解されるかを示しています。

(3)～(4)列の Oaxaca 分解の結果をみると，まず，教育年数については「属性の差」による賃金格差が0.044となっています。この数値は，**教育年数が男性のほうが平均的に長いことによって賃金格差が4.4%生じていることを示しており，寄与度と呼ばれます**。全体の賃金格差は61.4%なので割合としては小さいですが，全体の1割弱が教育年数の差で説明できるといえます。

一方，教育年数の「評価（係数）の差」の寄与度は統計的に有意になっていません。(1)～(2)列の賃金関数の推定結果をみると，教育年数の係数は男女で0.01異なりますが，統計的には有意な差ではないと解釈できます。

同様に，勤続年数の Oaxaca 分解の結果をみると，属性の差による寄与度が9％，係数の差による寄与度が4.3%あることがわかります。また，正規雇用ダミーは，属性の差による寄与度が25.2%と大きく，係数の差は有意でありません。定数項は係数の差による寄与度のみ計算できますが，33.8%と大きくなっています。

> 問B．Oaxaca 分解の結果から男女間格差の要因はどのように整理できますか？

これらの結果から，教育年数，勤続年数，正規雇用といった要因で生じている賃金格差の多くは，係数ではなく属性の差によって生じており，女性のほうが教育年数や勤続年数が短いことや，非正規雇用に就いている割合が大きいことが賃金格差の源泉になっていると指摘できます。

ただし，勤続年数には係数の差も認められるため，同じ勤続年数でも女性は男性よりも低く評価されている傾向があることがわかります。さらに，定数項（切片）には大きな男女の違いがあるため，**教育年数や勤続年数，正規雇用といった要因とは関係なく，女性という理由で賃金が33.8%低くなっていること**も示唆されます。

5 演習問題

上の節で扱った実証分析と似た推定結果を以下紹介します。演習問題として，解いてみてください。

5.1 サッカー選手の成績と年俸【決定要因解明】

プロ野球と同様の賃金関数の推定は，プロサッカー選手を観測単位にした場合でも可能です。図表4-5は秋山ほか（2009）から，2007年にJリーグに10試合以上出場した選手の賃金関数を推定した結果を示したものです。推定はポジション別にDF（ディフェンダー），MF（ミッドフィルダー），FW（フォ

第4章　計量経済学を用いた実証分析の具体例　69

図表4-5　Jリーガーの賃金関数の推定結果

被説明変数＝ln 年俸	(1) DF	(2) MF	(3) FW
出場時間/100	0.017 (2.61)	0.017 (2.92)	0.013 (1.23)
通算試合数/100	0.842 (4.42)	0.594 (3.65)	0.430 (1.22)
通算試合数の二乗/10000	-0.117(-2.11)	-0.065(-1.61)	-0.004(-0.00)
外国人選手ダミー	0.814 (2.82)	0.880 (6.30)	1.090 (4.46)
日本代表ダミー	0.631 (3.60)	0.438 (3.60)	0.473 (2.31)
ゴール数	-73.060(-0.76)	-15.829(-0.26)	39.310 (0.78)
アシスト数	16.129 (0.19)	93.147 (3.26)	-76.155(-1.12)
タックル数	16.785(-1.69)	-7.079(-1.09)	15.820 (1.18)
インターセプト数	56.719 (2.90)	10.975 (0.93)	-15.998(-0.50)
切片	5.666(11.73)	6.184(18.04)	6.805(15.21)
自由度修正済決定係数	0.798	0.710	0.697
サンプルサイズ	85	115	72

注：括弧内の数値は t 値。
出所：秋山ほか（2009）。

ワード）の3種類について実施しています。この表から何を読み取れるでしょうか。以下の問いに答えてください。

> 問A．Jリーグ選手の年俸の決定要因としては何が挙げられますか？
> 問B．ポジションによって年俸に影響を与える成績に違いはありますか？
> 問C．日本代表に選出されている選手の年俸はどの程度高いですか？
> 問D．外国人選手の年俸は日本人選手よりどの程度高くなっていますか？
> 問E．説明変数で説明される年俸の要素はどのポジションで大きいですか？

5.2　従業員の労働時間とメンタルヘルス【決定要因解明】

　従業員のメンタルヘルスの状態が長時間労働によって悪化する可能性は，図表4-2の推定のように1企業の従業員データを用いた研究だけでなく，複数企業の従業員データを用いた研究によっても明らかにされています。図表4-6は，山本・黒田（2014）から，労働時間や仕事の内容などによってメンタル

図表4-6　従業員のメンタルヘルスの決定要因の推定結果

被説明変数＝メンタルヘルス指標（GHQ12）	(1)	(2)	(3)
手当の支払われた残業時間（時間）	0.0619		0.0547
	(0.0444)		(0.0441)
サービス残業時間（時間）		0.1265***	0.1239***
		(0.0398)	(−0.04)
年収（万円）	−0.0034***	−0.0030***	−0.0032***
	(0.0011)	(0.0011)	(0.0011)
仕事内容ダミー			
担当業務の内容は明確化されている	−2.2221***	−2.0896***	−2.0793***
	(0.4530)	(0.4522)	(0.4521)
仕事の手順を自分で決めることができる	−2.8492***	−2.7967***	−2.8165***
	(0.5360)	(0.5323)	(0.5323)
自分の仕事は他と連携してチームで行うものである	−0.6756	−0.5340	−0.5584
	(0.4215)	(0.4199)	(0.4202)
突発的な業務が生じることが頻繁にある	1.5923***	1.5334***	1.4800***
	(0.4408)	(0.4372)	(0.4391)
他の部署への異動（過去1年）ダミー	−3.1320***	−2.9337***	−2.8580**
	(1.1210)	(1.1153)	(1.1165)
切片	18.3067***	18.0725***	17.9655***
	(0.8008)	(0.7983)	(0.8026)
自由度修正済決定係数	0.1911	0.2020	0.2040
サンプルサイズ	1,400	1,400	1,400

注：1）***，**，*印は1％，5％，10％水準で有意であることを示す。括弧内の数値は標準誤差。
　　2）その他の変数は掲載を省略。
出所：山本・黒田（2014）10章。

ヘルスの状態がどのように異なるかを推定した結果をまとめたものです。この推定では，451社に勤務する従業員を観測単位として，700人を2年間追跡して収集したパネルデータを利用しています。

　ここではメンタルヘルスの状態として，バーンアウト指標ではなく，GHQ12という指標を用いています。GHQ12指標は，その値が大きいほどメンタルヘルスの状態が悪いという点で，**図表4-2**と同様に係数を解釈できます。

　この推定では，**図表4-2**のように1社に勤務する複数の従業員のデータではなく，さまざまな企業に勤める複数の従業員のデータを用いています。同じ企業に勤務する従業員データには，企業の違いによる影響を除去したうえで他

の要因の特定化が行えるメリットがあるものの，他の企業に適用できるかといった点での普遍性・一般性が低くなるというデメリットもあります。よって，さまざまなデータを用いて同様の検証を行うことには一定の意義があります。以下，問いに沿って，推定結果を読み取ってみてください。

> 問A．どのような長時間労働がメンタルヘルスに悪影響を与えますか？
> 問B．どのような仕事内容がメンタルヘルスにとっていいものですか？
> 問C．他部署への異動はメンタルヘルスにどのような影響を与えますか？

5.3 文学賞が小説の売れ行きに与える影響【効果測定】

優れた作品に贈られる賞には，アカデミー賞だけでなく文学賞もあります。上野（2012）は，文芸書籍を観測単位として，25作家122冊の増刷頻度が，著名な文学賞の受賞によって高まるかを検証しています。**図表4－7**は推定結果をまとめたものです。

被説明変数は増刷頻度（増刷回数を初版年からの経過月で割ったもの），説明変数には注目する文学賞として芥川賞，直木賞，純文学志向文学賞（菊池寛

図表4－7 文学賞が本の売れ行きに与える影響の推定結果

被説明変数＝増刷頻度 (増刷回数÷初版からの経過月)		
芥川賞	0.062	（0.05）
直木賞	0.398	（2.98）
純文学志向文学賞	0.145	（1.27）
エンターテインメント志向文学賞	0.2356	（2.28）
文庫本ダミー	-0.2340	（-1.18）
価格	0.000004	（0.02）
ページ数	0.0001	（0.27）
自由度修正済決定係数	0.7868	
サンプルサイズ	122	

注：括弧内の数値は t 値。定数項は掲載を省略。
出所：上野（2012）。

賞，谷崎潤一郎賞など），エンターテインメント志向文学賞（本屋大賞，日本推理作家協会賞など），その他の要因として価格，ページ数，文庫本ダミーを用いています。文学賞の効果について，次の問いに答えてください。

> 問A．文学賞の種類によって効果に違いがみられますか？
> 問B．価格とページ数は多重共線性によって有意になっていない可能性があります。このときの多重共線性とはどのようなことを指しますか？

5.4 ゆるキャラの導入の集客効果【効果測定】

近年，多くの自治体がゆるキャラをつくり，PR活動を行っています。こうしたゆるキャラによるPR活動には効果があるのでしょうか。

この点を探るため，朝日ほか（2011）では，全国の自治体が実施する各種イベントを観測単位として，ゆるキャラの導入がイベントの集客数を増やす効果があるかを推定しました。図表4-8が推定結果です。

図表4-8　ゆるキャラがイベント集客数に与える影響

被説明変数＝ ln イベント集客数	
ゆるキャラダミー	1.098*** (0.27)
×小規模イベントダミー	−1.349*** (0.48)
×大規模イベントダミー	−1.665** (0.72)
小規模イベントダミー	0.000004 (0.02)
大規模イベントダミー	0.0001 (0.27)
季節ダミー（ベース＝秋）	
春	−0.417* (0.22)
夏	−0.501*** (0.19)
冬	−0.495** (0.20)
自由度修正済決定係数	0.7592

注：括弧内の数値は標準誤差。***，**，*印は1％，5％，10％水準で有意であることを示す。その他の変数は掲載を省略。サンプルサイズは122。
出所：朝日ほか（2011）。

ここでは，被説明変数がイベントの集客数（自然対数値），説明変数にそのイベントでゆるキャラが導入されているかを示すダミー変数，イベントの規模を示すダミー変数（1万人未満の小規模と100万人以上の大規模ダミー）などを用いています。この推定結果から，ゆるキャラ導入に効果があるといえるでしょうか。

> 問A．ゆるキャラ導入の効果はイベントの規模によって異なりますか？
> 問B．ゆるキャラ導入の効果があるのはどのようなイベント規模ですか？
> 問C．イベント集客に最も適した季節はいつですか？

第 II 部

最小二乗法から最尤法・非線形モデルへの発展

第 5 章

最小二乗法の仕組みと適用条件
——最小二乗法と BLUE ——

　第Ⅱ部では，最小二乗法の仕組みや利点を解説するとともに，最小二乗法を適用しても望ましい推定値が得られないケースを把握し，そのときの対処法として，さまざまな推定方法や非線形モデルを扱います。本章では，最小二乗法の仕組みを図や数式を用いて説明するとともに，最小二乗法を用いた推定の利点や特徴を詳しく説明します。

> **本章の目標**
>
> ☐ 1 節：最小二乗法は，誤差の二乗和を最小にするようなパラメータを求めるものであることを理解する。
> ☐ 2 節：誤差項が均一分散・共分散ゼロ・説明変数と独立といった仮定を満たすとき，最小二乗推定量が BLUE になるというガウスマルコフの定理を理解する。
> ☐ 3 節：どのようなケースで BLUE のための誤差項の仮定が満たされにくく，その場合に最小二乗推定量にどのような問題が生じるかを理解する。また，最小二乗推定量が使えない場合の対処方法も理解する。

1　最小二乗法の仕組み

　本書の目的に沿うように，ここでは直感的な理解を優先し，シンプルな推定式を用いて，図や最低限の数式に基づく説明を行います。まず，最小二乗法をわかりやすく理解するために，(1)式の推定を考えてみましょう。

$$Y_i = bX_i + u_i \tag{1}$$

この式は観測単位を経済主体 i として，被説明変数 Y_i が説明変数 X_i と誤差 u_i

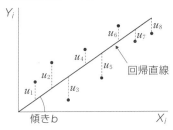

出所：筆者作成。

のみで説明されることを表しており，切片あるいは定数項がゼロであるとあらかじめ仮定しています。推定ではデータを用いて，X_i が変化した際に Y_i が変化する度合いを示すパラメータ b とその標準誤差を求めることになります。

◉ 図による理解

(1)式を図で示すと，図表 5-1 のようになります。図表 5-1 では縦軸に被説明変数 Y_i，横軸に説明変数 X_i をとり，経済主体 i（$i=1\sim8$）のデータをプロットしています。この図において，(1)式は原点を通る直線（回帰直線）「$Y_i=bX_i$」と，その直線から各プロットまでの縦方向の距離（誤差）「u_i」から構成されていると解釈できます。

この図において，推定は，回帰直線をどのように引くか，言い換えれば，直線の傾き b をどの大きさにするかということになります。推定方法にはさまざまなものがありますが，**平均的にみて誤差 u_i が最小となるような回帰直線の傾き b を見つけること，すなわち，どのプロットからも近くなるような回帰直線を引く推定が最小二乗法です**。最小二乗法によって推定されたパラメータ $\hat{b}$ を最小二乗パラメータといいます。

◉ 数式による理解

図で説明したように，最小二乗法は各経済主体 i にとっての誤差を最小にすること，言い換えれば，誤差の総和を最小にすることを目的としています。ただし，誤差は経済主体ごとにプラスにもマイナスにもなるため，単純に足し合

わせるとプラスとマイナスが相殺されてしまいます。

そこで，最小二乗法では，すべての誤差を二乗し，いったんプラスに変換してから総和を取ることで，誤差の絶対的な大きさを定義します。そのうえで，最小二乗法は，この誤差の二乗和を最小にするようなパラメータを求めます。つまり，**最小二乗法は誤差の二乗和を最小化する推定方法であり，このために「最小二乗法」と呼ばれています。**

より厳密には，最小二乗法とは，誤差 u_i の二乗和 $\sum_i u_i^2$，すなわち，$\sum_i (Y_i - bX_i)^2$ を最小にするようなパラメータ b を求めることです。数式では以下のように表されます。

$$\min_b \sum_i (Y_i - bX_i)^2 \quad \rightarrow \quad \partial \sum_i (Y_i - bX_i)^2 / \partial b = 0 \qquad (2)$$

誤差の二乗和にはパラメータ b が含まれるため，パラメータ b の選び方によって，誤差の二乗和の大きさが変わります。これは，図による理解の説明で，直線の傾き b をどの大きさにするかを考えることに他なりません。ここで，(2)式のように，パラメータ b で誤差の二乗和を微分したものがゼロとなる条件，すなわち，誤差の二乗和が最小となる条件を求めることで，誤差の二乗和を最小にするパラメータ推定値 $\hat{b}$ が以下のように得られます。

$$\hat{b} = \sum_i (X_i Y_i) / \sum_i X_i^2 \qquad (3)$$

なお，誤差 u_i の分散を σ^2 と仮定すれば，パラメータ b の分散は $\sigma^2 / \sum_i X_i^2$ として得られます。ただし，誤差の分散 σ^2 は $\sum_i u_i^2 / n - 1$ という推定値を用います。

> **! ポイント**
> ✓ 最小二乗法は，誤差の二乗和を最小にするようなパラメータを推定するものである。
> ✓ 図で考えると，最小二乗法による推定は，どのプロット（データ）からも近くなるような回帰直線を引くことを意味する。

2 最小二乗法が用いられる理由

2.1 BLUE（最良線形不偏推定量）：最小二乗推定量の特性

　最小二乗法が最もよく使われる手法であることは本章の冒頭で紹介しましたが，その理由は最小二乗法が持つ特性にあります。最小二乗法で推定されるパラメータや標準誤差は最小二乗推定量ともいわれますが，この**最小二乗推定量は一定の条件を満たすとき，最も適切な推定量**であることが知られています。最も適切な推定量のことを，計量経済学では**BLUE**（Best Linear Unbiased Estimator；**最良線形不偏推定量**）といいます。BLUEには図表5-2の特性があるため，それぞれを理解することが重要です。

　この中で重要な特性は不偏性，効率性，一致性の3つです。**不偏性**（unbiasedness）とは，推定量に誤差があっても，平均すれば真の値になることを意味します。例えば，常に真の値よりも過大になってしまうバイアスのある推定量は不偏性がなく，科学的な分析には用いられません。

　効率性（efficiency）は推定量の分散が最小であることを意味し，BLUEではBest（最良）に該当します。つまり，最良な推定量とは分散が最小であることを指します。推定量の分散が大きいと，標準誤差が大きくなり，統計的に有意な結果が得にくくなるため，最小分散は魅力的な特性といえます。

　一致性（consistency）はサンプルサイズの増加とともに推定量の分散が小さくなり，ある値に近づくことを意味します。一致性がないと，サンプルサイ

図表5-2　BLUEの特性

線形性（linearity）	線形モデルの推定量であること
不偏性（unbiasedness）	推定量の期待値（平均値）が真の値に等しいこと
効率性（efficiency）	推定量の分散が最小であること
一致性（consistency）	サンプルサイズを大きくすれば，推定量がある値に収束すること

出所：筆者作成。

ズをいくら増やしても分散が大きいままで，推定量がどこにも収束しません。収束しない推定量は，真の値に近づくとは限らないため，信頼性が低くなります。

つまり，最小二乗推定量は真の値を反映している上に分散も小さく，さらにサンプルサイズを大きくすればより精度が上がるという望ましい特性を持っているといえます。

2.2　ガウスマルコフの定理：最小二乗法のための仮定

それでは，最小二乗推定量が図表5-2のような望ましい特性を持つには，どのような仮定が必要なのでしょうか。一般に，**最小二乗推定量がBLUEになるためには，誤差項について図表5-3の3つの仮定が必要**とされています。また，図表5-3の仮定を満たせば最小二乗推定量がBLUEになることを**ガウスマルコフの定理**と呼びます。

図表5-3の仮定はいずれも誤差項に関するものですが，(1)式からわかるとおり，誤差項 u_i は被説明変数 Y_i の一部なので，被説明変数に関する仮定と読み替えても支障ありません。

3つの仮定のうち，**均一分散**（homoskedascity）とは，どの経済主体であっても同じ大きさの分散を持つことを意味します。例えば，特定の経済主体だけ分散が大きくなっていたり，一定の法則で分散が小さくなっていったりすることがない状態です。

共分散ゼロとは，誤差項が観測値間で独立で，相関が生じていないことを意味します。例えば，年単位の時系列データで前年と今年の間に相関がない状態や，家計単位の横断面データで隣接する家計間に相関がない状態のことです。

図表5-3　最小二乗推定量がBLUEになるための誤差項の仮定

仮定1．均一分散	誤差項の分散が均一であること
仮定2．共分散ゼロ	誤差間で相関がないこと
仮定3．説明変数と独立	誤差項と説明変数の間で相関がないこと

出所：筆者作成。

つまり，共分散ゼロという仮定は，観測値が他の観測値の影響を受けないことを指すともいえます。

説明変数と独立とは，誤差項が説明変数と相関を持たないことを意味します。通常，説明変数が確率的な変動をしなければ，誤差項との相関は生じません。また，確率的に変動する場合でも，説明変数の変動が誤差項と関係しなければ，相関は生じません。いずれにしても，説明変数と独立とは，誤差項が大きいと説明変数も大きいといった傾向がないことを意味します。

ポイント
- ✓ BLUE（最良線形不偏推定量）とは不偏性・効率性・一致性といった推定量の重要な特性を持つ最も望ましい推定量である。
- ✓ 誤差項が均一分散・共分散ゼロ・説明変数と独立という条件を満たすとき，最小二乗推定量は BLUE になる（ガウスマルコフの定理）。

3　BLUE のための仮定が成立しないケースと対処方法

前節でみたように，最小二乗推定量が BLUE になるためには 3 つの仮定が必要です。言い換えると，3 つの仮定が成立する場合には，最小二乗法を用いることが最適な推定になりますが，1 つでも成り立たない仮定がある場合，最小二乗法を使って推計することは不適切となります。このため，最小二乗法を用いて推定を行う際や，最小二乗法を用いた推定結果をみる際には，これらの仮定が成立しているかを確認することが必要になります。

そこで，本節では，3 つの仮定が成立していない典型的なケースを取り上げ，どのようなときに最小二乗法を推定に用いることが適切でなくなるか，また，そのときにどのような対処方法をとるべきかについて説明します。

3.1 均一分散が成立しないケース

誤差項の分散が特定の経済主体だけ大きくなっていたり，経済主体ごとに分散が異なっていたりすると，**不均一分散**（heteroskedasticity）が生じ，均一分散という仮定1が満たされません。一般に，横断面データを用いる際には，多様な経済主体行動がデータに反映されているために不均一分散が生じやすいです。

● 成立しないケース①：平均値データ

第1章でみた消費関数の推定では，都道府県別・男女別の消費の平均値データを用いていました。しかし，女性よりも男性のほうが家計による消費のばらつき（分散）が大きければ，均一分散とはいえません。事実，第1章の例で用いたデータを男女別にプロットした**図表5-4**をみると，消費支出のばらつきは男性のほうが若干大きくみえます。こうしたケースでは最小二乗法を用いても，推定量がBLUEになるとは限りません。

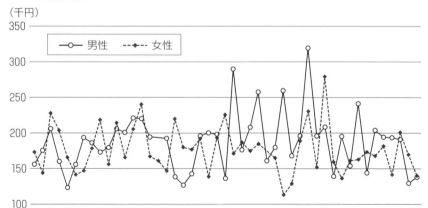

図表5-4　単身勤労世帯の月の消費支出の平均値のばらつき（男女別）

出所：筆者作成。

このほか、第1章で用いた例には、都道府県によって世帯数（人口）が異なると、消費の平均値の分散が世帯数の大きさに左右されてしまうという、平均値データに起因する不均一分散の問題もあります。具体的には、都道府県別の消費の平均値データ Y_i は、世帯 j の消費 y_j の合計額を世帯数 N_i で割った $\sum_j y_j/N_i$ として算出されます。ここから、都道府県別の消費の平均値の分散を計算すると、σ^2/N_i となります（ここで σ^2 は世帯単位の消費の分散）。

このため、都道府県別の消費の平均値の分散 σ^2/N_i は、世帯数 N_i が大きいほど小さくなる性質を持っています。感覚的には、都道府県の消費の平均値が同じだとしても、例えば平均値を算出するデータが100世帯の場合と1万世帯の場合では、使用する情報が多い分、1万世帯のほうが精度が高くなります。よって、世帯数 N_i が都道府県で異なると、誤差項は均一分散ではなくなってしまいます。このように、平均値データを用いる場合、誤差項の不均一分散が生じやすく、最小二乗法を用いても BLUE は得にくいと指摘できます。

● 成立しないケース②：線形確率モデル

第3章で説明したダミー変数を被説明変数に用いるケースでも、不均一分散が生じます。ダミー変数は正規雇用であれば1、非正規雇用であれば0といったように、雇用形態などの分類を示す変数です。第3章では説明変数として用いましたが、ダミー変数は被説明変数としても用いられます。

例えば、どのような人が正規雇用を選択しやすいかを推定する場合、正規雇用に就いている場合に1、それ以外（非正規雇用や非就業など）の場合に0をとるダミー変数を作成し、被説明変数として用います。そして、性別や教育年数などを説明変数とする推定式を最小二乗法で推定することで、各説明変数が正規雇用を選択する確率に与える影響を把握することができます。

このモデルは確率に与える影響を求めるため、**線形確率モデル**と呼ばれます。しかし、次章で詳しくみますが、線形確率モデルでは、被説明変数が1か0の値しかとらないため、誤差項の分散が説明変数の大きさに応じて変わってしまい、不均一分散が生じることが知られています。つまり、線形確率モデルの最小二乗パラメータは BLUE とはいえません。

◉ 最小二乗法の限界と対処方法

誤差項に不均一分散が生じている場合に最小二乗法を用いると，BLUE の持つ特性のうち，**効率性がなくなる**という問題が生じます。つまり，均一分散という仮定1が成立しないと，最小二乗推定量の分散は最小でなくなり，推定量のばらつきが大きくなってしまいます。

このときの主な対処方法には2つあります。1つは，最小二乗法を用いるものの，推定量の分散を算出するときに，不均一分散が生じている可能性を考慮した**不均一分散頑健推定量**（heteroskedasticity robust estimator）というものを算出する方法です。詳しい説明は省略しますが，分散や標準誤差の算出方法のみを修正するものなので，頻繁に用いられています。

実際の推定作業において多くの統計ソフトでは，最小二乗法のオプションとして頑健推定量（robust estimator）を選択することができます。また，頑健推定量を用いている場合には，推定結果の表の注などに，「**ロバスト標準誤差**」や「**頑健標準誤差**」などと明記されているので，その場合には不均一分散を考慮した推定を行っていると理解します。

もう1つの対処方法は，上で取り上げた例のように，誤差項の分散が観測値によってどのように異なるかという構造がわかっているケースにおいて，その構造を推定に織り込んだ**一般化最小二乗法**（GLS）あるいは**加重最小二乗法**（WLS）という推定方法を用いることです。これらの推定方法は，最小二乗法という名前が付いていることからわかるように，最小二乗法を一般化した推定方法で，基本的な推定方法は似ています。これらの推定方法については次章で詳しく解説します。

なお，ダミー変数を被説明変数にしたケースでも，線形確率モデルとして一般化最小二乗法を適用する対処方法がありますが，通常は，プロビットモデルやロジットモデルという非線形モデルとして別の推定方法を適用します。この点は，第7章で詳しく扱います。

3.2 共分散ゼロが成立しないケース

誤差間の相関がゼロではなく，例えば，ある経済主体の誤差が大きいときに

別の経済主体の誤差も大きくなるようなとき，誤差項の共分散がゼロという仮定2が満たされなくなります。横断面データ，特に個票データは，サンプルがランダムに抽出されていることが多いため，誤差間の独立性は保たれていることが一般的です。これに対して，時系列データは，経済主体の行動は過去からの影響を受けやすいため，過去と現在の相関が反映されていることが多く，共分散ゼロの仮定2は満たされにくいといえます。

◉ 成立しないケース①：時系列データ

時系列データでは，前年の値が大きいと翌年の値も大きくなりやすい，といったことがよくみられます。例えば，家計の消費支出には慣性効果というものがあり，人々はいったん身についた生活習慣や消費水準をなかなか変えられないといわれています。そうした慣性効果があると，消費支出は常に前期の影響を受け，誤差項に**自己相関**というものが生じます。自己相関があると共分散はゼロでなくなるため，最小二乗法を用いてもBLUEは得られません。

◉ 成立しないケース②：パネルデータ

同様のことはパネルデータを用いた推定でも当てはまります。パネルデータは，複数の同一の個人や企業を追跡調査したもので，横断面データと時系列データの双方の要素を持っています。このうち，横断面データの要素については，上述のように共分散ゼロの仮定は満たされやすいものの，時系列データの要素については，自己相関が生じやすくなります。

例えば，家計の消費支出のパネルデータを例にとると，同一家計のある時点の消費は他の家計からの影響を受けにくいものの，自らの過去の消費と同程度になりやすいという慣性効果があり，その部分で自己相関が生じやすくなっています。このとき，多くの誤差（横断面データの要素）は独立でも，一部の誤差（時系列データの要素）で相関が生じるため，共分散ゼロの仮定が成立せず，最小二乗推定量はBLUEになりません。

● 最小二乗法の限界と対処方法

不均一分散のケースと同様に，誤差項の共分散がゼロでないと，最小二乗推定量は効率性を持たなくなり，ばらつきが大きくなるという問題が生じます。このときの主な対処方法としては，一般化最小二乗法を用いることが挙げられます。

多くの場合，どのような構造で共分散がゼロでなくなるかを把握できます。例えば，時系列データの自己相関によって共分散がゼロでなくなっている場合には，自己相関の度合い（**自己相関係数**）を推定し，その推定量を織り込んだ形で最小二乗法を適用します。こうした方法には**コクラン・オーカット法**などいくつかの種類がありますが，本書は主に横断面データやパネルデータを用いた計量経済分析を対象としているため，これ以上の説明は省略します。

一方，パネルデータを用いた推定で生じる共分散がゼロでないケースについても，一般化最小二乗法を用いた対処方法がとられます。この場合，共分散の生じ方は時系列データのケースよりも複雑になりますが，誤差項の分散や共分散の構造（**分散・共分散構造**）を織り込んで最小二乗法を適用する点では同じです。一般化最小二乗法を用いてパネルデータに含まれる分散・共分散構造を考慮する推定は，**変量効果モデル**の推定として知られています。変量効果モデルは第6章と第12章で扱います。

3.3 説明変数と独立でないケース

最小二乗推定量が BLUE になるための誤差項の仮定1と仮定2は，いずれも誤差同士の関係性に関するものでしたが，仮定3は誤差項と説明変数との関係性について独立であることを仮定するものです。**誤差項と説明変数の相関**は生じやすく，この仮定が満たされないケースは多くあります。

● 成立しないケース①：欠落変数バイアス

本来ならば説明変数に含まれるべき変数が欠落しているために，誤差項と説明変数が独立でなくなり，推定量が真の値から外れてしまうことを**欠落変数バイアス**（omitted variable bias）といいます。本来ならば説明変数に含まれる

べき変数とは，被説明変数の決定要因のうち，他の説明変数と相関がある変数を指します。例えば，$Y_i = a + bX_i + cM_i + u_i$ という推定式のように，被説明変数 Y_i が2つの説明変数 X_i と M_i で決定されるとします。このとき，変数 M_i を説明変数に含めずに最小二乗法で推定すると，表面的には推定式を $Y_i = a + bX_i + v_i$ と置いていることなります。しかし，実態としては，(4)式のように，含めなかった変数 M_i は誤差項（$v_i = cM_i + u_i$）に含まれています。

$$Y_i = a + bX_i + v_i = a + b\underbrace{X_i}_{相関} + \underbrace{(c\,M_i + u_i)}_{誤差項} \tag{4}$$

ここで変数 M_i が説明変数 X_i と相関していると，結果的に誤差項と説明変数が相関することになり，説明変数と独立という仮定3が満たされなくなります。一般に説明変数の間には何らかの相関があることが多いため，欠落した変数があると誤差項と説明変数に相関が生じやすくなります。

例えば，第1章でみた都道府県・男女別の消費関数の推定では，説明変数に所得 X_i のみを用いていました。しかし，消費は男女で異なる可能性があるため，本来であれば男女の消費水準の違いを捉える性別ダミー M_i を説明変数に加えるべきです。このとき，性別ダミー M_i が所得 X_i と相関していれば，すなわち，男女で所得の違いがあれば，誤差項 v_i に含まれる性別ダミー変数 M_i が説明変数 X_i と相関してしまい，欠落変数バイアスが生じます。

◉ 成立しないケース②：同時決定バイアス

説明変数が被説明変数の決定要因であると同時に，被説明変数も説明変数の決定要因になっていることがあります。このとき，誤差項と説明変数が独立という仮定3が満たされず，推定量には**同時決定バイアス**というバイアスが生じます。この点について，下の(5)式を例にみてみましょう。

ここで，推定する(5)式の説明変数 X_i と被説明変数 Y_i の間には，(5)式で示される X_i から Y_i への影響だけでなく，(6)式のような Y_i から X_i への影響（$X_i = \alpha + \beta Y_i + v_i$）も存在するとします。

$$Y_i = a + b X_i + u_i \quad \text{(相関)} \tag{5}$$

$$X_i = \alpha + \beta Y_i + v_i \tag{6}$$

このとき，(5)式の誤差項 u_i が変化するケースを考えると，まず(5)式に沿って変数 Y_i が変化します．ただし，変数 Y_i は(6)式にも含まれているため，(6)式に沿って変数 X_i も変化します．すると，変数 X_i は(5)式にも含まれているため，結果的に推定式である(5)式において，誤差項 u_i と説明変数 X_i がともに変化し，相関することになります．つまり，誤差項と説明変数が独立でなくなります．このようなループによる誤差項と説明変数の相関がなぜ生じるかというと，説明変数と被説明変数が相互に（同時に）影響し合っているからです．

● 成立しないケース③：内生性バイアス（逆の因果性）

同時決定バイアスは，説明変数が外生変数でなく**内生変数**になっていることから生じているとも解釈できるため，**内生性バイアス**とも呼ばれます．

内生変数とは，想定しているモデルの中で内生的に決定される変数で，被説明変数に該当します．外生変数とは，想定しているモデルの外で外生的に決定される変数で，本来であれば説明変数はすべて外生変数でなければなりません．(5)~(6)式のように，説明変数が外生変数でなく**内生変数**になっている場合，誤差項と説明変数が独立という仮定3が成立しなくなります．

また，(6)式の因果関係に注目すると，説明変数 X_i が原因で被説明変数 Y_i が結果という本来の関係だけでなく，被説明変数 Y_i が説明変数 X_i の原因になっている「**逆の因果性**」が生じていると解釈することもできます．第2章の1節で述べたように，推定式では説明変数から被説明変数への因果関係が想定されますが，実態として**逆の因果関係**が存在することはよくあります．

例えば，消費関数の推定の例で，多く消費したいために長く働いて高所得を得る行動を人々がとっていれば，所得に応じて消費が決定されるだけでなく，消費によって所得が決まるという逆の因果性が生じています．あるいは，第3

章の賃金関数の推定では，勤続年数に応じて賃金が決まることを想定しましたが，逆に賃金が高いから企業への定着率が高くなり結果的に勤続年数が長くなるといった逆の因果性が生じている可能性も考えられます。

経済現象や行動の多くは複雑に関係し合っているため，さまざまなケースで逆の因果性が生じやすくなっています。このため，推定結果をみる際には，被説明変数と説明変数の因果関係が逆になっていないかを疑い，内生性バイアスの有無をチェックすることが重要といえます。

◉ 最小二乗法の限界

誤差項が説明変数と独立という仮定 3 が満たされず，欠落変数バイアスや同時決定・内生性バイアスが生じているとき，最小二乗推定量は一致性を持たず BLUE にならないという問題が生じます。

分散が不均一だったり，共分散がゼロでなかったりする場合は効率性がなくなりましたが，この場合は一致性がなくなります。一般に，効率性がない場合，推定量の分散は大きくなりますが，不偏性や一致性があるため，平均的にみた推定量は正しいとみなすこともできます。しかし，一致性がないと，推定量の収束が見込めないため，必ずしも正しい推定量になっていない可能性が出てきます。このため，一致性がないケースは効率性がないケースよりも，推定上の問題としては深刻といえます。

◉ 対処方法

誤差項が説明変数と独立でないときの主な対処方法としては，次のようなものが挙げられます。まず，欠落変数バイアスに対しては，可能な限り欠落変数をなくし，説明変数に加えることが最も有力かつシンプルな対処です。ただし，説明変数として用いるにはデータが必要で，データの入手にはかなりのコスト（手間）がかかることもあります。また，個人や企業の個票データを用いた推定では，性格・嗜好・能力や企業風土など，データとして観測・入手できないために欠落変数になってしまうものも少なくありません。

そこで，個人や企業を追跡調査したパネルデータを用いて，欠落変数のうち

時間によって変わらないものをコントロールするといった対処法もとられます。具体的には，個人ごとあるいは企業ごとのダミー変数を作成して説明変数に含め，最小二乗法で推定する方法です。時間によって変わらない個々の経済主体に固有な要因（**固有効果**）を誤差項ではなくダミー変数の係数として捉えるため，時間不変の欠落変数をなくすことができるのです。多くのダミー変数を作成するのは大変ですが，この方法と同じ結果は**固定効果モデル**の推定という方法で得ることができます。固定効果モデルは第12章で詳しく扱います。

もしくは**代理変数**を使用する方法もあります。使用したいデータが入手できない場合，その代わりとなるデータを説明変数として含めることで，完全ではないものの，欠落変数バイアスの影響を緩和することができます。例えば，賃金関数の説明変数として，労働者の能力の代理変数としてIQを使用することがあります。代理にすぎないため最善とはいえませんが，代理変数を探すことは欠落変数バイアスの対処として有用といえます。

一方，同時決定・内生性バイアスの対処方法としては，推定式の再検討をまず考えるべきでしょう。同時決定・内生性バイアスは，本来であれば外生変数として用いるべき説明変数が内生変数になっていることから生じるものです。よって，経済理論や仮説から正しい因果関係に沿った推定式になっているかを再検討し，必要に応じて修正することが求められます。

そうしたチェックを行った場合でも，内生変数を説明変数に用いなければならないこともあります。その場合には，推定方法として，**2段階最小二乗法（2SLS）** や**操作変数法（IV）** といった方法を用いることが一般的です。これらの推定方法については第11章で詳しく解説します。

3.4 まとめ

本章では最小二乗法によってBLUEを得るための誤差項の3つの仮定を理解し，それぞれがどのようなケースで成立しないか，成立しないとBLUEのいずれの特性が失われるか，代表的な対処方法にはどのようなものがあるか，といったことを解説してきました。簡単にまとめると**図表5-5**のようになります。図表5-5にもあるように，次章以降では，本章で述べたケースや対処

図表 5-5 まとめと次章以降の概要

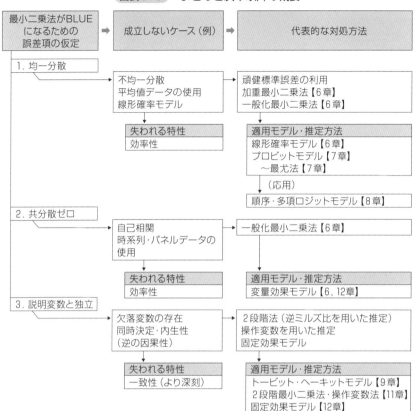

出所：筆者作成。

方法について詳しく学んでいきます。

> **ポイント**
> ✓ 誤差項の均一分散や共分散ゼロという仮定1や仮定2が満たされないと，最小二乗推定量は効率性がなくなる。また，誤差項が説明変数と独立という仮定3が満たされないと，最小二乗推定量は一致性がなくなる。
> ✓ 誤差項の均一分散の仮定1が満たされないケースとしては，平均値データを

用いる場合や線形確率モデルなどが挙げられる。対処法は，頑健標準誤差や一般化最小二乗法・加重最小二乗法の適用が一般的である。
- ✓ 誤差項の共分散ゼロの仮定2が満たされないケースとしては，時系列データやパネルデータを用いる場合などが挙げられる。対処法は，一般化最小二乗法や変量効果モデルの適用が一般的である。
- ✓ 誤差項が説明変数と独立という仮定3が満たされないケースとしては，欠落変数バイアスや同時決定・内生性バイアスが生じる場合が挙げられる。対処法は，2段階最小二乗法や固定効果モデルの適用が一般的である。

第 **6** 章

加重最小二乗法と一般化最小二乗法
──不均一分散や共分散への対処方法──

前章でみたように，誤差項の分散が均一でない場合や共分散がゼロでない場合，最小二乗推定量は効率性を欠き，BLUE にはなりません。このとき，分散・共分散の構造が明らかな場合には，その構造をもとに誤差項の均一分散や共分散ゼロが得られるような修正を行ってから最小二乗法を適用する対処方法がとられます。本章では，この方法を説明するとともに，具体的な推定例をみていきます。

本章の目標

- □ 1 節：加重最小二乗法や一般化最小二乗法によって，不均一分散や共分散が生じている場合の問題に対処できることを理解する。
- □ 2 節：加重あるいは一般化最小二乗法は，各変数に何らかの変換をした推定式に最小二乗法を適用するものであることを理解する。
- □ 3 節：推定結果の見方は，最小二乗法の場合と大きく異ならないことを理解し，推定結果を正しく読み取れるようにする。
- □ 4 節：パネルデータを用いる場合，誤差項の自己相関が生じやすいため，変量効果モデルとして一般化最小二乗法を用いた推定が行われることを理解し，推定結果を正しく読み取れるようにする。

1　加重最小二乗法と一般化最小二乗法の仕組み

● 平均値データを用いる場合の不均一分散

第 1 章の例のように，都道府県・男女別の平均値データをもとに消費関数を推定することを考えましょう。第 5 章で説明したとおり，平均値データを用いると，被説明変数あるいは誤差項の分散は，平均値を算出した際に元になったサンプルの大きさの影響を受けます。

例えば、都道府県・男女別の分類 i の世帯数を N_i、個々の世帯の消費の分散を σ^2 とすると、誤差項の分散は $\dfrac{\sigma^2}{N_i}$ と計算されます。ここで、分類 i の世帯数 N_i が分母に入っているため、誤差項の分散 $\dfrac{\sigma^2}{N_i}$ は世帯数が多いほど小さくなります。このとき、分類ごとに分散が均一でない不均一分散が生じます。

◉ 不均一分散の構造

このように不均一分散の構造がわかっている場合、いくつかの手順を踏むことで、バイアスを除去した推定ができます。このケースでは世帯数 N_i が多いほど誤差項の分散が小さくなるという構造がわかっているので、世帯数 N_i の大きさを使ってその影響を取り除きます。

まず、不均一分散の構造に注目すると、**誤差項の分散 $\dfrac{\sigma^2}{N_i}$ が σ^2 でなく世帯数 N_i で割られたものなので、不均一分散が生じている**といえます。ということは、仮に、誤差項の分散が世帯数 N_i を掛けたものであれば、分散は σ^2 になるため、分類 i ごとに異ならず均一分散になります。

言い換えれば、誤差項が u_i でなく $\sqrt{N_i}\,u_i$ であれば、その分散は $N_i \times \dfrac{\sigma^2}{N_i}$ となり、N_i が分母と分子で相殺されて σ^2 になります(定数を掛けたものの分散は定数の二乗が掛かります)。つまり、以下の関係がみえてきます。

- 誤差項 u_i の分散 $= \dfrac{\sigma^2}{N_i}$ (不均一分散)

  → 誤差項 u_i に $\sqrt{N_i}$ を掛けた $\sqrt{N_i}\,u_i$ の分散 $= N_i \times \dfrac{\sigma^2}{N_i} = \sigma^2$ (均一分散)

◉ 加重最小二乗法の仕組み

そこで、加重最小二乗法では、誤差項が u_i でなく $\sqrt{N_i}\,u_i$ になるように、推定式を以下のように変換します。

- 元の推定式:$Y_i = a + bX_i + u_i$

  → $\sqrt{N_i}$ を掛けた推定式:$\sqrt{N_i}\,Y_i = a\sqrt{N_i} + b\sqrt{N_i}\,X_i + \sqrt{N_i}\,u_i$

  ⇔ $Y_i^* = a\sqrt{N_i} + bX_i^* + u_i^*$

ここでは，推定式の左辺と右辺に $\sqrt{N_i}$ を掛けることで，誤差項を $\sqrt{N_i}u_i$ に変換しています。すると変換後の推定式は，被説明変数を $\sqrt{N_i}Y_i$（あるいは Y_i^*），説明変数を $\sqrt{N_i}$ と $\sqrt{N_i}X_i$（あるいは X_i^*）としたものとみなすことができます。

よって，この式を定数項ゼロと仮定した最小二乗法で推定すれば，誤差項は均一分散 σ^2 をもたらす $\sqrt{N_i}u_i$ なので，不均一分散の問題はなくなります。しかも，元のパラメータの a と b は，新しい説明変数 $\sqrt{N_i}$ と $\sqrt{N_i}X_i$ の係数としてそれぞれ推定され，いずれも BLUE になります。

推定式の両辺に $\sqrt{N_i}$ を掛けていますが，このことを「N_i（あるいは $\sqrt{N_i}$）をウエイトとして推定する」といいます。つまり，N_i が大きい観測値は大きいウエイトを付けて（より大きく評価して）パラメータを推定するという意味です。誤差項に関していえば，N_i が大きいと分散が小さくなってしまうため，そうした観測値は大きく評価することで，均一分散になると考えられます。このように，ウエイト（重み）を推定式に掛けて最小二乗法を適用する推定を**加重最小二乗法**（Weighted Least Square；WLS）といいます。

より一般的な書き方をすると，誤差項の分散が $\sigma^2 h_i$ という不均一分散が生じている場合，ウエイトを $\frac{1}{h_i}$ とした加重最小二乗法を適用すると（推定式の両辺に $\frac{1}{\sqrt{h_i}}$ を掛けて変数を変換してから最小二乗法を適用すると），推定量が BLUE になります。

平均値データを用いるときは，$h_i = \frac{1}{N_i}$ でした。同様に，都道府県別の合計値データを用いるときは $h_i = N_i$ となります。このように，どのような構造で不均一分散が生じているかによって，ウエイトが変わります。

● 一般化最小二乗法

被説明変数 Y_i と説明変数 X_i を何らかの形に変換した Y_i^* と X_i^* を最小二乗法で推定する方法は，**一般化最小二乗法**（Generalized Least Square；GLS）といいます。加重最小二乗法はウエイトを掛けるという最もシンプルな変換方法をとっており，一般化最小二乗法の特殊形といえます。

前章でみたように，自己相関がある時系列データの推定やパネルデータの推

定では，共分散がゼロにならない問題が生じやすくなります。このときの対処方法としても，一般化最小二乗法がよく用いられます。具体的には，変換後の推定式で誤差項の共分散がゼロになるような複雑な変換を被説明変数と説明変数に実施し，その上で，最小二乗法を適用します。

> **ポイント**
> ✓ 誤差項の不均一分散の構造がわかる場合，加重最小二乗法や一般化最小二乗法を適用することで BLUE が得られる。
> ✓ 加重最小二乗法は，被説明変数と説明変数にウエイトを掛けてから最小二乗法を適用する推定方法である。また，一般化最小二乗法はより複雑な変換を変数に行ってから，最小二乗法を適用する推定方法である。
> ✓ 平均値データを用いた推定を行う場合には，平均値を算出した際のサンプルの数をウエイトとした加重最小二乗法を用いる。

2 加重最小二乗法を用いた推定結果の見方

加重最小二乗法の推定結果の例として，第 1 章で扱った単身勤労世帯の都道府県・男女別の平均値データを用いた消費関数の推定をみてみましょう。不均一分散を考慮せず，最小二乗法を適用した推定結果は以下のとおりです。

> ▷最小二乗法
> 　　消費 = 31.23 + 0.60所得 + 24.04女性ダミー + 誤差
> 　　　　　(21.85) (0.08)　　　 (7.81)

注：括弧内は標準誤差，サンプルサイズは92。

ここでは男女で基礎消費（切片）の水準が異なる可能性を考慮するため，女性の単身勤労世帯に 1 をとる女性ダミーを所得とともに説明変数に用いています。推定されたパラメータと標準誤差から判断して，所得と女性ダミーは統計的に有意に消費に影響を与えていることがわかります。

しかし，ここで用いたデータは都道府県・男女別の平均値であるため，不均一分散が生じ，分散最小という効率性が欠けている可能性が疑われます。そこで，都道府県・男女別の世帯数をウエイトとした加重最小二乗法を適用することで，不均一分散を考慮した推定をすると，以下のようになります。

> ▷加重最小二乗法
> 　　消費 = 30.70 + 0.61所得 + 28.20女性ダミー + 誤差
> 　　　　　(21.03)　(0.07)　　　(7.28)

注：括弧内は標準誤差，サンプルサイズは92。

推定結果をみると，最小二乗法を用いた場合と大きな違いは見られないことがわかります。ただし，標準誤差を比較すると，加重最小二乗法による推定結果のほうが若干小さくなっており，効率性があることがみてとれます。

このように，加重あるいは一般化最小二乗法の推定結果の見方は，通常の最小二乗法と大きく異なりません。推定結果を読み取る際には，それらの推定方法をなぜ用いているのか，また，加重最小二乗法であればどのようなウエイトを用いているのかといった点に注意を払うといいでしょう。

ポイント

✓加重最小二乗法も一般化最小二乗法も推定結果の見方は，最小二乗法と大きく異ならない。
✓いずれもなぜ加重最小二乗法や一般化最小二乗法を用いているのかに注目するべきである。

3　加重最小二乗法や一般化最小二乗法を用いた推定例

加重最小二乗法を用いた例として，**線形確率モデル**の推定をみてみましょう。前章でも説明しましたが，ダミー変数を被説明変数とした推定式を最小二乗法で推定するモデルを線形確率モデルといいます。通常のモデルと違って被説明

変数は1か0しかとらない**2値変数**なので,各説明変数のパラメータは,その説明変数が大きいと被説明変数がどのくらい1をとりやすいか,あるいは被説明変数が1をとる確率がどのくらい高いかを示すことになります。

● 労働時間規制の適用除外に関する線形確率モデル

例えば,個票データを用いて,どのような属性の労働者が労働時間規制の適用除外者になりやすいかを把握したいとします。日本の労働基準法では所定内労働時間を超えて残業をするとき,企業は労働者に割増賃金率を支払う義務が生じるなど,さまざまな労働時間規制が定められています。

しかし,管理監督者や裁量労働制のもとで働く労働者には,労働時間規制の適用除外が認められており,自律的な働き方ができるとされています。管理職に昇進すると役職手当がつくものの,残業代がもらえなくなる,といったことが聞かれますが,それは労働時間規制の適用除外者になったことから生じています。

ここで,労働時間規制の適用除外者を1,適用者を0とするダミー変数を被説明変数とし,性別や年齢,学歴などの労働者属性を説明変数とする以下の推定式を想定します。

$$\begin{aligned}労働時間規制の適用除外ダミー =& \beta_0 + \beta_1\,男性ダミー + \beta_2\,年齢 \\ &+ \beta_3\,大卒ダミー + \beta_4\,役職ダミー \\ &+ \beta_5\,企業規模100人未満ダミー \\ &+ \beta_6\,企業規模100\text{-}999人ダミー \\ &+ 誤差項\end{aligned}$$

この推定式は被説明変数がダミー変数になっており,ダミー変数の1になりやすさ,すなわち,労働時間規制の適用除外のなりやすさが性別や年齢,大卒,役職,企業規模といった要因によってどのように変わるかを示す線形確率モデルになっています。

ここで,各説明変数に観測値を代入し,各パラメータに推定値を代入すれば,得られる予測値(右辺の誤差項を除いたもの)は,各労働者の労働時間規制が適用除外される確率 P_i と解釈できます。

● 線形確率モデルで用いるウエイトと FGLS

前章でも述べたように，線形確率モデルを最小二乗法で推定すると，分散均一という仮定が満たされなくなることがわかっています。導出は省略しますが，線形確率モデルの誤差項の分散は，経済主体 i の被説明変数が1となる確率を P_i とすると，$P_i(1-P_i)$ と表されます。ここで，P_i が経済主体ごとに異なるため，誤差項の分散は均一ではありません。

このように不均一分散の構造がわかっているので，線形確率モデルは $\frac{1}{P_i(1-P_i)}$ をウエイトとした加重最小二乗法を適用することで BLUE が得られます。ところが，ここで，ウエイト $\frac{1}{P_i(1-P_i)}$ がデータとしては得られないという問題が生じます。

上の説明でみた平均値データの加重最小二乗法の推定では，ウエイトが標本数（N_i）だったのでデータとして得ることができます。しかし，線形確率モデルの場合，ウエイトを構成する P_i は被説明変数が1となる確率なので，推定しないとわからず，このままでは加重最小二乗法は適用できません。

そこで，通常は，最小二乗法でいったん P_i を推定してからウエイトを作成し，そのウエイトを用いて加重最小二乗法を適用するといった2段階の手順を踏みます。こうした手順での推定方法を**実行可能な一般化最小二乗法**（Feasible GLS；FGLS）と呼びます。

● 線形確率モデルの推定結果

こうした2段階の推定を行った結果を図表6-1に示しています。ここでは，『日本家計パネル調査（JHPS/KHPS）』の2004〜10年の個票データを利用し，60歳未満の年収400〜1,000万円のホワイトカラー正規雇用者をサンプルとしています。図表6-1の(1)列が線形確率モデルを最小二乗法（OLS）で推定した第1段階目の結果です。この推定量は誤差項の均一分散という仮定が満たされないため，効率性がありません。ただし，その他の誤差項の仮定は満たされているため，不偏推定量になっており，加重最小二乗法のためのウエイトの算出には利用できます。

そこで，(1)列の推定結果から各労働者が労働時間規制の適用除外を受ける確

図表 6 - 1　労働時間規制の適用除外に関する線形確率モデルの推定結果

被説明変数＝労働時間規制の適用除外ダミー	(1) OLS		(2) WLS	
男性ダミー	0.012	(0.022)	0.014	(0.017)
年齢	0.0033***	(0.00084)	0.0028***	(0.00073)
大卒ダミー	0.052***	(0.014)	0.052***	(0.012)
役職ダミー	0.054***	(0.015)	0.046***	(0.013)
企業規模ダミー				
100人未満	0.057***	(0.017)	0.067***	(0.016)
100-499人	0.034**	(0.017)	0.038**	(0.015)
自由度修正済決定係数	0.058		0.073	
サンプルサイズ	3,786		3,786	

注：***、**印は1％、5％水準で有意であることを示す。括弧内の値は標準誤差。
出所：筆者作成。

率 P_i の予測値を算出し，そこからウエイト $\frac{1}{P_i(1-P_i)}$ を作成して加重最小二乗法（WLS）を適用します。(2)列はそうして得られた第2段階目の推定結果です。加重最小二乗法で不均一分散を考慮しているため，推定されたパラメータは効率性を持っているとみなせます。

図表 6-1 をみると，統計的に有意な変数は最小二乗法でも加重最小二乗法でも変わらず，パラメータの大きさもあまり異ならないことがわかります。また，標準誤差は加重最小二乗法で若干小さくなっていることもわかります。

ポイント

✓線形確率モデルは誤差項の不均一分散が生じているため，実行可能な一般化最小二乗法を適用することが望ましい。

4　パネルデータを用いた一般化最小二乗法：変量効果モデル

前章で説明したように，パネルデータには，同じ個人や企業の複数の観測値

が含まれるため，それらの観測値の間で自己相関が生じやすくなります。このため，パネルデータを用いた推定を行う際には，誤差項の共分散ゼロという仮定が満たされない可能性を考慮し，共分散の構造を織り込んだ一般化最小二乗法が多く適用されます。以下，その推定例を紹介します。

4.1 変量効果モデルと一般化最小二乗法

パネルデータは横断面方向と時系列方向の双方の観測値を要素として持つため，パネルデータを用いた推定式は，以下のように経済主体 i と時点 t の2つの添え字を明示することが一般的です。

$$Y_{it} = a + bX_{it} + u_{it} = a + bX_{it} + (F_i + v_{it}) \tag{1}$$

ここで Y_{it} は経済主体 i の時点 t の観測値を意味します。また，(1)式では，誤差項 u_{it} を時間によって変わらない経済主体に固有の要素 F_i（固有効果）と，それ以外の要素 v_{it} に分解しています。このとき，**固有の要素 F_i が大きければ，ある経済主体は常に大きな誤差を持つようになるため，誤差の間での独立性がなくなってしまいます**。よって，このまま最小二乗法を適用しても BLUE は得られません。

なお，(1)式では個々の経済主体に固有の要素 F_i と説明変数 X_i が独立であると仮定しています。両者に相関が生じると，前章で説明したとおり，説明変数と独立という誤差項の別の仮定が成立しなくなり，効率性だけでなく一致性もなくなってしまいます。このときには，固定効果モデルという別の対処方法が必要になりますが，この点は第12章で詳しく説明します。

固有効果 F_i と説明変数 X_i が独立のとき，(1)式は**変量効果モデル**と定義されます。変量効果モデルを推定する際には，固有効果 F_i によって生じる誤差間の相関の構造をあらかじめ考慮し，被説明変数と説明変数に複雑な変換を行ったうえで，最小二乗法を適用する推定方法，すなわち一般化最小二乗法を用います。

4.2　変量効果モデルの推定例

　変量効果モデルを一般化最小二乗法で推定する際に，具体的にどのような変換を行うかについては，本書のレベルを超えているため説明を省略します。代わりに，以下では変量効果モデルの推定結果の見方を説明します。

　ここでは，自動車運転の指定自動車教習所の教習効果について検証した永田ほか（2015）を例にとります。永田ほか（2015）は，合宿による教習のほうが通常の教習よりも，安全性で測った教習効果が小さいかを変量効果モデルで推定しています。利用データは，大学生協の発行する自動車教習パンフレットに掲載された首都圏16都道県の指定自動車教習所115校で，教習所を観測単位とする2008〜12年の5年間のパネルデータを構築しています。

　教習効果を測る安全性指標としては各都道府県警察が公開している教習所ごとの初心運転者事故率（運転免許取得1年間の人身事故人員数÷卒業者数）を用いています。推定では，初心運転者事故率を被説明変数として，合宿教習を実施しているかを示す合宿ダミー変数と，教習所の所在地の降水量や交通量などのコントロール変数を説明変数にしています。推定結果は**図表6−2**に抜

図表6−2　合宿自動車教習が安全性に与える影響に関する
　　　　　　変量効果モデルの推定結果

被説明変数＝初心者運転者事故率

	(1)最小二乗法	(2)一般化最小二乗法 （変量効果モデル）
合宿ダミー	0.348** (2.07)	0.514* (1.69)
交通量	0.000 (0.40)	0.001 (1.19)
降水量	0.0002** (2.15)	0.000 (0.93)
日照時間	0.0006* (1.79)	0.000 (0.20)
シートベルト着用率など	yes	yes
年ダミー	yes	yes
自由度修正済決定係数	0.364	0.359

注：***，**，*印は1％，5％，10％水準で有意であることを示す。括弧内の数値はt値。サンプルサイズは573。
出所：永田ほか（2015）。

粋していますが，最小二乗法と一般化最小二乗法で推定しています。

表をみると，合宿ダミーはいずれも有意にプラスになっています。つまり，合宿教習は通常の教習に比べて卒業生の事故率を高める可能性が示されています。その他の変数についてみてみると，最小二乗法を適用した(1)列の推定では降水量や日照時間が統計的に有意になっていますが，変量効果モデルとして一般化最小二乗法を適用した(2)列では，有意になっていません。

このように，変量効果モデルも一般化最小二乗法を用いているため，これまでの推定結果と，見方に大きな違いはありません。推定結果を読み取る際には，なぜ変量効果モデルが用いられているのか，また，変量効果モデルでどのような推定がなされているのかといった点に注意するといいでしょう。

✓パネルデータを用いた推定で，固有効果と説明変数が独立の場合，固有効果によって生じる誤差項の共分散を考慮するため，変量効果モデルとして，一般化最小二乗法を適用することが望ましい。

第7章
プロビットモデルと最尤法
──線形確率モデルの問題点と対処方法──

　前章では、ダミー変数を被説明変数にした線形確率モデルを扱いました。一般化最小二乗法を適用することで BLUE が得られますが、線形確率モデルには、予測値の解釈が難しくなるという別の問題もあります。そこで、本章では、ダミー変数を被説明変数にした推定式を、非線形モデルとして推定するプロビットモデルを扱います。また、非線形モデルの推定方法として多く用いられる最尤法についても解説します。

> **本章の目標**
> ☐ 1節：線形確率モデルの問題点を理解し、プロビットモデルやロジットモデルの仕組みを把握する。
> ☐ 2節：プロビットモデルなどの非線形モデルの推定に用いられる最尤法の仕組みを理解する。
> ☐ 3〜4節：係数と限界効果の違いといった点に注意しながら、プロビットモデルの推定結果を正しく読み取れるようにする。

1　線形確率モデルの問題点とプロビットモデル

1.1　ダミー変数を被説明変数とした推定モデル

　通常の推定モデルでは、消費や賃金など、さまざまな値をとる変数（**連続変数、量的変数**）が被説明変数になっています。しかし、前章でもみたように、連続変数の代わりに、2つの値しかとらない**ダミー変数**（**離散変数、質的変数**）を被説明変数にすることがあります。

　例えば、個々人や企業の行動として、就業するかしないか、購入するかしないか、海外進出するかしないか、中途採用をするかしないかといった選択に、

どのような要因がどのくらい影響を与えているかを把握することを考えてみましょう。このときには，片方の選択肢をとった場合に1，もう片方の選択肢をとった場合に0をとるダミー変数を被説明変数とし，その選択に影響を与える変数を説明変数とした式が推定モデルになります。

また，経済現象についても，規制の適用者かどうか，黒字かどうか，大企業かどうかといったことが，どのような要因によって決まるかを把握する場合にも，ダミー変数を被説明変数にした式が推定モデルになります。こうした推定モデルは**離散選択モデル**あるいは**質的変数モデル**とも呼ばれます。

1.2　線形確率モデルの問題点

ダミー変数を被説明変数とした推定式を最小二乗法で推定すると，**線形確率モデル**になることは前章で学びました。線形確率モデルは，被説明変数が1になる確率を説明変数によって線形的に説明するものです。しかし，線形確率モデルの推定結果には，①誤差項の分散が不均一になってしまったり，②予測値がマイナスあるいは1を上回る値を取ることがあるために，被説明変数が1になる「確率」として解釈できなかったりする問題があります。

前章でみたように，このうち①の不均一分散の問題については，加重あるいは一般化最小二乗法を適用することで対処できます。このとき，推定値にバイアスはなくなるため，線形確率モデルは多くの実証分析で用いられています。

しかし，不均一分散に対処したとしても，②の予測値の問題は残ります。この問題を理解するために，ダミー変数 Y_i を被説明変数とした以下の線形確率モデルを考えましょう。

$$Y_i(1,0) = a + bX_i + u_i \quad \Rightarrow \quad \Pr(Y_i = 1) = a + bX_i + u_i \tag{1}$$

ここでは被説明変数は1か0の値しかとらないため，説明変数と誤差項からなる右辺は，被説明変数がどのくらい1をとりやすいか，すなわち，被説明変数が1になる確率 $\Pr(Y_i=1)$ を示していると解釈できます。

視覚的に理解するため，通常の線形モデルのように，縦軸を Y_i，横軸を X_i とした図にデータと回帰直線を描いてみると，**図表7-1**のようになります。

図表7-1　線形確率モデルの回帰直線とデータ

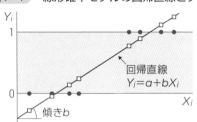

図の黒丸のプロットがデータに該当しますが，被説明変数 Y_i は2つの値しかとらないため，$Y_i=1$ か $Y_i=0$ で横方向に並んでいます。これらのプロットからの縦方向の距離が短くなるように回帰直線を引くと図のようになり，回帰直線上の予測値が四角で示されています。ここで，予測値は $Y_i=1$ となる確率と解釈できるため，本来であれば0〜1の範囲，図ではグレーの領域に収まる必要があります。

ところが，図の左端の2つの四角で示される予測値はマイナスで，また，右端の2つの四角で示される予測値は1を上回っています。こうなると，予測値は確率として解釈することができなくなり，線形確率モデルの有用性が低くなります。これが上で示した2番目の問題です。

1.3　プロビットモデルの考え方

線形確率モデルの両端でマイナスや1を上回る予測値が生じる原因は，図でみると，データに当てはめる回帰線を直線で引くことにあります。しかし，直線ではなく曲線で回帰線を引くことができれば，どの予測値も0から1の範囲内になり，かつ，誤差が小さくなるような推定も可能になります。言い換えれば，この問題に対処するには，線形モデルではなく，**非線形モデル**を用いる必要があるといえます。

　プロビットモデル（probit model）は，直線でなく曲線で回帰線を引こうとする非線形モデルの1つで，視覚的にみると回帰線は**図表7-2**のようになります。図をみると，回帰線が曲線のため，データの近くを通り，さらに両端を含めて回帰曲線上のどの予測値も0から1の間のグレーの領域に収まっている

図表7-2　プロビットモデルの回帰線とデータ

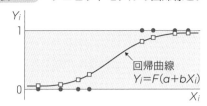

ことがわかります。

　ここで，回帰曲線は図に示したように $Y_i=F(a+bX_i)$ とあらわされます。$F(●)$ は関数で，被説明変数と説明変数の間を非線形な関係で結びつけるものです。この $F(●)$ という関数によって回帰曲線の形状が決まってきます。$F(●)$ は図表7-2のような回帰曲線が描ければ，どのような関数でもいいのですが，正規分布などの分布関数が最も適しています。

　一般に，分布関数 $F(x)$ はある変数が x よりも小さくなる確率を与えるものなので，0から1の間に収まります。また，$F(x)$ として算出される確率は，x が小さい値をとるほど0に近づき，x の範囲の中央の値をとれば0.5になり，大きい値をとるほど1に近づくという特性があります。このため，分布関数 $F(x)$ と x の関係は図表7-2の曲線のようになります。

　そこで，**プロビットモデル**は正規分布関数を $F(●)$ に用います。正規分布関数の形状はまさに図表7-2の回帰曲線と似ており，説明変数 X_i を用いて0か1の値しかとらないダミー変数の観測値を予測することに適しています。

　このほか，正規分布関数の代わりにロジスティック分布関数を $F(●)$ に用いるモデルは**ロジットモデル**（logit model）と呼ばれています。正規分布関数とロジスティック分布関数の形状は似ており，いずれのモデルを用いても似た推定結果が得られることが多いです。

　以上のことから，ダミー変数を被説明変数にしたプロビットモデルを定式化すると，以下の(2)式のようになります。(1)式の線形確率モデルとの主な違いは，右辺に正規分布関数 $F(●)$ が入っている点です。

$$\Pr(Y_i=1)=F(a+bX_i) \qquad ただし F(●) は正規分布関数 \qquad (2)$$

なお，正規分布関数の詳細を省略せずに書くと，$\Pr(Y_i=1)=F(a+bX_i)=\int_{-\infty}^{a+bX_i} f(h)dh$ といった複雑な非線形モデルになります（ここで$f(\bullet)$は正規確率密度関数です）。また，ロジスティック分布では $\Pr(Y_i=1)=F(a+bX_i)=\dfrac{\exp(a+bX_i)}{(1+\exp(a+bX_i))}$ となり，やはり複雑な非線形モデルになります。

> **ポイント**
> ✓ 線形確率モデルを一般化最小二乗法で推定するとBLUEは得られるものの，予測値がマイナスや1を上回ることがあり，確率として解釈できない問題が生じる。
> ✓ プロビットモデルやロジットモデルは分布関数をもとに被説明変数と説明変数の非線形な関係を捉えるもので，予測値が0〜1の範囲に収まるため，被説明変数が1になる確率を正しく予測できる。

2　最尤法によるプロビットモデルの推定

プロビットモデルなどの非線形モデルの推定には，最小二乗法ではなく，**最尤法**（Maximum Likelihood；ML）が用いられます。最小二乗法が誤差の二乗和を最小化するのに対して，最尤法は**尤度**（likelihood）を最大化します。尤度とは「尤もらしさ」のことであり，プロビットモデルでは，パラメータが与えられたときに，モデルの予測値がどのくらい各観測値（データ）に近いかを示します。言い換えれば，最もデータをうまく予測できる（尤度が最大になる）パラメータを推定するのが最尤法です。

プロビットモデルの予測値はパラメータによって変わるため，尤度はパラメータの関数，すなわち**尤度関数** L として以下のように表されます。

$$L=\Pr(Y_1)\times\Pr(Y_2)\times\Pr(Y_3)\times\cdots$$

$$\text{ただし } \Pr(Y_i)=\begin{cases}\Pr(Y_i=1)=F(a+bX_i) & if \quad Y_i=1 \\ \Pr(Y_i=0)=1-\Pr(Y_i=1)=1-F(a+bX_i) & if \quad Y_i=0\end{cases} \quad (3)$$

尤度関数を構成する $\Pr(Y_i)$ は，プロビットモデルから予測される確率です。ただし，$\Pr(Y_i)$ は，観測値 Y_i が 1 のときにはプロビットモデルが 1 を予測する確率 $\Pr(Y_i=1)$，また，観測値 Y_i が 0 のときは 0 を予測する確率 $\Pr(Y_i=0)$ というように，観測値に応じて定義されます。

つまり，$\Pr(Y_i)$ は観測値 Y_i をプロビットモデルが正しく当てる確率と解釈することができます。尤度関数はこの確率をすべての経済主体 i について掛け合わせているため，尤度関数が大きいほど予測精度が高く，尤もらしいと判断できます。極端な例でいえば，すべての被説明変数の観測値をプロビットモデルが確率 1（100％）で予測できると $L=1\times1\times1\times\cdots=1$ となり，逆に全く予測できないと $L=0\times0\times0\times\cdots=0$ となります。つまり，尤度関数は，プロビットモデルの尤もらしさをすべての経済主体 i で評価したものといえます。

この尤度関数の大きさはパラメータによって変わるため，尤度が最も大きくなるようなパラメータを求めることが，最尤法になります。最尤法で推定したパラメータを**最尤推定量**といいます。

ポイント

✓プロビットモデルやロジットモデルなどの非線形モデルの推定には最尤法が用いられることが多い。
✓最尤法は，モデルの予測値の「尤もらしさ」を示す尤度関数を最大にするパラメータを求める推定方法である。

3 プロビットモデルの推定結果の見方

プロビットモデルの最尤推定の結果の見方は，これまでと大きくは変わりませんが，いくつかの点について注意する必要があります。ここでは，前章 3 節でみた労働時間規制の適用除外ダミーを被説明変数，労働者の属性を説明変数とする推定式を例にとって，推定結果の見方の注意点をみていきます。

以下の式は，前章の**図表 6-1** と同じデータを用いて，プロビットモデルと

して最尤推定した結果の一部を抜粋したものです。

> 労働時間規制の適用除外ダミー
> 　＝ 0.052男性ダミー ＋ 0.128年齢 ＋ 0.191大卒ダミー ＋ …
> 　　　[0.014]　　　　　　[0.004]　　　　[0.053]
> 　　　(0.61)　　　　　　 (4.14)　　　　 (3.74)
> 　　　　，擬似決定係数0.057，対数尤度−1833.08，サンプルサイズ3,786

注：1）係数を掲載。ただし，[ ]内の数値は限界効果，( )内の数値はt値。
　　2）定数項と役職ダミー，規模ダミー，業種ダミーなどの説明変数は掲載を省略。

推定結果のうち，限界効果（[ ]内の数値），擬似決定係数，対数尤度の3つはこれまでにはなかったもので，以下のように説明できます。

◉ 限界効果

前章までみてきた $Y_i = a + bX_i$ といった線形モデルでは，係数 b は被説明変数 Y_i に対する説明変数 X_i の影響度合いを表す**限界効果**，あるいは，説明変数が1単位変化したときの被説明変数の変化（$\partial Y_i / \partial X_i$）と解釈できます。しかし，$\Pr(Y_i = 1) = F(a + bX_i)$ といったプロビットモデルでは，右辺に $F(●)$ という分布関数が入るため，係数 b は被説明変数 $\Pr(Y_i = 1)$ への影響度合いと解釈することはできません。このため，プロビットモデルの限界効果は，別に計算して求める必要があります。

したがって，プロビットモデルの推定結果を読み取る際には，掲載されている推定値が係数（パラメータ）なのか，限界効果なのかを区別することが重要です。上の例では係数と限界効果の両方が示されていますが，片方のみが示されていることも少なくありません。プロビットモデルの係数だけが掲載されている場合，数値自体に意味はなくなるため，統計的な有意性や符号条件のみを解釈します。つまり，被説明変数が1になる確率にどの説明変数がプラスあるいはマイナスの影響を与えるか，といった点を確認します。

上の例では，男性ダミーが有意ではなく，年齢や大卒ダミーはプラスで有意になっています。つまり，労働時間規制の適用除外者になる確率は男女では異

ならないものの，年齢が高い人や大卒で高くなっていると解釈できます。

一方，限界効果が明らかにされていれば，有意性や符号条件に加えて，説明変数 X_i が1単位変化したときに被説明変数 Y_i が1になる確率がどのくらい変化するかといった影響度合いもわかります。上の例では，**年齢の限界効果が0.004であるため，年齢が1歳高くなると労働時間規制の適用除外の確率が0.4％高まる**ことが把握できます。同様に，大卒ダミーの限界効果から，大卒であれば適用除外の確率が他の労働者より5.3％高いこともわかります。

◉ 擬似決定係数と対数尤度

最尤法を用いた推定では，決定係数の代わりに**擬似決定係数**というものを計算し，推定結果に含めることが一般的です。「擬似」という言葉がついていても特段の支障はありません。解釈も決定係数と同じで，説明変数によって説明される被説明変数の変動の比率，すなわち推定式の当てはまりを示しています。上の例では擬似決定係数は0.057なので，説明力は5.7％であることがわかります。

また，最尤法を用いた推定では，最大化された尤度がいくつであるかを示す**対数尤度**（$\ln L$）を掲載することもあります。上の例では対数尤度は-1833.08となっています。対数をとっているため負の値になっていますが，他のパラメータを用いたときの対数尤度よりも大きい値になっているはずです。

> **ポイント**
> ✓ プロビットモデルでは係数（パラメータ）と限界効果が異なるため，いずれの推定結果が掲載されているかに注意する必要がある。
> ✓ 係数しか掲載されていない場合には，有意性と符号条件のみ解釈し，限界効果が掲載されている場合には，被説明変数が1になる確率に対する影響度合いも解釈する。

4 プロビットモデルの最尤推定結果の例

4.1 プロビットモデルと決定要因：ノーベル経済学賞の選定

　プロビットモデルの推定例として，ノーベル経済学賞の受賞がどのような要因によって決まるかを検証した黒木（2014）を取り上げます。ノーベル経済学賞は経済学分野において「人類に最大の貢献をもたらした」研究者に贈られる賞です。しかし，その選考基準は公式には明らかになっていません。

　そこで，黒木（2014）は，ノーベル経済学賞受賞者74人を含む約500人の経済学者を分析対象にして，学術論文データベースから各学者の論文数や論文の被引用数などがノーベル賞の受賞確率にどのような影響を与えるかを検証しました。

　具体的には，ノーベル経済学賞受賞ダミー（受賞者を1，非受賞者を0とするダミー変数）を被説明変数，論文数や被引用数（他の論文からの引用件数が最も多い代表論文の年平均の被引用数），単著ダミー（その代表論文が単著であれば1，2人以上の共著であれば0とするダミー変数）などを説明変数とする推定式をプロビットモデルとして，最尤法で推定しています。推定結果は**図表7-3**のとおりです。

　表では説明変数の組み合わせを変えて3通りの推定を行っています。ここで注目するのは，掲載されている数値が係数か限界効果のいずれであるかです。**表の注をみると，数値は係数ですが，括弧内に限界効果も掲載されていることがわかります。**よって，有意水準と併せてみれば，ノーベル経済学賞の決定要因とともに，影響度合いも把握できます。

　推定結果をみると，論文数や被引用数，単著ダミーは，ほとんどのケースでプラスに有意になっており，いずれも受賞確率を高めることがわかります。(3)列の結果をもとに限界効果をみると，**ノーベル経済学賞を受賞する確率は，論文数が1％増えると3.4％高まり，被引用数が1％増えると0.3％高まる**ことがわかります。つまり，質・量ともに研究業績を高めることは，ノーベル経済学賞の受賞につながると解釈できます。また，単著ダミーの限界効果から，代表

図表7-3 ノーベル経済学賞受賞の決定要因に関する
プロビットモデルの推定結果

被説明変数＝ノーベル経済学賞受賞ダミー	(1)	(2)	(3)
ln 論文数	0.395***[0.039]	0.324　　[0.027]	0.338***[0.034]
ln 被引用数		0.0229***[0.002]	0.025***[0.003]
単著ダミー			0.399**[0.043]
擬似決定係数	0.117	0.137	0.148
サンプルサイズ	555	494	494

注：1）***，**印は1％，5％水準で有意であることを示す。係数を掲載しており，括弧内の数値は限界効果。
　　2）その他の変数は掲載を省略。
出所：黒木（2014）より抜粋。

論文が単著であると，受賞確率が4.3％高まることもわかります。

4.2　プロビットモデルと行動特性：震災ボランティアの参加

　プロビットモデルは経済主体の選択行動を描写するのに適しているといえます。その例として，人々がボランティアに参加するかの選択をどのような要因で決めているかを検証した山本・坂本（2012）をみてみましょう。

　山本・坂本（2012）は2011年1月に実施された『日本家計パネル調査（JHPS/KHPS）』の定例調査と，2011年6月に実施された同調査の「東日本大震災に関する特別調査」の2つの時点の同一個人の個票データをもとに，約2,000人の労働者のボランティア参加要因が震災前後でどのように変化したかを検証しました。

　労働経済学では，賃金が高く，ボランティアに参加することによって生じる機会費用（仕事の代わりにボランティアに参加することで失われる賃金）が大きい人ほど，ボランティアには参加しない傾向があると指摘されています。その傾向が日本で当てはまるのか，また，震災前の福祉などの一般的なボランティア活動と震災直後の災害ボランティアで違いがあるのか，といった点を確認することが目的です。

　推定式は，ボランティアに参加した人を1とするダミー変数を被説明変数，

機会費用の代理指標である時給や居住地域，年齢層ダミーなどを説明変数としたもので，プロビットモデルとして最尤法で推定しています。図表7-4が推定結果を抜粋したものになります。賃金については時給の最も低いグループである第1分位から最も高いグループの第5分位に分類し，第1分位をベースとするダミー変数をそれぞれ作成して説明変数に含めています。

なお，脚注にあるように，**括弧内には頑健標準誤差が用いられており，ここでは不均一分散を考慮した有意水準が示されています**。

図表7-4で，(1)列目の震災前の一般ボランティア参加に関するプロビットモデルの推定結果をみると，時給ダミーのうち第4分位と第5分位のダミー変数が有意にマイナスであることがわかります。このことは，時給の低い労働者よりも時給の高い労働者のほうがボランティアへの参加確率が低いことを示しています。つまり，労働経済学で言われているように，**機会費用の大きい人ほ**

図表7-4 ボランティア活動への参加行動に関するプロビットモデルの推定結果

被説明変数＝ボランティア活動参加ダミー		(1) 震災前一般ボランティア		(2) 震災直後災害ボランティア	
時給ダミー	第2分位	0.008	(0.015)	0.013	(0.011)
	第3分位	-0.008	(0.015)	0.012	(0.012)
	第4分位	-0.028*	(0.014)	0.036***	(0.018)
	第5分位	-0.031*	(0.014)	0.037**	(0.021)
居住地ダミー	関東地方	0.000	(0.010)	0.013**	(0.006)
	東北地方	0.011	(0.026)	0.070***	(0.031)
年齢層ダミー	30歳代	0.071*	(0.046)	0.016	(0.021)
	40歳代	0.071**	(0.040)	0.009	(0.018)
	50歳代	0.051	(0.037)	-0.008	(0.012)
	60歳代以上	0.135***	(0.052)	-0.005	(0.013)
サンプルサイズ		2,212		2,087	

注：1）***，**，*印は1％，5％，10％水準で有意であることを示す。限界効果を掲載しており，括弧内の数値は頑健標準誤差。
2）性別ダミー，学歴ダミーなどの他の説明変数の掲載は省略。
出所：山本・坂本（2012）より抜粋。

どボランティアに参加していないことがわかります。

ここでは限界効果が掲載されているため，影響度合いについても把握できます。具体的には，時給の最も高い第5分位の労働者がボランティア活動に参加する確率は第1分位の労働者よりも3.1％低いといえます。このほか，年齢層ダミーをみると，ベースとなっている20歳代に比べて30歳代，40歳代，60歳代以上で参加確率が高くなっていることもわかります。

次に，(2)列目の震災直後の災害ボランティア参加に関する推定結果をみると，まず，時給について，震災前と逆に，第4分位および第5分位ダミーの係数がプラスで有意になっています。このことは，**震災後の災害ボランティアに関しては，むしろ機会費用の代理変数である賃金の高い人ほど活動に参加していた**ことを示しています。

また，居住地ダミーをみると，関東地方および東北地方ダミーがプラスに有意になっており，被災地の近くに居住していた人ほどボランティアに参加していたことがわかります。このほか，年齢については震災前と違ってどのダミー変数も統計的に有意になっておらず，震災直後の災害ボランティアへの参加の有無に年齢による違いはみられなかったことになります。

以上の推定結果から，東日本大震災直後の緊急支援が必要な深刻な状況下では，機会費用で説明される経済合理的な行動ではなく，利他的・慈善的な行動がとられていたと解釈することができます。

4.3　変量効果プロビットモデル：ネーミングライツの導入要因

ダミー変数を被説明変数とするプロビットモデルは，パネルデータを用いた場合でも，**変量効果プロビットモデル**（random-effect probit model）として最尤法を用いて推定することができます。前章で説明したように，パネルデータには同一の経済主体の観測値が複数含まれています。このため，変量効果プロビットモデルの推定では，誤差間の相関を考慮する複雑な尤度関数を最大化することになります。ただし，**推定結果については通常のプロビットモデルと同じように読むことができます。**

変量効果プロビットモデルの推定結果の例として，江種ほか（2015）をみて

みましょう。江種ほか（2015）では，公共施設に名前をつける権利を企業に販売するネーミングライツ制度の導入が，どのような施設で行われているかの要因分析を行っています。ネーミングライツ制度は，2003年に調布市の東京スタジアムが「味の素スタジアム」という名前に変わったことで注目を集め，その後，さまざまな公共施設で導入されつつあります。

しかし，まだ導入が進んでいない公共施設も多いため，江種ほか（2015）は，公共施設を観測単位としたパネルデータを用いて，どのような施設で導入が進みやすいのかを変量効果プロビットモデルとして推定しています。被説明変数はネーミングライツ制度を導入していれば1をとるダミー変数，説明変数には施設の収容人数やスポーツ施設を示すダミー変数，景気動向指数，周辺自治体で前年までにネーミングライツを導入しているかを示すダミー変数などを用いています。

推定には，2008年から2013年までにネーミングライツ制度を導入した施設と，導入していない施設（導入施設と同数を全国から無作為抽出）のパネルデータを用いています。制度を導入した施設については，導入していなかった時期も

図表7-5　公共施設のネーミングライツ制度導入に関するプロビットモデルの推定結果

被説明変数＝ネーミングライツ制度導入ダミー		
	(1)	(2)
景気動向指数（一致指数）	−0.0162*** (0.003)	−0.00763** (0.003)
スポーツ施設ダミー	−0.110 (0.163)	−0.069 (0.176)
収容人数（万人）	0.194*** (0.054)	0.180*** (0.058)
周辺自治体制度導入ダミー		0.567*** (0.067)
その他変数	yes	yes
サンプルサイズ	764	764

注：***，**印は1％，5％水準で有意であることを示す。限界効果を掲載しており，括弧内の数値は標準誤差。
出所：江種ほか（2015）より抜粋。

含めたサンプルを用いているため，景気動向などが導入にどのように影響を与えるかといった点も把握することができます。推定結果は**図表7-5**に抜粋しています。

変量効果プロビットモデルの推定であっても，推定結果の見方は通常のプロビットモデルと変わりません。各変数についてみてみると，景気動向指数はマイナスで有意になっているため，景気が悪くなるとネーミングライツ制度を導入する施設が増える可能性が示唆されています。景気が悪化すると地方自治体の税収が減るため，財源確保のためにネーミングライツ制度を導入する自治体の行動が反映されているとも解釈できます。

施設の特性については，収容人数が多いほど導入確率が高いことや，スポーツ施設かどうかは導入確率に影響を与えないことなどがみてとれます。また，(2)列の結果をみると，**周辺の自治体が前年までにネーミングライツ制度を導入している場合には，導入確率が高くなる傾向がある**こともわかります。ネーミングライツ制度は認知度が低く，導入に向けたノウハウも確立していない可能性があります。このため，近隣の自治体でネーミングライツ制度を導入していることが，自治体が制度導入を検討するきっかけになっていると解釈できます。

ポイント

✓プロビットモデルは，ある事象の決定要因や経済主体の選択行動を描写するのに適している。
✓パネルデータを用いる場合も，プロビットモデルは，変量効果プロビットモデルとして最尤法で推定できる。

第8章
順序ロジットモデルと多項ロジットモデル
——離散選択モデルの応用——

　前章でみたプロビットモデルは被説明変数がダミー変数となっており，2つの選択肢から1つを選ぶ経済主体の行動を把握することができました．その応用として本章では，選択肢が3つ以上になるケースを考えます．具体的には，3つ以上の選択肢から1つを選ぶ離散選択モデルとして，順序ロジットモデルと多項ロジットモデルを扱います．

本章の目標

☐ 1節：被説明変数が複数の選択肢からなる順序ロジットモデルと多項ロジットモデルの仕組みを理解する．また，潜在変数と観測変数の関係を理解し，離散選択モデルは，観察されない潜在変数の決定メカニズムを解明するものであることを把握する．

☐ 2〜3節：限界効果や閾値など，順序ロジットモデルや多項ロジットモデル推定結果の留意点を理解し，正しく推定結果を読み取れるようにする．

1　離散選択モデルと潜在変数

1.1　離散選択モデルの紹介

　前章のプロビットモデルや本章で扱う順序ロジットモデル，多項ロジットモデルなどは，被説明変数が連続変数ではなく，数通りの限られた値しかとらない離散変数となっているため，**離散選択モデル**と呼ばれます．プロビットモデルは被説明変数がダミー変数で，1か0の2通りの値をとるものでした．これに対して，順序ロジットモデルと多項ロジットモデルは被説明変数が3通り以上の値をとります．

● 順序ロジットモデル

順序ロジットモデル（ordered logit model）は被説明変数のとりうる値（選択肢）が 3 つ以上あり，かつ，それらに何らかの順序がある場合に適用するものです。例えば，個々人が現在の幸福度を 1 ～ 5 の 5 段階で回答したアンケート調査データをもとに，どのような要因が幸福度を高めるかを推定する場合が該当します。また，個人の意識や心理状態について「当てはまる」・「どちらでもない」・「当てはまらない」といった 3 択で回答したデータから，どのような属性（説明変数）を持つ人ほど，その意識や心理状態が当てはまりやすいのかを推定する場合なども該当します。なお，同様のモデルに，**順序プロビットモデル**もありますが，順序ロジットモデルとほとんど同じと考えて支障ありません。

● 多項ロジットモデル

多項ロジットモデル（multi-nominal logit model）は順序ロジットモデルと同様に，被説明変数のとりうる値（選択肢）は 3 つ以上ありますが，それらに順序がない場合に適用するものです。例えば，どのような要因で徒歩・自転車・自家用車・バス・電車といった通勤手段を選ぶかを推定する場合が該当します。通勤手段の優先度は労働者によってさまざまで，5 つの選択肢の順序が明確に決まっているとはいえないため，順序ロジットではなく多項ロジットが用いられます。

1.2 潜在変数と離散選択モデルの仕組み

離散選択モデルは，経済理論と観察されるデータとの関係を捉えるのに適しています。経済理論は必ずしも現実経済でデータとして観察される変数のみを扱うわけではありません。理論モデルの中では重要な変数であっても，現実には限られた部分や変形されたものしか観察されないことがあります。

その最もわかりやすい例は，個々人の効用です。経済学では人々が効用に基づいて行動を決定すると考えますが，効用そのものはデータとして直接的に観察されません。代わりに観察されるのは，効用に基づいて決定された経済主体

の行動や選択で、分析者は観測値から効用を間接的に把握しようとします。

ここで効用のように観察されない変数を**潜在変数**（latent variable）と呼び、行動や選択結果などデータとして観察される変数を**観測変数**（observable variable）と呼びます。離散選択モデルは、潜在変数と観測変数の対応関係を捉え、観測変数をもとに経済主体行動を推定するものといえます。

そこで、以下、潜在変数と観察変数の違いに注目しながら、改めてプロビットモデルを解釈し、その応用として、順序ロジットモデル、多項ロジットモデルの仕組みを解説します。

◉ プロビットモデル

観察されない潜在変数を Y_i^*、データの得られる観測変数を Y_i と定義すると、前章で扱ったプロビットモデルは以下のように表すことができます。

$$Y_i = \begin{cases} 1 & if \quad Y_i^* > m \\ 0 & if \quad Y_i^* \leq m \end{cases} \quad \text{ただし、} Y_i^* = a + bX_i + u_i \tag{1}$$

この式は、効用などの潜在変数が $Y_i^* = a + bX_i + u_i$ によって決まるものの、データとしては、潜在変数が一定水準 m を超えた場合に 1、それ以外には 0 というダミー変数の形でしか観察されないことを示しています。潜在変数 Y_i^* の分布を図にして観測変数との対応を示すと、図表 8-1 のようになります。

図表 8-1　潜在変数と観測変数：プロビットモデル

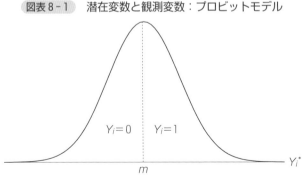

出所：筆者作成。

例えば，労働供給をするかどうかの選択を考えた場合，人々は，働いた場合に得られる効用 Y_i^* が一定水準 m を上回ったときには労働供給を行い，それ以下のときには労働供給を行わないといった選択をしていると考えられます。ただし，効用 Y_i^* は潜在変数なので観察できず，労働供給の有無のみがデータとして観察されます。

そこで，労働供給している場合には 1，していない場合は 0 をとるダミー変数 Y_i を作成し，(1)式をプロビットモデル $\Pr(Y_i=1)=F(a+bX_i)$ として推定すると，潜在変数である効用の決定要因を把握できるようになります。つまり，プロビットモデルは被説明変数 Y_i が 1 をとる確率を推定するものですが，潜在変数 Y_i^* の決定メカニズム $Y_i^*=a+bX_i+u_i$ を推定するものと解釈することもできます。

● 順序ロジットモデル

同様にして，選択肢が 3 つのケースを想定すると，順序ロジットモデルは以下のように定式化されます。

$$Y_i = \begin{cases} 2 & if \quad m_2 < Y_i^* \\ 1 & if \quad m_1 < Y_i^* \leq m_2 \\ 0 & if \quad Y_i^* \leq m_1 \end{cases} \quad \text{ただし，} Y_i^* = a + bX_i + u_i \qquad (2)$$

ここで，潜在変数 Y_i^* は説明変数 X_i と誤差項によって決まるものの，データとしては観察されません。観察されるのは観測変数である被説明変数 Y_i で，潜在変数 Y_i^* が大きくなるにつれて，{0,1,2}の 3 通りの観測値をとります。

潜在変数がどの水準を超えると観測値が変わるかは，**閾値**（cut-point）と呼ばれる m_1 と m_2 によって決まります。図で示すと図表 8-2 のようになります。

順序ロジットモデルでは，選択肢の順序が決まっていれば，図表 8-2 のように，閾値が潜在変数に対して等間隔で設定される必要はありません。例えば，「当てはまる（$Y_i=2$）」・「どちらでもない（$Y_i=1$）」・「当てはまらない（$Y_i=0$）」といった 3 択の場合，「当てはまる」と「どちらでもない」の違いは大き

図表 8-2 潜在変数と観測変数：順序ロジットモデル

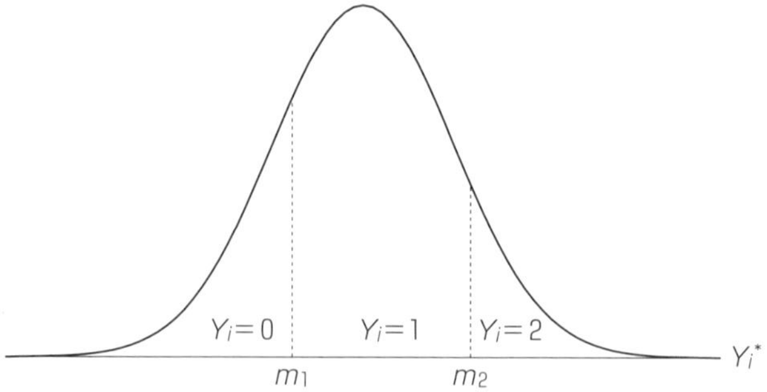

（$Y_i=0$ ／ $Y_i=1$ ／ $Y_i=2$ の領域を閾値 m_1, m_2 で区分した正規分布図、横軸 Y_i^*）

出所：筆者作成。

い一方で、「どちらでもない」と「当てはまらない」の違いは小さいことはよくあります。

順序ロジットモデルでは、観測変数の観測値（$Y_i = \{0, 1, 2\}$）は便宜的に割り当てているにすぎず、観測値に順序があることだけを利用して、パラメータや閾値の位置を推定します。

● 多項ロジットモデル

多項ロジットモデルについても、やや複雑になりますが、同様に潜在変数と観測変数の関係として表すことができます。例として、労働者が正規雇用（$Y_i=2$）・非正規雇用（$Y_i=1$）・非就業（$Y_i=0$）の3つの選択肢から1つの就業形態を選ぶ行動を考えてみます。この場合、多項ロジットモデルは以下のように定式化されます。

$$Y_i = \begin{cases} 2\,(\text{正規雇用}) & if \quad Y_{2,i}^* > Y_{1,i}^*,\ Y_{2,i}^* > Y_{0,i}^* \\ 1\,(\text{非正規雇用}) & if \quad Y_{1,i}^* > Y_{2,i}^*,\ Y_{1,i}^* > Y_{0,i}^* \\ 0\,(\text{非就業}) & if \quad Y_{0,i}^* > Y_{2,i}^*,\ Y_{0,i}^* > Y_{1,i}^* \end{cases} \quad \text{ただし、} Y_{j,i}^* = a + b_j X_i + u_i \quad (3)$$

ここでは、労働者が正規雇用・非正規雇用・非就業のそれぞれの就業形態 j を選んだときに得られる効用を潜在変数 $Y_{j,i}^*$、実際に選択された就業形態を観測変数 Y_i としています。

潜在変数 $Y_{j,i}^*$ は説明変数 X_i と誤差項によって決まりますが，パラメータ b_j が選択肢ごとに異なるため，どの選択肢をとるかで潜在変数 $Y_{j,i}^*$ が異なります。そこで，労働者は潜在変数 $Y_{j,i}^*$ が最も大きくなるような就業形態 j を選び，その結果がデータ Y_i として観察されることを(3)式は示しています。

正規雇用に就いている労働者にとって，得られる効用は非正規雇用や非就業よりも正規雇用のときのほうが大きいので，正規雇用を選択しているはずです。同様に，非正規雇用に就いている人は，就業形態が自由に選べるとしたら，最も大きい効用が得られるから非正規雇用を選択しているはずです。つまり，各選択肢に共通の順序はなく，どの選択肢で潜在変数が大きくなるかは労働者によって異なります。このため，順序ロジットモデルと違って多項ロジットモデルでは，あらかじめ選択肢の順序を仮定しません。

> **ポイント**
> ✓ 複数の選択肢から1つを選択する行動を捉える離散選択モデルには，プロビット，順序ロジット，多項ロジットモデルなどがある。
> ✓ 被説明変数が2択のときはプロビット，3択以上になると順序ロジットや多項ロジットモデルを用いる。ただし，選択肢に順序がある場合は順序ロジット，ない場合には多項ロジットモデルを用いる。
> ✓ 離散選択モデルは，観察されない潜在変数の決定メカニズムを推定するものと解釈できる。

2　順序ロジットモデルと多項ロジットモデルの推定結果の見方

2.1　順序ロジットモデル

順序ロジットモデルは(2)式で表されるような非線形モデルのため，推定は最尤法を用います。非線形モデルなので，プロビットモデルと同様に，推定され

た係数(パラメータ)が限界効果にはなっていない点に注意する必要があります。つまり、係数は潜在変数 Y_{i}^{*} に与える影響度合いであって、被説明変数 Y_i に与える限界効果ではありません。

順序ロジットモデルの場合、被説明変数 Y_i は複数の選択肢になっているため、限界効果は各選択肢を選ぶ確率に与える影響度合いになり、選択肢ごとに算出されます。このほか、潜在変数と観測変数の対応関係を示す閾値が推定されることも、これまでとは違います。

しかし、これらの点を除けば、順序ロジットモデルの推定結果の見方はこれまでとほとんど変わりません。特に、順序ロジットモデルは被説明変数が順序のある選択肢になっているので、推定される係数や限界効果は、線形モデルと同様に、説明変数によって被説明変数がどの程度大きくなるかを示していると解釈できます。

例として、『日本家計パネル調査(JHPS/KHPS)』の2013年の個票データをもとに、民間企業で働く雇用者の仕事満足度がどのように決まるかを順序ロジットモデルで推定した以下の結果をみてみましょう。

仕事満足度
 = 0.149年収 − 0.710男性ダミー − 0.01年齢 + 0.33既婚ダミー + 誤差
 　[-0.010]　　[0.046]　　　　[0.0007]　[-0.024]
 　[0.012]　　[-0.062]　　　　[-0.0008]　[0.026]
　　, 擬似決定係数0.023, 対数尤度 -2683.94, サンプルサイズ 1,966

注:1) 係数はすべて1〜10%水準で有意。年収の単位は百万円。
　　2) [ ]内の数値について、1行目は最も低い仕事満足度を選ぶ確率に対する限界効果、
　　　2行目は最も高い仕事満足度を選ぶ確率に対する限界効果。
　　3) 閾値の推定値は-2.52, -1.56, 0.276, 2.33。

ここで、被説明変数には「仕事の充実度・満足度は高い」という質問項目に対して、回答者が「そう思わない (Y_i=1)」・「どちらかといえばそう思わない (Y_i=2)」・「どちらともいえない (Y_i=3)」・「どちらかといえばそう思う (Y_i=4)」・「そう思う (Y_i=5)」という5段階の選択肢から1つを選択した回答を用いています。また、この選択に影響を与える説明変数としては、年収、男性

ダミー，年齢，既婚ダミーを含めています。以下，3つのポイントに注目しながら，推定結果をみてみましょう。

● 選択肢の順序を踏まえて係数を解釈する

推定結果をみる際にまず注目するのは，被説明変数の選択肢の順序がどうなっているかです。ここでは5段階の選択肢について，数値が大きいほど仕事満足度が高くなるように設定されています。このため，各変数の係数がプラスなら仕事満足度を高める要因，マイナスなら低める要因といったシンプルな解釈が可能になります。結果をみると，各説明変数はいずれも統計的に有意になっており，係数の符号条件から，**年収が高く，女性で，年齢が若く，既婚者であるほど仕事満足度が高くなる**ことがわかります。

● 係数か限界効果の違いに注目する

次に，限界効果については注意が必要です。順序ロジットモデルでは，各選択肢を選ぶ確率に与える影響度合いとして，限界効果が示されます。このため，選択肢が5つある場合には，5通りの限界効果が算出されます。ここでは，注に示したように，1段階目と5段階目の2通りの限界効果のみを掲載しています。

例えば既婚ダミーについてみると，1段階目の「そう思わない（$Y_i=1$）」という選択肢への限界効果は-0.024となっているため，既婚者がこの選択肢を選ぶ確率は独身者に比べて2.4%低いと解釈できます。また，同様にして，5段階目の「そう思う（$Y_i=5$）」を選ぶ確率は既婚者で2.6%高いこともわかります。係数からわかるように，仕事満足度は独身者よりも既婚者のほうが高くなっています。このため，**既婚者が最も低い仕事満足度（$Y_i=1$）を選ぶ確率は低く，逆に最も高い仕事満足度（$Y_i=5$）を選ぶ確率は高くなる**という結果になっています。

● 閾値の大きさに注目する

上の推定結果の注3をみると，閾値の推定値も示されています。閾値は潜在

図表 8-3 5段階の仕事満足度と潜在変数の分布の関係

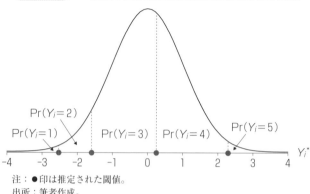

注：●印は推定された閾値。
出所：筆者作成。

変数がどの値を超えると観測変数の選択肢が変わるかを示すもので，ゼロを基準にマイナスからプラスの領域で示されます。

ここで推定された閾値をもとに，潜在変数と観測変数の対応関係を示すと図表 8-3 のようになります。横軸にプロットされている●印が閾値で，その値に応じて5段階の選択肢のいずれが選択されるかが図に示されています。閾値の位置関係から，潜在変数がかなり大きくならないと最も高い仕事満足度（Y_i ＝5）は選ばれない傾向があることなどがわかります。

2.2 多項ロジットモデル

多項ロジットモデルも非線形モデルのため，推定は最尤法が用いられます。また，係数と限界効果が異なることや限界効果が選択肢ごとに算出されることなど，推定結果をみる際の注意点も順序ロジットモデルと同じです。

しかし，多項ロジットモデルは限界効果だけでなく係数も選択肢ごとに推定されることや，係数がベースとなる選択肢に対する相対的な大きさとして推定されることなど，新たに注意すべきこともあります。

例として，2013年の『日本家計パネル調査（JHPS/KHPS）』を用いて，民間企業で働く雇用者の就業形態の選択がどのような要因によって決まるかについて，多項ロジットモデルの推定結果をまとめた図表 8-4 をみてみましょう。

図表8-4　就業選択に関する多項ロジットモデルの推定結果

被説明変数＝就業形態（非就業＜ベース＞，非正規雇用，正規雇用）

	(1)男性		(2)女性	
	非正規雇用	正規雇用	非正規雇用	正規雇用
年齢	-0.011	-0.012	0.0064	-0.0059
	(0.026)	(0.022)	(0.010)	(0.012)
大卒・大学院卒ダミー	-0.43	0.37	-0.30	0.072
	(0.58)	(0.47)	(0.21)	(0.24)
短大・高専卒ダミー	-0.86	-0.73	-0.18	-0.31
	(0.86)	(0.66)	(0.15)	(0.20)
既婚ダミー	0.62	2.46***	-1.09***	-2.25***
	(0.52)	(0.43)	(0.28)	(0.29)
未就学児ありダミー	0.58	0.37	-1.18***	-0.87***
	(0.90)	(0.81)	(0.19)	(0.24)
擬似決定係数	0.115		0.062	
サンプルサイズ	1,182		1,433	

注：***印は1％水準で有意であることを示す。係数を掲載しており，括弧内の数値は標準誤差。
出所：筆者作成。

ここで被説明変数は，正規雇用・非正規雇用・非就業という3つの就業形態の選択で，説明変数には年齢，学歴ダミー，既婚ダミー，未就学児ありダミーを用いています。**図表8-4**では男女別にサンプルを分割して推定した結果を(1)と(2)に掲載しています。

● ベースにした選択肢の係数は示されない

ここでまず注意すべきは，男女とも非正規雇用・正規雇用の2つの列で1つの推定結果を示していることです。また，**多項ロジットモデルでは，ある選択肢をベースとして設定し，係数はそのベースとの差（$b_j - b_{base}$）として推定されます。**

つまり，(3)式のように多項ロジットモデルでは選択肢ごとに異なる係数 b_j が存在しますが，推定では，ベースとなる選択肢の係数 b_{base} との差でしか識別されないことになります。このため，**多項ロジットモデルでは，どの選択肢をベースにしているかに注目することが重要になります。**また，ベースとの差

でしか識別されないため、推定結果はベースとなる選択肢以外についてのみ示されます。図表8-4では非就業をベースにしているため、非正規雇用と正規雇用に関する推定結果が2列で示されています。

(1)の男性の推定結果をみると、正規雇用で既婚ダミーがプラスで有意になっています。このことは、既婚ダミーの係数が非就業よりも正規雇用のほうで有意に大きいことを意味しています。つまり、独身者に比べて既婚者は非就業ではなく正規雇用を選択する度合いが大きいと解釈できます。

● 独立した選択肢としてみなせるかを確認する

ここで、男性の非正規雇用の推定結果がいずれの変数でも有意になっていないことは注目に値します。このことは、どの説明変数についても、ベースとなる非就業と非正規雇用で係数に差がないことを意味します。ということは、男性の就業選択において非正規雇用と非就業は区別すべきではなく、別々の選択肢として分析する必要がないことを示唆します。

つまり、この場合、多項ロジットモデルではなく、正規雇用を選択するかしないかの2択をプロビットモデルで推定することが望ましいといえます。言い換えると、いずれかの推定結果が統計的に有意ならば、その選択肢を他と区別する必要があったと判断できますが、いずれも有意でなければ独立した選択肢として扱う必要がなかったと判断します。

● 係数と限界効果の違いに注目する

多項ロジットモデルは非線形モデルなので、各選択肢を選ぶ確率に説明変数が与える影響度合いについては、限界効果に基づいて把握する必要があります。この点は順序ロジットモデルと同じで、限界効果は選択肢ごとに算出され、図表8-4の推定結果については図表8-5のようになります。

図表8-4と違って限界効果はベースとなる選択肢についても示されるため、解釈は限界効果のほうがしやすいでしょう。例えば、男性についてみてみると、既婚ダミーの限界効果に基づくと、既婚者であれば非就業の選択確率が9.4%、非正規雇用の選択確率が12.7%低くなる一方で、正規雇用の選択確率が22.1%

図表 8-5 就業選択に関する多項ロジットモデルの限界効果

	(1)男性			(2)女性		
	非就業	非正規雇用	正規雇用	非就業	非正規雇用	正規雇用
年齢	0.000	0.000	0.000	-0.001	0.002	-0.002
大卒・大学院卒ダミー	-0.005	-0.029	0.034	0.040	-0.079	0.039
短大・高専卒ダミー	0.018	-0.006	-0.012	0.049	-0.017	-0.032
既婚ダミー	-0.094	-0.127	0.221	0.267	0.046	-0.313
未就学児ありダミー	-0.006	0.010	-0.004	0.258	-0.213	-0.045

出所：図表 8-4 の推定結果をもとに筆者作成。

高くなることがわかります。なお，限界効果は，いずれかの選択確率が増えると，他の選択確率は減るように算出されているため，各選択肢の限界効果を足すとゼロになります。

ポイント

- ✓順序ロジットや多項ロジットモデルは最尤法によって推定される。
- ✓順序ロジットモデルの推定結果を見る際には，①選択肢の順序がどのようになっているか，②限界効果が示されているか（示されている場合にどの選択肢についてのものか），③閾値がどのように推定されているかといった点に注目する。
- ✓多項ロジットモデルの推定結果を見る際には，①ベースとなる選択肢が何か（各選択肢の係数はベースとなる選択肢の係数との差でしか識別・推定されない），②すべての係数が統計的に有意でない選択肢がないか（あれば選択肢として区別することは不要），③限界効果が示されているかといった点に注目する。

3 離散選択モデルの推定結果の例

3.1 順序ロジットモデル：大学生のキャリア意識の違い

順序ロジットモデルの推定例として，大学生約120人の意識や価値観の決定

要因を分析した松浦（2012）をみてみましょう。松浦（2012）は大学生を対象にした独自のアンケート調査データを使って，管理職志望度合いと男女平等意識などが，家族構成や家庭・学校環境などにどのような影響を受けるかについて，順序ロジットモデルを用いた推定を行いました。

被説明変数として用いた管理職志望度合いは，「管理職になりたいですか」という質問に対する4段階の回答「そう思わない」・「どちらかといえばそう思わない」・「どちらかといえばそう思う」・「そう思う」について，順番に1～4を割り当てています。また，男女平等意識については，「男性は外で働き，女性は家にいるべきだという意見に賛成ですか」という質問に対する4段階の回答「賛成」・「どちらかといえば賛成」・「どちらかといえば反対」・「反対」について，順番に1～4を割り当てています。

いずれの変数も数値が大きくなるほど管理職志望度合いや男女平等意識が強くなるように設定しており，順序ロジットモデルとして推定できます。推定結

図表8-6　大学生のキャリア意識に関する順序ロジットモデルの推定効果

被説明変数	管理職志望度合い (1～4)		男女平等意識 (1～4)	
	(1)男性	(2)女性	(1)男性	(2)女性
長男・長女ダミー	0.66*	0.67	0.36	-0.22
	(1.69)	(1.59)	(0.94)	(-0.50)
母親就労ダミー	-0.16	0.35	0.31	1.05**
	(-0.37)	(0.82)	(0.88)	(2.28)
高校運動部ダミー	1.05*	0.163	0.290	1.04**
	(1.94)	(0.38)	(0.56)	(2.33)
TOEIC スコア （5段階）	-0.03	0.13	0.12	0.75**
	(-0.11)	(0.43)	(0.48)	(2.26)
部活・サークル等 幹部経験ダミー	0.70	1.16**	0.23	-0.41
	(1.61)	(2.49)	(0.52)	(-0.88)
擬似決定係数	0.049	0.084	0.026	0.179
サンプルサイズ	121	104	121	103

注：1）**，*印は5％，10％水準で有意であることを示す。係数を掲載しており，括弧内の数値は t 値。
　　2）その他の変数は掲載を省略。
出所：松浦（2012）。

果は図表8-6のとおりです。推定は男女別に実施しています。

　順序ロジットモデルなので，係数と限界効果のいずれが掲載されているかをまず確認します。ここでは係数のみが掲載されているため，各説明変数が管理職志望度合いや男女平等意識を強めるかを把握することになります。

　管理職志望度合いについてみてみると，男性では長男ダミーと高校運動部ダミー，女性では部活・サークル等での幹部経験ダミーが統計的に有意にプラスになっています。つまり，**長男という家族構成や運動部・幹部といった経験が大学生の時点で将来の管理職志望の度合いを高める傾向がある**ことがわかります。

　一方，男女平等意識については，男性では掲載している説明変数はいずれも有意ではないものの，女性については母親就労ダミー，高校運動部ダミー，TOEICスコアが有意にプラスになっています。**女性については母親が就業しているという家庭環境や運動部経験，高い英語力が男女平等意識を高める傾向がある**と指摘できます。海外留学や海外生活の経験がある人ほどTOEICスコアが高い可能性があることを踏まえると，日本よりも男女平等意識が強いと予想される外国での経験によって，そうした意識が身についているとも推察されます。

3.2　多項ロジットモデル：希望するお墓の形態の違い

　次に，多項ロジットモデルの推定結果の例として，自分の入りたいお墓の選択行動を検証した津村（2013）をみてみましょう。津村（2013）は，『日本版 General Social Surveys（JGSS）』の2000～01年調査の約4,700人の20～89歳男女の個票データを用いて，希望するお墓の形態がどのような要因で異なるかを検証しています。

　『日本版 General Social Surveys（JGSS）』では回答者が自ら入るお墓について，「実家の墓」・「配偶者の家の墓」・「自分の代から始まる墓」・「自分と配偶者だけの墓」・「自分1人の墓」・「合葬式の共同墓」・「墓に入らず散骨」といった7つの形態の中から希望する1つを選択してもらっています。選択肢は複数ありますが，7つのお墓の形態に共通の順序はないと考えられるため，順序ロ

図表 8-7　希望する墓の形態に関する多項ロジットモデルの推定結果

被説明変数＝希望する墓の形態（ベース：実家の墓）	配偶者の家の墓	自分と配偶者の代から始まる墓	自分と配偶者だけの墓	自分1人の墓	合葬式の共同墓	墓に入らず散骨
年齢	-0.017	0.0630**	-0.053	0.090	0.366***	0.0744**
	(-0.59)	(2.52)	(1.46)	(0.99)	(3.54)	(2.42)
年齢2乗/1000	0.121	-0.577***	0.006	-0.872	-3.09***	-1.23***
	(0.50)	(-2.81)	(0.18)	(-1.15)	(-3.83)	(-4.40)
女性ダミー	3.19***	0.4992*	0.813*	0.762	1.150	0.269
	(6.71)	(1.72)	(1.78)	(0.72)	(1.53)	(0.76)
子どもの人数	0.549***	0.369***	0.558**	0.547	-0.421	0.358*
	(3.76)	(2.71)	(2.5)	(1.39)	(-1.25)	(1.93)
家庭生活への満足度	0.205	0.605***	0.183	-0.029	0.134	0.031
	(1.34)	(0.243)	(0.87)	(-0.07)	(0.4)	(0.19)
擬似決定係数			0.129			
サンプルサイズ			3691			

注：1）***，**印は1％，5％水準で有意であることを示す。係数を掲載しており，括弧内の数値はt値。
　　2）その他変数は掲載を省略。
出所：津村（2013）。

ジットモデルではなく多項ロジットモデルを用いる推定が適切といえます。

　そこで，図表8-7には，お墓に関する7つの選択肢を被説明変数，年齢や性別，家族構成などを説明変数とした多項ロジットモデルの推定結果の一部を掲載しています。表では限界効果ではなく係数が示されています。また，多項ロジットモデルなので，推定値はベースとなる選択肢「実家の墓」の係数との差であることに注意する必要があります。

　図表8-7について，まず，女性や子どもの多い人ほど「配偶者の家の墓」を希望する度合いが高く，また，「自分と配偶者の代から始まる墓」や「自分と配偶者だけの墓」も希望しやすくなっていることがわかります。次に，家庭生活の満足度が高い人ほど，実家ではなく「自分と配偶者の代から始まる墓」を希望する傾向が強いこともわかります。

　年齢については，「自分と配偶者の代から始まる墓」・「合葬式の共同墓」・「墓に入らず散骨」の3つについて，統計的に有意になっています。ただし，年齢は2乗項も入れているため，このままではどのような影響があるか把握し

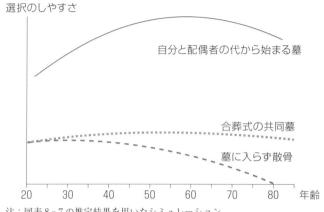

図表 8-8　お墓の選択に年齢が与える影響

注：図表8-7の推定結果を用いたシミュレーション。
出所：津村（2013）。

にくくなっています。

そこで，図表8-8では，図表8-7の年齢と年齢の2乗項の推定結果から，3つの選択肢に対する影響度合いをシミュレーションで示しています。なお，ここでは限界効果ではなく係数を用いたシミュレーションなので3つの選択肢を希望する確率への影響ではなく，選択のしやすさが年齢によってどのように変わるかが示されています。

図をみると，「自分と配偶者の代から始まる墓」は年齢とともに希望する人が増えるものの，50歳代をピークに減少に転じることがわかります。一方で，「墓に入らず散骨」を希望する人は年齢とともに少なくなる様子が描かれています。お墓の希望の年齢による違いが加齢によるものなのか（年齢効果），世代によるものなのか（世代効果）は識別できませんが，この多項ロジットモデルの推定では，人々のお墓に対する希望がさまざまな要因で異なることが把握できます。

第9章
トービットモデルとヘーキットモデル
──質的変数モデルの応用──

　第7～8章の離散選択モデルでは，潜在変数は観察されず，代わりに，選択を行った行動が観測変数として観察されていました。本章ではその応用として，潜在変数がある条件の下では部分的にそのまま観察される非線形モデルを扱います。具体的には，潜在変数が一定水準を上回るときにのみ観察されるトービットモデルと，潜在変数が一定の法則に従って観察されるヘーキットモデルを扱います。

本章の目標

□ 1節：被説明変数に特定の値が多く含まれる場合や，ある条件を満たすサンプルしか被説明変数が観察されない場合は，最小二乗推定量は一致性がなくなることを理解する。

□ 2節：前者の場合はトービットモデル，後者の場合はヘーキットモデルを用いることを理解し，それぞれの仕組みや推定方法を把握する。

□ 3～4節：ヘーキットモデルでは，2段階に分けた推定も行われることを理解し，推定結果を正しく読み取れるようにする。

1　トービットモデルとヘーキットモデルの仕組み

1.1　トービットモデル

　トービットモデル（Tobit model）は，潜在変数が一定水準を上回るときにはそのまま観察されるものの，一定水準以下のときには0などの特定の数値に変換されて観察されるような変数を被説明変数にする場合に適用します。

　例えば，サッカー選手の試合の出場時間 Y_i の決定要因を推定することを考えてみましょう。潜在的な能力を潜在変数 Y_i^* とすると，その能力が一定水準

を超えた選手だけが試合に出場できると考えられます。このとき，一定水準に達していない選手の出場時間はすべて0として観察されます。しかし，出場時間が0であっても，選手の潜在的な能力 Y_i^* はさまざまで，もうすぐ出場できる選手もいれば，出場にはほど遠い選手もいるはずです。

ここで，全選手の出場時間 Y_i のデータをみると，多くの選手の出場時間はさまざまな値をとるものの，一定の能力以下の選手の出場時間は0と歪んだものになります。この場合には，以下のようなトービットモデルを想定します。

$$Y_i = \begin{cases} Y_i^* & if \quad Y_i^* > 0 \\ 0 & if \quad Y_i^* \leq 0 \end{cases} \quad \text{ただし，} \quad Y_i^* = a + bX_i + u_i \quad (1)$$

(1)式は，能力を表す**潜在変数 Y_i^* はマイナスからプラスまでさまざまな値をとりますが，プラスであればそのまま観察される一方（$Y_i = Y_i^*$），マイナスであれば0に変換された値が観察されることを示しています（$Y_i = 0$）**。トービットモデルでは潜在変数が観察される閾値を0と仮定することが多いですが，任意の定数 c とすることもあります。また，潜在変数が閾値以下のときに観察される値が0の代わりに，特定の数値になっていることもあります。

(1)式のトービットモデルを図で示すと，**図表 9 - 1** のようになります。こうした構造があるとき，観測変数は基本的には連続した値をとるものの，0などの特定の値が多く含まれます。このため，そうしたパターンが観測変数のデー

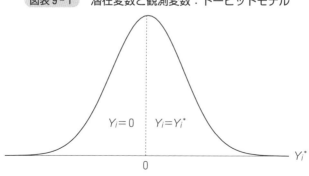

図表 9 - 1　潜在変数と観測変数：トービットモデル

出所：筆者作成。

タにみられる場合には，トービットモデルを適用することが適切といえます。

そのようなパターンがよくみられるケースとしては，サッカー選手の出場時間のほかにも，例えば，自動車などの耐久消費財の購入額が挙げられます。耐久消費財は，購入する頻度は低いために0が多く観察されるものの，購入する際にはある程度の金額を超えるさまざまな数値が連続的に観察されます。

また，パートタイマーの時給についても同様のパターンがよくみられます。日本では最低賃金制度があり，時給は最低賃金より低くすることができないという法的な制約があります。このため，パートタイマーの時給には，最低賃金が多く観察されます。しかし，最低賃金を上回れば法的な制約はなくなるため，最低賃金を下限としてさまざまな値が連続的に観察されます。

1.2　ヘーキットモデル

ヘーキットモデル（Heckit model）は，潜在変数がある条件を満たすときにはそのまま観察されるものの，条件を満たさないときには何も観察されないような変数を被説明変数にする場合に適用します。被説明変数が部分的にしか観察されないため，ヘーキットモデルは**サンプルセレクションモデル**（sample-selection model）とも呼ばれます。

例えば，高年齢者の賃金関数を推定することを考えてみます。このとき高年齢者の賃金と，それを説明する性別，学歴，勤続年数などの個人属性がデータとして得られれば，賃金関数は推定できます。しかし，高年齢者のすべてが就業しているとは限りません。引退を決めている人や健康のすぐれない人などは就業していないため，非就業者の賃金は観察することができません。

つまり，**高年齢者の賃金は，就業しているという条件を満たして初めてデータ Y_i として観察されるため，ある特定のサンプルしか観察されないというサンプルセレクションが起きている可能性があります**。壮年男性のように多くの人が就業していれば，サンプルセレクションはあまり生じておらず，推定において考慮する必要性は高くありません。しかし，高年齢者や女性など，就業していない人も多くいる場合には，非就業者の賃金が観察されないことを考慮しないと，後述するサンプルセレクションバイアスが生じることが懸念されます。

サンプルセレクションを考慮するには，就業の有無を示すダミー変数 M_i を用いて以下のようなヘーキットモデルを想定します。

$$Y_i = \begin{cases} Y_i^* & if \ M_i = 1 \\ .(unobservable) & if \ M_i = 0 \end{cases} \quad ただし，Y_i^* = a + bX_i + u_i \quad (2)$$

ここで，高年齢者の賃金 Y_i^* は個人属性 X_i によって説明されます。しかし，**データ Y_i として観察されるのは就業している場合（$M_i=1$）だけで，就業していない場合（$M_i=0$）は観察されません**（unobservable）。(2)式において，観察の有無を決める条件は就業しているかどうかを示すダミー変数 M_i となっていますが，ヘーキットモデルでは，どのような要因でその条件が満たされるか，すなわち，観察されるかについても次のようなモデルで定式化します。

$$M_i = \begin{cases} 1 & if \ M_i^* > m \\ 0 & if \ M_i^* \leq m \end{cases} \quad ただし，M_i^* = \alpha + \beta Z_i + v_i \quad (3)$$

この式は，高年齢者の就業の有無を示すダミー変数 M_i を被説明変数，就業行動に影響を与える変数 Z_i を説明変数としたプロビットモデルとして推定することができます。つまり，**ヘーキットモデルは，就業するかしないかの選択を捉える第1段階と，就業する場合に賃金がどのように決まるかを捉える第2段階の2つの段階から構成されている**といえます。

> **ポイント**
> ✓ 被説明変数に0などの特定の値が多く含まれるとき，すなわち，潜在変数が一定水準を下回る場合に0などの特定の数値に変換されて観察されるとき，トービットモデルを用いる。
> ✓ 被説明変数がある条件を満たす場合にしか観察されないとき，ヘーキットモデル（サンプルセレクションモデル）を用いる。ヘーキットモデルは，被説明変数が観察されるかどうかを捉える第1段階と，観察される場合に被説明変数がどのような要因によって決まるかを捉える第2段階から構成されている。

2　各モデルの推定の仕組み

　トービットモデルやヘーキットモデルは非線形モデルなので，最尤法によって推定することが一般的です。ただし，これらのモデルは2つの段階に分けて推定することで，最小二乗法を併用した推定も行うことができます。以下，トービットモデルとヘーキットモデルを線形モデルとして通常の最小二乗法で推定した場合にどのような問題が生じるかを確認してから，それぞれの推定方法を概観します。

2.1　最小二乗法を適用する場合の問題点

　トービットモデルやヘーキットモデルの構造を考慮せず，連続変数として観察される観測値だけを用いて最小二乗推定すると，どのような問題が生じるのでしょうか。それぞれのモデルについてみてみましょう。

◉トービットモデル

　トービットモデルを適用する代わりに，多く観察される0の観測値を使わず，プラスで連続して観察される観測値（$Y_i>0$）のみを使って，以下の推定式を最小二乗法で推定することを考えてみます。

$$Y_i = a + bX_i + v_i \tag{4}$$

　ここで，式の導出は複雑なので省略しますが，プラスで観察されるときの被説明変数 Y_i の期待値（条件付期待値）は以下のようにあらわされます。

$$E(Y_i | Y_i > 0) = a + bX_i + c\lambda_i \quad , \quad \lambda_i = \frac{f(a+bX_i)}{F(a+bX_i)} \tag{5}$$

　(5)式で注目すべきは，説明変数 X_i に加えて λ_i という変数が右辺に入ることです。λ_i は**逆ミルズ比**（inverse Mill's ratio）と呼ばれるもので，正規分布の確率密度関数 $f(●)$ と分布関数 $F(●)$ の比率として各サンプルについて算出できます。この逆ミルズ比の意味は詳しく後述しますが，ここでは「$Y_i^*>0$ のな

りにくさ」，すなわち，「潜在変数 Y_i^* がプラスで観測されずに 0 に変換される度合い」を示していると理解してください。重要なのは，この逆ミルズ比が(5)式にあるように，説明変数 X_i によって決まることです。

(5)式に従うと，観察される観測値のみを使った推定式は，逆ミルズ比 λ_i を説明変数に加えた以下の(6)式にすべきといえます。

$$Y_i = a + bX_i + c\lambda_i + u_i \tag{6}$$

ということは，逆ミルズ比 λ_i を説明変数に含めず(4)式を最小二乗推定することは，以下の(7)式のように，逆ミルズ比 λ_i を誤差項に含めて推定することを意味します（$v_i = c\lambda_i + u_i$）。

$$Y_i = a + bX_i + v_i = a + b\underbrace{X_i}_{} + \underbrace{(c\underbrace{\lambda_i}_{} + u_i)}_{誤差項} \quad \overset{相関}{} \tag{7}$$

このとき，上で強調したように逆ミルズ比 λ_i は説明変数 X_i によって決まるため，説明変数と誤差項には相関が生じてしまいます。つまり，(4)式の最小二乗推定量は誤差項が説明変数と独立という仮定を満たさず，一致性を持たず BLUE でなくなることになります。

◉ ヘーキットモデル

ヘーキットモデルについても同様のことが当てはまります。ヘーキットモデルの場合，観測される被説明変数 Y_i の期待値は以下のようにあらわされます（式の導出は複雑なので省略します）。

$$E(Y_i | M_i = 1) = a + bX_i + c\lambda_i \quad , \quad \lambda_i = \frac{f(\alpha + \beta Z_i)}{F(\alpha + \beta Z_i)} \tag{8}$$

(2)式にあるように，被説明変数 Y_i は条件 $M_i = 1$ を満たす場合にのみ観測されます。ここで(8)式には，トービットモデルのときと同様に，逆ミルズ比 λ_i が含まれます。ヘーキットモデルの場合，逆ミルズ比は，「$M_i = 1$ のなりにく

さ」，すなわち，「Y_i の観測のされにくさ」を示していると理解できます。

注目すべきは，ヘーキットモデルの場合，逆ミルズ比は説明変数 X_i ではなく，条件 $M_i=1$ を決める(3)式の説明変数 Z_i によって決まる点です。よって，観察される観測値のみを用いて(7)式を最小二乗推定すると，変数 Z_i と変数 X_i が相関していれば，誤差項と説明変数が独立でなくなってしまいます。通常，観測されるかどうかを決める変数 Z_i と，観測された場合の観測値に影響を与える説明変数 X_i は相関を持つことが多いと考えられます。このため，(7)式の最小二乗量は一致性を欠き，BLUE にならない可能性が高いといえます。

ここで，観測されている一部の観測値だけを用いた最小二乗推定で生じるバイアスを，**サンプルセレクションバイアス**（sample-selection bias）と呼びます。サンプルセレクションバイアスは，説明変数に含めるべき逆ミルズ比を含めていない点で，第5章で説明した欠落変数バイアスの一種とも解釈できます。

2.2　トービットモデルとヘーキットモデルの推定方法

トービットモデルとヘーキットモデルは，(1)式や(2)～(3)式の非線形モデルの構造を考慮した最尤法によって推定されることが一般的です。ただし，(5)式や(8)式のように逆ミルズ比を含んだ形での解釈が可能なことから，これらのモデルは，以下のように2段階のステップを踏んだ方法でも推定できます。

◉ 2段階推定の手順

最小二乗法だけを用いた推定では，逆ミルズ比を説明変数として含めていないために一致性がないという問題がありました。そこで，2段階推定では，まず，①プロビットモデルを最尤推定した結果から逆ミルズ比をサンプルごとに算出し，次に，②推定された逆ミルズ比を説明変数に加えた最小二乗推定を行うことで，一致性のある推定値を得ようとします。

2段階推定はトービットモデルでも可能ですが，実際にはヘーキットモデルで使われることが多いので，以下，ヘーキットモデルを用いて説明します。ヘーキットモデルの2段階推定は次のように行います。

▶ヘーキットモデルの2段階推定
① Y_i が観察されるときに1，それ以外に0をとるダミー変数 M_i を被説明変数，Z_i を説明変数とするプロビットモデルを最尤推定し，得られたパラメータから逆ミルズ比を算出する。

$$\Pr(M_i=1)=F(\alpha+\beta Z_i) \quad \rightarrow \quad \lambda_i=\frac{f(\alpha+\beta Z_i)}{F(\alpha+\beta Z_i)}$$

② 推定された逆ミルズ比を説明変数として元の推定式に含め，最小二乗法で推定する（ただし，不均一分散を考慮した頑健標準誤差を用いる）。

$$Y_i=a+bX_i+c\lambda_i+u_i$$

第1段階目のプロビットモデルは**セレクション関数**とも呼ばれます。セレクション関数のパラメータが推定されれば，それらを用いて逆ミルズ比をサンプルごとに算出できます。そこで，算出した逆ミルズ比を説明変数として元の推定式に含めるのが第2段階目の推定です。ただし，逆ミルズ比を説明変数に含めると，誤差項に不均一分散が生じることが知られているため，第2段階の最小二乗法では不均一分散を考慮した頑健標準誤差を用います。

2段階推定はプロビットモデル（最尤推定）と線形モデル（最小二乗推定）を組み合わせるため，推定がわかりやすいというメリットがあります。さらに，高年齢者の賃金関数の例で示したように，ヘーキットモデルには被説明変数が観察されるかどうか（就業するかしないか）を捉える第1段階と，観察される場合に被説明変数がどのように決まるか（就業する場合に賃金がどのように決まるか）を捉える第2段階の構造があります。2段階推定はこの構造と合致しているため，理解しやすいというメリットもあります。

◉ 逆ミルズ比の意味

トービットモデルやヘーキットモデルのように，サンプルの観察のされ方が特殊になっている場合に，逆ミルズ比という合成変数を説明変数に加えること

で，その特殊な観察のされ方を補正するのが2段階推定と捉えることもできます。それでは，逆ミルズ比とは何を意味するのでしょうか。

　ヘーキットモデルを例にしてみると，まず，逆ミルズ比は被説明変数が観察される確率（$F(\alpha+\beta Z_i)$）が分母に入っているため，「観察のされにくさ」を示します。よって，上の高年齢者の賃金関数の例では，賃金が観察される確率，すなわち，就業確率が高いほど逆ミルズ比は小さくなります。

　そう考えると，仮に，就業していない人ほど生産性が低いとしたら，逆ミルズ比は能力などの観察されない要因を代理する変数と解釈することもできます。だからこそ，逆ミルズ比を含めない推定を行うと，欠落変数バイアスあるいはサンプルセレクションバイアスが生じてしまうといえます。

　言い換えれば，ヘーキットモデルでは，観察されているという事実を1つの情報として積極的に活用することで，分析者には把握できない能力などの要因を代理指標で捉え，バイアスを除去するモデルとも解釈できます。

　なお，上述したように，サンプルセレクションバイアスは，逆ミルズ比が被説明変数と独立であれば生じません。また，被説明変数が逆ミルズ比の影響を受けず，観察されるときも観察されないときも潜在的には同じ値をとるような場合には，サンプルセレクションバイアスを考慮する必要はありません。つまり，推定に用いるサンプルが選定されていても，選定方法が無作為であれば，セレクションバイアスは生じません。逆に，生産性が高い人ほど観察されやすいといったように，サンプルの選定が一定の法則に沿っている場合にはサンプルセレクションバイアスが生じやすいといえます。

> **ポイント**
> ✓ 観察されている一部の観測値のみを用いて最小二乗推定を行うと，誤差項が説明変数と独立という仮定が満たされず，一致性が得られない。こうした問題はサンプルセレクションバイアスと呼ばれる。
> ✓ サンプルセレクションバイアスは，潜在変数の観測のされ方が無作為でなく，何らかの法則に従っているときに，大きくなりやすい。
> ✓ 一致性のある推定量を得るには，トービットモデルやヘーキットモデルを最

第9章 トービットモデルとヘーキットモデル 143

尤法で推定することが望ましい。あるいは，ヘーキットモデルでは，観察のされやすさをプロビットモデルで推定した結果から逆ミルズ比を算出し，逆ミルズ比を説明変数に含めた推定式を最小二乗推定する2段階推定が用いられることも多い。

3 各モデルの推定結果の見方

3.1 トービットモデル：ボランティア活動時間の決定

　トービットモデルの推定結果の見方は線形モデルの場合とほぼ同じです。また，推定結果は潜在変数を被説明変数にした式（$Y_i^* = a + bX_i$）の係数（パラメータ）が示されることが一般的ですが，トービットモデルの場合，潜在変数がプラスであればそのまま観察されるため（$Y_i = Y_i^*$），線形モデルと同じように限界効果として解釈できます。

　例として，『日本家計パネル調査（JHPS/KHPS）』の2013年の個票データを用いて，ボランティア活動時間がどのような要因によって決まるかをトービットモデルで推定した結果をみてみましょう。ここでは55歳未満の男女2,625人のデータをもとに，週当たりボランティア活動時間を被説明変数，雇用形態を示すダミー変数（ベースは非就業）や年齢，男性ダミー，既婚ダミーを説明変数とした推定式を推定します。

　ただし，被説明変数のボランティア活動時間は，活動をしたいと希望していても，仕事があったり機会がみつからなかったりして，実際には活動できないことも多いと考えられます。そこで，ボランティアの活動希望時間を潜在変数 Y_i^*，実際の活動時間を観測変数 Y_i として，観測変数にゼロが多いことを考慮したトービットモデルを最尤法で推定すると，以下のようになります。

$$\text{ボランティア活動時間} = -4.2\text{正規雇用ダミー} - 2.7\text{非正規雇用ダミー}$$
$$\phantom{\text{ボランティア活動時間} = }(1.4)^{***} \phantom{\text{正規雇用ダミー}} (1.2)^{**}$$

>   ＋0.3年齢 ＋0.1男性ダミー －0.1既婚ダミー
>   (0.1)***   (1.3)   (1.4)
>
>   ，対数尤度 -841.8，サンプルサイズ 2,625

注：1）***，**印は1％，5％水準で有意であることを示す。括弧内の数値は標準誤差。
　　2）定数項は掲載を省略。

　推定結果をみると，正規雇用ダミーと非正規雇用ダミーの係数が有意にマイナスとなっており，就業しているとボランティア活動時間が短くなることがわかります。これらの係数はボランティアを実施している人が追加的にどの程度活動時間を延ばすかを示す限界効果として解釈できるため，正規雇用の人は週4.2時間，非正規雇用の人は週2.7時間，就業していない人よりも活動時間（あるいは活動希望時間）が短いことがわかります。このほか，ボランティア時間は年齢が高いほど長い一方で，性別と婚姻状態の違いによっては変わらないことも読み取れます。

　このように，トービットモデルの推定結果は，線形モデルとほぼ同様に読むことができます。トービットモデルでは，どのような構造があるためにトービットモデルが用いられているかを意識するといいでしょう。

3.2　ヘーキットモデル：賃金関数の推定

　ヘーキットモデルの推定結果については，2段階法が用いられたときの見方に注意が必要です。そこで，第2章で扱った血液型による賃金の違いに関する検証をヘーキットモデルで推定した結果を例として取り上げます。

　第2章では，女性の賃金関数を推定する際に，賃金が就業している人しか観察されないというサンプルセレクションの問題は考慮していませんでした。この点を考慮するため，ヘーキットモデルとして推定すると，推定結果は以下のようになります。

> ▷第1段階（セレクション関数）
>   就業ダミー ＝ 0.07年齢 － 0.48既婚ダミー － 0.48未就学児ありダミー
>   (0.002)***   (0.003)***   (0.060)***

第9章　トービットモデルとヘーキットモデル　145

▷第2段階（賃金関数）
$ln 時給 = -0.005 年齢 + 0.097 O 型ダミー - 0.479 逆ミルズ比 + \cdots$
　　　　　　　(0.002)***　　(0.042)**　　　　(0.089)***

注：1）***，**印は1％，5％水準で有意であることを示す。括弧内の数値は頑健標準誤差。
　　2）その他の変数は掲載を省略。サンプルサイズは5,149。

　ここでは，まず，就業しているかどうかを示すダミー変数を被説明変数とした第1段階のセレクション関数について，プロビットモデルとして最尤推定した結果を載せています。次に，第1段階の推定結果から算出した逆ミルズ比を説明変数に加えた第2段階の賃金関数について，最小二乗推定した結果を載せています。ただし，ここでは主要変数のみの結果を掲載しています。また，第2段階の推定での不均一分散を考慮するため，頑健標準誤差を用いています。
　このように2段階推定では，各段階の推定結果が示されることが一般的です。このとき，注目すべきは，第2段階にある逆ミルズ比のパラメータが有意かどうかという点です。逆ミルズ比は被説明変数の観察のされ方を示しており，有意であればサンプルセレクションバイアスを考慮する必要があったと解釈できます。逆に有意でなければ，必ずしもサンプルセレクションバイアスは考慮しなくてもいいということになります。
　推定結果をみると，逆ミルズ比のパラメータは有意にマイナスになっています。つまり，女性の賃金関数を推定する際には，就業者しか観察されないというサンプルセレクションを考慮する必要があったといえます。また，逆ミルズ比は「観察のされなさ」を示しているため，そのパラメータがマイナスということは，就業確率の低い人ほど賃金が低いことを意味しています。
　ここから，就業していない人は潜在的な生産性が低く，就業したとしても賃金が低いために就業していない可能性も示唆されます。つまり，逆ミルズ比は，観察されない生産性の代理指標で，説明変数に加えることで欠落変数バイアスに対処していると解釈することもできます。
　なお，このほかの推定結果の見方はこれまでと変わらず，2段階目のパラメータはトービットモデルと同様に限界効果として解釈できます。

ポイント

- ✓ トービットモデルの推定結果の見方は線型モデルとほぼ同じである。ただし，どのような構造があるためにトービットモデルが用いられているかという点に注目する。
- ✓ ヘーキットモデルでは，第1段階（セレクション関数）と第2段階の両方の推定結果が示されることが多い。推定結果の中では，特に，逆ミルズ比のパラメータに注目するべきである。パラメータが有意であれば，線形モデルではサンプルセレクションバイアスが生じていたと解釈できる。また，逆ミルズ比のパラメータの符号条件から，どのようなセレクションが生じているかを解釈できる。

4 トービットモデルとヘーキットモデルの推定結果の例

4.1 トービットモデル：非正規雇用と健康状態の関係の把握

トービットモデルの最尤推定の例として，『日本家計パネル調査（JHPS/KHPS）』の2004〜10年の個票データを用いて，個人の健康状態が就業形態によって変わるかを推定した山本（2011）の結果をみてみましょう。

ここでは不健康の度合いを示す指標として，心身症状指標を用いています。『日本家計パネル調査』では調査対象者に，「イライラすることが多くなった」といった心身症状項目について，「よくある」・「ときどきある」・「ほとんどない」・「全くない」の4つのいずれがあてはまるかを回答してもらっています。そこで，11項目の心身症状を利用し，それぞれを0（全くない）から3（よくある）で点数化し，すべてを合計した心身症状指標（0〜33点）を被説明変数として利用しています。

ただし，心身症状指標のデータをみると，ゼロが多く含まれています。これは，不健康の度合い Y_i^* が悪化してもすぐには心身症状 Y_i としてあらわれず（$Y_i=0$），ある閾値を超えて初めて心身症状 Y_i が表れる（$Y_i=Y_i^*$）といった構造があるためと考えられます。この構造を捉えるにはトービットモデルが適し

ています。

そこで，心身症状指標を被説明変数，就業形態を示すダミー変数とその他の個人属性を説明変数としたトービットモデルを推定すると，推定結果は以下のようになります。

心身症状指標 ＝ 1.19不本意型非正規ダミー ＋ 0.01本意型非正規ダミー
　　　　　　　(0.36)**　　　　　　　　　　(0.20)

　　　　　　－ 0.08失業ダミー － 0.16非就業ダミー ＋ ⋯
　　　　　　　(0.49)　　　　　(0.22)

　　　　　　　　　　　　，対数尤度 －35,117.6，サンプルサイズ 10,941

注：1）**印は 5 ％水準で有意であることを示す。括弧内の数値は標準誤差。
　　2）その他の変数は掲載を省略。
出所：山本（2011）。

就業形態を示すダミー変数は正規雇用をベースとして，不本意型非正規雇用（希望していなかったが仕方なく非正規雇用を選択した場合），本意型非正規（希望して非正規を選択した場合），失業（職探し），非就業の 4 つのダミー変数を用いています。

結果をみると，不本意型非正規ダミーのみが有意にプラスになっていることがわかります。より具体的には，不本意に非正規雇用されていると，正規雇用よりも心身症状指標が1.19ポイント高くなることが示されています。また，その他の雇用形態については，いずれもダミー変数が有意でないため，正規雇用と心身症状の多さは変わらないこともわかります。この結果は，どの就業形態であっても自ら希望して選択できていれば心身症状が生じることはないものの，**希望せずに不本意に非正規雇用として就業していると，ストレスが大きくなり心身症状としてあらわれる**傾向を示唆しているといえます。

4.2　ヘーキットモデル：高年齢者の賃金関数の推定

ヘーキットモデルを 2 段階推定した例として，高年齢者の賃金関数を推定した樋口・山本（2002）をみてみましょう。樋口・山本（2002）は『高年齢者就業実態調査』（厚生労働省）の1992，1996，2000年の個票データを用いて，

55〜69歳の男性高年齢者16,237人の賃金関数を推定しています。ただし，55〜69歳の高年齢者の中には，引退している人も多いため，被説明変数の賃金は就業している人に限って観察されます。

そこで，サンプルセレクションバイアスに対処するため，推定はヘーキットモデルで行っています。推定結果を抜粋した図表9-2では，フルタイム雇用者とパートタイム雇用者の2通りの賃金関数を推定しています。図表9-2の上段は，第1段階のセレクション関数の推定結果，下段は第1段階の推定から算出した逆ミルズ比を説明変数に含めて，最小二乗法で賃金関数を推定した結果になります。

ここで第2段階の推定結果のうち，逆ミルズ比のパラメータをみると，いずれもマイナスで有意になっており，就業しているかどうかで潜在的な賃金水準に違いが生じることがわかります。つまり，就業者のデータのみを用いて最小二乗推定を行うと，サンプルセレクションバイアスが生じると指摘できます。

逆ミルズ比のパラメータはマイナスなので，就業確率の低い人ほど賃金が低くなる傾向があります。つまり，健康を害していたり生産性の低かったりする人ほど，早く引退している可能性があると推察されます。

このほかの推定結果をみると，転職経験があると賃金が大きく減少することや，55歳当時の企業規模が大きいほど賃金が高いことなどがわかります。また，第1段階の推定結果からは，居住地域の失業率が高いとパートタイムでの就業確率は変わらないものの，フルタイムでの就業確率は低くなることなどがわかります。

図表9-2　高年齢者の賃金関数に関するヘーキットモデルの推定結果

	(1) フルタイム	(2) パートタイム
第1段階（被説明変数＝就業ダミー）		
年齢	-0.389	-1.148
	(-2.05)	(-4.34)
年齢2乗	0.002	0.009
	(1.30)	(4.13)
ローン負担ダミー	0.599	0.456
	(10.13)	(5.34)
居住地域失業率	-0.224	-0.232
	(-2.15)	(-1.50)

	(1) フルタイム	(2) パートタイム
第2段階（被説明変数＝ ln 賃金月額）		
年齢	-0.012	-0.278
	(-0.30)	(-2.01)
年齢2乗	0.000	0.002
	(-0.52)	(1.70)
転職経験ダミー	-0.413	-0.954
	(-27.95)	(-12.09)
55歳当時の企業規模		
100-999人ダミー	0.111	0.079
	(10.20)	(1.94)
1000人以上ダミー	0.251	0.133
	(20.82)	(3.19)
逆ミルズ比	-0.051	-0.327
	(-3.30)	(-4.55)
サンプルサイズ	9,238	1,786

注：括弧内の数値は t 値。その他変数は掲載を省略。
出所：樋口・山本（2002）。

第10章
非線形モデルの実証分析の具体例
―― さまざまな推定結果の見方とその実践 2 ――

　本章では第Ⅱ部で取り扱ったモデルや推定方法を実践的に理解するための練習をしていきます。一般化最小二乗法や最尤法といった推定方法，さらには，プロビットモデル，順序ロジットモデル，多項ロジットモデル，トービットモデル，ヘーキットモデルといった非線形モデルを用いた推定結果を提示し，ポイントとなる事項を中心に，問いに答える形式で解説します。

> **本章の目標**
> ☐ 各節：非線形モデルの推定結果を実践的に理解できるようにする。
> ☐ 1節：変量効果モデルやプロビットモデルの推定結果を理解する。
> ☐ 2～4節：離散選択モデルやトービットモデル，ヘーキットモデルの推定結果
> 　　　　　を理解する。

1　一般化最小二乗法・プロビットモデル：動物園の入場者数は人気動物で増えるのか

　一般化最小二乗法やプロビットモデルの例として，動物園の生産構造や収益構造を検証した安部・野原（2014）を取り上げます。経済学では，企業は労働や資本などの生産要素をインプットとして用いて，財やサービスをアウトプットとして産出していると捉えます。その際のインプットとアウトプットの技術的な関係は，生産関数として表されることが一般的です。また，生産関数を推定することで，規模の経済性があるのか，生産効率を高める要因が何であるのか，といった点を検証することもあります。
　安部・野原（2014）は動物園に規模の経済性がみられるのか，どのような動物を保有すると生産効率が高まるのか，といった検証を行いました。具体的に

図表10-1　動物園の入場者数・収益の決定要因に関する推定結果

被説明変数	(1) ln 入場者数		(2) 黒字ダミー	
ln 従業員数	0.230***	(5.054)	0.028	(1.11)
ln 動物の総数	0.0589*	(1.798)	0.001	(0.05)
ln 面積	0.120***	(4.032)	0.005	(0.4)
民営ダミー	−0.0278	(−0.277)	0.386***	(2.72)
人気動物の頭数				
ライオン	−0.00112	(−0.270)	0.004	(1.07)
トラ	0.0258***	(2.885)	0.000	(0.04)
キリン	−0.0116	(−1.552)	0.000	(0.04)
ゾウ	0.00425	(0.226)	−0.005	(−0.39)
シロクマ	0.0504	(1.612)	−0.02	(−1.12)
コアラ	0.0153**	(2.156)	−0.012	(−1.00)
カンガルー	0.00229	(1.129)	−0.001	(−0.87)
パンダ	0.119***	(2.796)	0.103	(1.59)
サンプルサイズ	558		503	

注：1）括弧内の数値は t 値。***，**，*印は1％，5％，10％水準で有意であることを示す。
　　　(2)列の数値は限界効果。
　　2）その他の変数は掲載を省略。
出所：安部・野原（2014）。

は，入場者数を動物園のアウトプットとし，それを従業員数，動物の総数，敷地面積などのインプットや民営・公営の違いを示す民営ダミー，人気動物の頭数，地域ダミー，年ダミーなどで説明するコブダグラス型の生産関数を推定しました。利用データは，動物園を観測単位とした1980～2010年の5年間隔のパネルデータで，**図表10-1**の推定結果が得られています。

図表10-1の(1)列は，入場者数を被説明変数とした生産関数を変量効果モデルで推定した結果です。また，(2)列は，収益構造をみるため，黒字を示すダミー変数を被説明変数とした変量効果プロビットモデルの最尤推定結果を示しています。

これらの推定結果の読み方や推定方法・モデルの意味について，いくつかの問いに答える形式で考えてみましょう。

問A．(1)列で変量効果モデルを用いているのはなぜでしょうか？

推定では，同じ動物園が複数の時点で観測されるパネルデータを用いています。この場合，第6章で説明したように，同じ動物園の異なる時点間で誤差項の自己相関が生じやすく，誤差項の共分散ゼロという仮定が満たされにくくなります。このとき，通常の最小二乗法で推定してもパラメータの効率性が得られず，BLUEにはなりません。そこで，**図表10-1**では，変量効果モデルとして，パネルデータから生じうる誤差項の共分散の構造を考慮した一般化最小二乗法で推定しています。変量効果モデルとして推定することで，推定量に効率性が得られるようになります。

問B．(2)列でプロビットモデルを用いているのはなぜでしょうか？

ここでは動物園が黒字のときに1をとるダミー変数を被説明変数に用いています。第7章で説明したように，ダミー変数を被説明変数に用いた推定式を線形確率モデルとして最小二乗推定すると，誤差項の不均一分散が生じたり，被説明変数が1になる確率として予測値を解釈できなかったりする問題が生じます。こうした問題に対処するため，**図表10-1**では黒字になる確率を推定するプロビットモデルを用いています。

問C．動物園には規模の経済性はありますか？

規模の経済性とは，生産要素を増やすほど，産出量が生産要素の増加分以上に増えることを指します。自然対数をとったコブダグラス型の生産関数では，生産要素にかかる係数の和が1を超えると規模の経済性が働くことが知られています。そこで，**図表10-1**の(1)列の推定結果をみると，従業員数，動物の総数，面積の係数の和は0.4程度と1よりも小さくなっています。この点について，F検定で確認しても，係数の和が有意に1よりも小さいことが示されるため，推定結果からは動物園の規模の経済性はみられないと指摘できます。

問D．どのような人気動物が入場者数をどのくらい増やしますか？

(1)列の推定結果をみると，トラ，コアラ，パンダの3つの人気動物の頭数が有意にプラスになっており，係数の大きさから，**入場者数はトラが1頭増えると2.6%，コアラは1.5%，パンダは12%増加する**ことが示せます。一方，ライオンやキリン，ゾウ，シロクマなどは有意な係数が得られず，保有頭数によって入場者数は変わらないことになります。

問E．人気動物は黒字に貢献しますか？

黒字確率をプロビットモデルで推定した(2)列をみると，人気動物の頭数はいずれも有意な係数が得られていません。つまり，トラやコアラ，パンダといった**入場者数を増やす人気動物であっても，頭数を増やすことで黒字確率を有意に高めることはないと解釈できます**。これは，パンダを筆頭に，人気動物を保有することのコストが非常に大きく，入場者数の増加による収入増加では見合わないことを示していると解釈できます。

問F．民営ダミーに関する推定結果からどのようなことがいえますか？

民営ダミーは入場者数に対しては有意ではない一方で，黒字確率に対しては有意にプラスになっており，限界効果からは，**民営動物園のほうが黒字確率が38.6%程度高い**ことも示されます。これは公営動物園の場合，入場者数は民営と変わらないものの，入場料を低く設定しているために，民営動物園よりも利益が悪くなってしまう構造が反映されているものと推察できます。

2　各種非線形モデル：属性によって授業成績は違うか

第7～9章ではプロビットモデルや順序ロジットモデルのほか，トービットモデルやヘーキットモデルといったさまざまな非線形モデルを扱いました。こ

れらの推定結果に慣れるため，大学生の成績をデータに用いて各種の非線形モデルを推定した figures10-2 をみてみましょう。

図表10-2は，筆者が担当した2013年度の計量経済学各論（ミクロ計量経済学）という授業を履修した276名の属性や成績などのデータを用いて，どのような履修者が計量経済学で良い成績をとるのかを検証しています。

被説明変数について，(1)列は4段階の評定（A～D）のうち最も高い評定Aをとった場合に1をとる評定Aダミー，(2)列は4段階の評定を4～1に数値化したもの，(3)～(4)列は期末試験得点（ただし未受験者の得点は0），(5)～(6)列も期末試験得点（ただし未受験者はサンプルに含めない）となっています。説明変数は列によって組み合わせは少し異なりますが，3年生であることを示す3年生ダミー，女性であることを示す女性ダミー，山本ゼミ（筆者が担当する少人数演習クラス）に所属していることを示す山本ゼミダミー，授業内レポー

図表10-2　大学生の成績に関する各種モデルの推定結果

被説明変数	(1) 評定Aダミー	(2) 評定(4段階)	(3) 期末試験得点(未受験者は0)	(4) 期末試験得点(未受験者は0)	(5) 期末試験得点(受験者のみ)	(6) 期末試験得点(受験者のみ)
モデル	プロビット	順序ロジット	線形	トービット	ヘーキットセレクション	期末試験得点
3年生ダミー	0.24***	1.48***	12.67***	14.89***	0.38	4.53
	(0.05)	(0.27)	(2.31)	(2.93)	(0.24)	(3.55)
女性ダミー	-0.02	-0.09	0.13	0.41	0.19	-2.51
	(0.07)	(0.27)	(2.28)	(2.69)	(0.31)	(3.28)
山本ゼミダミー	0.46***	2.09***	13.68***	14.81***		9.00*
	(0.11)	(0.49)	(2.26)	(2.39)		(4.96)
授業内レポート提出ダミー						
第1回					0.79***	
					(0.28)	
第2回					0.40	
					(0.29)	
第3回					0.83***	
					(0.29)	
逆ミルズ比						-22.25***
						(6.40)
擬似決定係数	0.12	0.08	0.17	0.02	0.31	－

注：括弧内の数値はロバスト標準誤差。***，**，*印は1％，5％，10％水準で有意であることを示す。(1)列と(5)列のプロビットモデルは限界効果を掲載。(2)列の順序ロジットモデルで推定された閾値は0.17，1.22，2.23。サンプルサイズは276（期末試験受験者は239名）。定数項は掲載を省略。
出所：筆者作成。

ト（1～3回）の提出の有無を示すダミー変数を用いています。

この表から何がわかるでしょうか。問いに答える形式で考えてみましょう。

問A．なぜ(1)列と(2)列で適用するモデルが異なるのでしょうか？

(1)～(2)列はともに評定を被説明変数にしていますが，(1)列はAあるいはB～Dの2つの分類を被説明変数として，評定Aをとる確率を推定するプロビットモデルを適用しています。これに対して，列(2)は評定が4段階あること，すなわち，D，C，B，Aという順序で評定がよくなることに着目し，良い評定をとる確率を推定する順序ロジットモデルを適用しています。**プロビットモデルでは評定Aのみに注目している一方で，順序ロジットモデルでは4段階の評定を区別した推定を行っている**ともいえます。

問B．どのような学生が優れた評定をとりやすいですか？

(1)～(2)列の推定結果をみると，ともに3年生ダミーと山本ゼミダミーが有意にプラスになっています。注に記されているように，(1)列はプロビットモデルの限界効果を示しているため，**3年生は4年生よりも評定Aをとる確率が24%，山本ゼミであれば46%高い**と解釈できます。4年生よりも3年生のほうが熱心に計量経済学を習得しようとする意欲があったり，ゼミの担当教員の授業単位は落とせないので熱心に学習する傾向があったりすることが推察されます。

(2)列は順序ロジットモデルのため係数の大きさを解釈することはできませんが，評定Aをとる確率だけでなく，B～Dを区別した4段階でみても3年生や山本ゼミであると優れた評定をとりやすい傾向があると指摘できます。なお，いずれのモデルでも女性ダミーは有意でないため，男女による評定の違いは見られないこともわかります。

156 第Ⅱ部 最小二乗法から最尤法・非線形モデルへの発展

問C．順序ロジットモデルの閾値から何がわかりますか？

　注にある順序ロジットモデルの閾値から，潜在変数が0.17未満だと評定D，0.17～1.22で評定C，1.22～2.23で評定B，2.23以上で評定Aが観察されることがわかります。対応する潜在変数の幅は評定Bよりも評定Cのほうが若干大きいため，評定Cをとる確率が高い可能性や，潜在変数がかなり大きくならないと評定Aはとりにくい可能性があることもわかります。

問D．(3)列の線形モデルの推定結果はBLUEといえますか？　また，(4)列ではなぜトービットモデルを用いているのですか？

　(3)列では被説明変数に期末試験得点を用いていますが，試験を受験していない履修者の得点は0点としています。このため，期末試験を受験していない履修者が多ければ，0の観測値が多く含まれることに留意する必要があります。注にあるように，定期試験の受験者は239名なので，未受験者は履修者の13.4％の37名と少なくないことがわかります。

　ここで，計量経済学に関する学習到達度を潜在変数 Y_i^*，期末試験得点を観測変数 Y_i とすると，学習到達度が一定水準よりも高い履修者のみが期末試験を受験し，一定水準以下の履修者が受験せずに0が観察される構造があると予想できます。つまり，第9章で扱ったトービットモデルを適用することが適切と考えられます。

　こうした構造を考慮せずに線形モデルとして最小二乗法で推定した(3)列は一致性がなく，BLUEとはいえません。これに対して，(4)列では0に変換されて観察される観測値が多いことを考慮したトービットモデルとして最尤推定を行っているため，一致性があるとみなせます。

　(4)列のトービットモデルの推定結果をみると，3年生ダミーと山本ゼミダミーが有意にプラスになっており，期末試験得点は，3年生であれば14.9点，山本ゼミであれば14.8点高いことがわかります。なお，(3)列の線形モデルの推定結果も有意な変数は変わりませんが，係数が若干異なっており，その違いが

バイアスであると解釈できます。

問E．ヘーキットモデルの(5)列ではどのような推定を行っていますか？

(5)〜(6)列も期末試験得点を被説明変数にしていますが，未受験者の扱いが(3)〜(4)列と異なり，観察されないものとしています。つまり，(5)〜(6)列では観察された受験者のみの期末試験得点を用いた推定を行っています。

しかし，学習到達度の低い人ほど（あるいは優れた成績がとれる自信のない人ほど），期末試験を受験しない傾向があるとしたら，受験者のみをサンプルに用いるとサンプルセレクションバイアスが生じる可能性があります。

そこで(5)列では，ヘーキットモデルの2段階推定の1段階目として，期末試験得点が観察される確率，すなわち，受験確率をプロビットモデルで推定しています。具体的には，期末試験を受験した場合に1，受験しなかった場合に0をとるダミー変数を被説明変数，履修者の属性と授業内レポートの提出ダミーを説明変数とした推定式を最尤法で推定しています。

推定結果をみると，履修者の属性は受験確率に影響を与えない一方で，第1回と第3回の授業内レポートを提出している履修者の受験確率が高くなっていることがわかります。授業が始まった時期から出席していた人だけでなく，授業の終わる時期まで出席していた人は，学習到達度が高く，期末試験を受験しやすい傾向があるといえます。

問F．ヘーキットモデルの推定では，サンプルセレクションバイアスは考慮すべきだったといえますか？

(5)〜(6)列のヘーキットモデルの推定結果のうち，(6)列は第2段階目を示しており，被説明変数として期末試験得点，説明変数として個人属性と逆ミルズ比を用いています。逆ミルズ比は(5)列の第1段階のプロビットモデルの推定結果から履修者ごとに算出したもので，「受験しない度合い」を示していると解釈できます。

推定結果をみると，逆ミルズ比は有意にマイナスになっており，①サンプルセレクションバイアスは考慮すべきであったことや，②受験確率の低い人ほど潜在的な計量経済学の学習到達度（あるいは期末試験得点）が低いことがわかります。言い換えれば，期末試験の受験者と未受験者は無作為に分かれているわけではなく，受験者のみを用いた推定を行うと，サンプルセレクションバイアスが生じ，一致性のない推定結果を得ることになってしまうと指摘できます。

　また，(6)列の推定結果をみると，個人属性で有意なのは山本ゼミダミーだけになっています。つまり，3年生で期末試験得点が高いという(3)〜(4)列の結果は，受験の有無を考慮すると見出せなくなります。このことは，期末試験の得点が3年生ほど高かったのは受験確率が高いことから生じており，受験の有無をヘーキットモデルで考慮すると，学年による期末試験得点の違いはみられないことを示しているとも解釈できます。

　なお，図表10-2ではプロビット，順序ロジット，トービット，ヘーキットといったさまざまなモデルを推定していますが，いずれかが適切というわけではなく，被説明変数のタイプや目的に応じて，さまざまなモデルを適用していると考えて下さい。

3　多項ロジットモデル：買手独占が生じていると就業は抑制されるのか

　第8章では2つ以上の順序のない選択肢の中から1つを選択する行動を捉えるモデルとして，多項ロジットモデルを扱いました。多項ロジットモデルは推定結果の解釈が難しいため，以下，女性の就業形態と就業地の選択行動を推定した大野・山本（2011）を例に，実践的な理解を試みましょう。

　一般に，個人の通勤時間には限りがあるため，労働市場は地理的に限定される傾向があります。特に，パートタイム雇用者として就業する女性の多くは，子育てや家事に充てる時間が長いため，居住地の近くでの就業を余儀なくされると考えられます。このとき，居住地の労働市場でパートタイム雇用者を採用する企業の数が少なく，買手独占・寡占が生じていると，賃金が低く設定され

る可能性があります。このため，地域寡占の度合いが大きい地域では，低賃金を避け，女性がその地域でのパートタイム雇用を選択せず，代わりに就業しないことを選択したり，地域寡占の影響を受けにくい他の地域での就業やフルタイムでの就業を選択したりする傾向があると考えられます。

こうした地域寡占の就業形態・就業地選択への影響をみるため，大野・山本（2011）は2006〜08年の『日本家計パネル調査（JHPS/KHPS）』の延べ5,500人程度の女性のデータを用いて，就業形態の選択肢（パートタイム雇用・フルタイム雇用・非就業）と就業地の選択肢（居住市区町村とそれ以外）を組み合わせた5つの選択肢からなる多項ロジットモデルを推定しました。

推定結果は**図表10-3**のとおりです。推定では地域寡占の度合いを表す指標として市区町村単位での事業所の集中度を示すハーフィンダール指数を用いています。この指標が高いほど，地域寡占の度合いが高く，パートタイム雇用者の賃金が低く抑えられている可能性が高いと考えられます。

この表から何がわかるかを，問いに答える形式で考えてみましょう。

図表10-3 女性の就業形態・就業地の選択に関する多項ロジットモデルの推定結果

被説明変数＝就業形態・就業地選択	パートタイム雇用者		フルタイム雇用者		非就業
	居住市区町村	他の市区町村	居住市区町村	他の市区町村	
地域寡占度	-0.289^{***}	-0.025	0.129^{**}	0.097^{***}	0.088
（ハーフィンダール指数）	(0.11)	(0.05)	(0.05)	(0.03)	(0.09)
大卒ダミー	-0.127^{***}	0.035^{*}	-0.008	0.060^{**}	0.040
	(0.02)	(0.02)	(0.02)	(0.02)	(0.04)
短大・高専卒ダミー	-0.028	0.006	-0.014	0.003	0.033
	(0.02)	(0.01)	(0.02)	(0.01)	(0.03)
既婚ダミー	0.078^{***}	0.009	-0.185^{***}	-0.152^{***}	0.250^{***}
	(0.03)	(0.01)	(0.03)	(0.03)	(0.04)
未就学児ありダミー	-0.145^{***}	-0.047^{***}	-0.081^{***}	-0.057^{***}	0.331^{***}
	(0.02)	(0.01)	(0.01)	(0.01)	(0.02)
擬似決定係数			0.163		
サンプルサイズ			5,463		

注：1）***, **印は1％，5％水準で有意であることを示す。限界効果を掲載しており，括弧内の数値は標準誤差。
　　2）その他変数は掲載を省略。
出所：大野・山本（2011）をもとに筆者が修正・再推定。

問Ａ．なぜすべての選択肢の推定結果が掲載されているのでしょうか？

　第8章で説明したように，多項ロジットモデルの係数は，ベースとなる選択肢との差としてしか識別されません。このため，係数を報告している場合には，推定結果はベースとなる選択肢以外の選択肢について示されることになります。しかし，限界効果については，ベースを含めたすべての選択肢について計算できるため，図表10-3でもすべての選択肢についての限界効果が推定結果として掲載されています。

問Ｂ．地域寡占度が高いと労働者はどんな選択をするのでしょうか？

　地域寡占度の限界効果をみると，居住市区町村でのパートタイム雇用で有意にマイナス，フルタイム雇用で有意にプラスとなっています。より詳しくみると，地域寡占度が高いと，女性労働者はその地域でのパートタイム雇用を選択する確率を28.9%低め，代わりに，フルタイム雇用を選択する確率を居住市区町村で12.9%，他の市区町村で9.7%高めることが示されています。このことは，地域寡占度が高い地域に居住する女性は，居住市区町村でのパートタイム賃金が低くなりやすいことを予想し，パートタイム雇用を選択しない傾向があらわれていると解釈できます。

問Ｃ．大卒女性はどのような選択をとる傾向にあるでしょうか？

　地域寡占度以外の説明変数として，学歴による就業形態・就業地の選択の違いをみてみると，大卒ダミーは居住市区町村でのパートタイム雇用で有意にマイナス，他の市区町村でのパートタイム雇用とフルタイム雇用で有意にプラスになっていることがわかります。ここで学歴に関するダミー変数のベースは中卒・高卒と推測できるため，中卒・高卒と比べて大卒の女性労働者は，居住地の外の市区町村での就業を選択する確率が高いと解釈できます。

> 問D．未就学児がいる女性はどのような選択をとりやすいでしょうか？

　未就学児ありダミーの限界効果は，非就業で有意にプラスになっている一方で，パートタイム雇用とフルタイム雇用は居住市区町村かどうかを問わず有意にマイナスになっています。限界効果の大きさからは，**未就学児を持つ母親はフルタイムでもパートタイムでも就業せず，非就業を選択する確率が33.1%高い**ことが示されます。日本で育児中の女性の就業率が低くなる傾向が反映された結果といえます。

4　演習問題

　以下，トービットモデルやヘーキットモデルの推定例を紹介します。演習問題として，解いてみてください。

4.1　賃金の下方硬直性の度合い【トービット】

　経済学では名目賃金は不況期でも低下しにくいという下方硬直性があると古くから指摘されています。日本でも，バブル崩壊後の「失われた10年」の期間に名目賃金がなかなか低下せず，そのために実質賃金が高止まりした可能性があります。こうしたことを確認するため，黒田・山本（2006）は，『消費生活に関するパネル調査』（家計経済研究所）の1993〜98年の個票データを用いて，名目賃金がどの程度下がりにくかったかを推定しました。

　具体的には，潜在変数がある水準以下だと観測値が0に変換されるトービットモデルの応用として，さらに潜在変数がある水準に達すると0に変換されずに潜在変数に近い値が観測されるようになる**フリクションモデル**（friction model）を推定しました。フリクションモデルは，やや複雑にはなりますが，考え方や推定結果の見方はトービットモデルと大きくは変わりません。この例でのフリクションモデルは次の式であらわされます。

$$Y_i = \begin{cases} Y_i^* & if \quad 0 \leq Y_i^* \\ 0 & if \quad -\alpha < Y_i^* \leq 0 \\ Y_i^* + \lambda & if \quad Y_i^* \leq -\alpha \end{cases} \quad \text{ただし,} \quad Y_i^* = a + bX_i + u_i \quad (1)$$

ここで,潜在変数 Y_i^* は名目賃金の下方硬直性がないときの名目賃金変化率で,$Y_i^* = a + bX_i + u_i$ として決定されます。この潜在変数は,下方硬直性があ

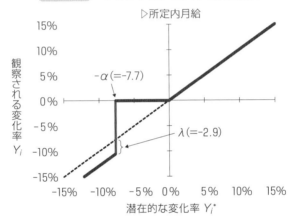

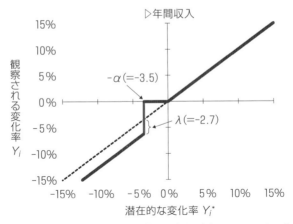

図表10-4　フリクションモデルの推定結果

注:所定内月給および年間収入を用いて(1)式を推定した結果のうち,パラメータ α と λ をもとに作成。
出所:黒田・山本(2006)第2章。

るために，被説明変数 Y_i として次のような観察のされ方をします。

まず，潜在的な名目賃金変化率がプラスのときは（$0 \leq Y_i^*$），その値がそのまま観察されます。次に，潜在的な名目賃金変化率が $-\alpha$ ～ 0 ％のとき（$-\alpha < Y_i^* \leq 0$），すなわち α ％未満の賃下げが必要とされるときは，実際には賃下げは行われず，賃金が据え置かれ 0 ％の変化率が観察されます。しかし，潜在的な名目賃金変化率がさらにマイナス幅を拡げて $-\alpha$ ％以下になると（$Y_i^* \leq -\alpha$），潜在的な変化率に λ ％を加えた変化率（$Y_i^* + \lambda$）が観察されます。

つまり，トービットモデルでは，潜在的な名目賃金変化率がマイナスになると一律 0 ％が観察されるのに対して，フリクションモデルでは，マイナス幅がある下限（α）を超えれば，潜在的な変化率に近い値が観察されます。フリクションモデルの推定では，下方硬直性の下限を示すパラメータ α と追加的な賃下げの大きさを示すパラメータ λ も一緒に推定されます。

図表10-4 は(1)式のフリクションモデルを所定内月給と年間収入（所定内月給＋残業等手当＋賞与）の 2 通りの賃金について推定し，そこから得られたパラメータ α と λ をもとに，潜在変数と観察変数の関係を図示したものです。この図をもとに，以下の問いに答えてください。

> 問A．所定内月給が据え置かれるのは，必要とされる賃下げが何％程度までの範囲ですか？また，年間収入では何％程度までですか？
> 問B．所定内月給と年間収入ではどちらの下方硬直性が大きいといえますか？また，なぜそうなっていると推察できますか？
> 問C．賃下げが生じる時には，潜在的な値よりもどのくらい追加的に減少しますか？

4.2　朝食の種類と大学生の生活満足度【ヘーキット】

朝食は毎朝とったほうが健康や学業成績，仕事のパフォーマンスにいいと言われていますが，どのような種類の朝食が望ましいのでしょうか。栗山・武藤（2015）は大学生200人を対象にしたアンケート調査データをもとに，お米やパ

図表10-5 朝食の種類が生活満足度に与える影響

	被説明変数	
	(1)朝食摂取ダミー	(2)生活満足度
朝食種類ダミー（ベース＝お米）		
パン食ダミー		−0.0122 (−0.0987)
シリアルダミー		0.597** (2.156)
飲み物ダミー		−0.0443 (−0.137)
その他ダミー		−0.638** (−2.096)
国公立大学ダミー	1.941* (1.921)	−0.223 (−0.917)
実家暮らしダミー	2.240*** (3.067)	0.111 (0.726)
外食平均回数	−0.108* (−1.947)	0.0196 (0.780)
理系ダミー	−1.507*** (−2.584)	
男性ダミー	−0.0817 (−0.184)	
逆ミルズ比		0.336 (0.909)

注：1）括弧内の数値は t 値。***，**，*印は1％，5％，10％水準で有意であることを示す。(1)列は係数を掲載。
　　2）その他の変数は掲載を省略。サンプルサイズは200。
出所：栗山・武藤（2015）。

ンといった朝食の種類によって生活満足度が異なるかを検証しました。

しかし，大学生には朝食を摂取しない人も多いため，朝食をとっているサンプルのみを用いて，朝食の種類が生活満足度に与える影響を推定すると，サンプルセレクションバイアスが生じる可能性があります。そこで，推定はヘーキットモデルを適用しており，2段階推定の結果を**図表10-5**に示しています。

図表10-5の(1)列は，朝食摂取習慣がある人は1をとるダミー変数を被説明変数に用いたプロビットモデルの推定結果です。(2)列は生活満足度（数値が大きいほど満足度が高い指標）を被説明変数に用いた線形モデルの推定結果です。これらの推定結果をもとに以下の問いに答えてください。

問A．どのような大学生が朝食を摂取する習慣があるといえますか？
問B．(2)列の逆ミルズ比はどのような変数ですか？
問C．サンプルセレクションバイアスは考慮する必要はありますか？
問D．どのような朝食をとっていると生活満足度が高いといえますか？

第III部

因果関係の特定と
ミクロ計量経済分析の応用

第 11 章
操作変数を用いた因果関係の特定
―― 同時決定・内生性バイアスとその対処方法 ――

第Ⅱ部では，最小二乗法を用いた推定がBLUEにならないときの対処法として，さまざまな推定方法や非線形モデルを扱いました。第Ⅲ部では，引き続き，最小二乗法を用いた線形モデルを発展させたケースを扱うとともに，因果関係の特定などに焦点を当てます。本章では，同時決定・内生性バイアスによって逆の因果関係が生じているケースを取り上げ，その対処方法として2段階最小二乗法や操作変数法などの操作変数を用いた推定を扱います。

本章の目標

□ 1節：同時決定・内生性バイアスがどのような問題で，どのようなときに生じやすいかを理解する。

□ 2節：同時決定・内生性バイアスへの対処法として，操作変数を用いた2段階最小二乗法や操作変数法などがあることを理解する。また，適切な操作変数とは，説明変数と相関があり，被説明変数の影響を直接受けないものであることを理解する。

□ 3～4節：操作変数を用いた2段階最小二乗法や操作変数法の推定結果を正しく読み取れるようにする。

---

1 同時決定・内生性バイアスの仕組み

第2章や第5章で述べたように，推定式では，説明変数が原因で，被説明変数が結果であること，つまり，説明変数が被説明変数に影響を与えることが想定されています。しかし，**現実経済で観察されるデータは相互に密接に関係しており，被説明変数と説明変数が相互に影響し合っていることは少なくありません**。

図表11-1　説明変数と被説明変数の間の2つの因果関係

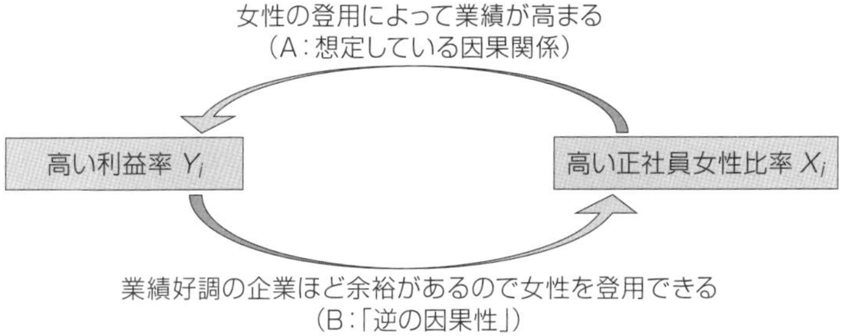

女性の登用によって業績が高まる
（A：想定している因果関係）

高い利益率 Y_i　　　　　高い正社員女性比率 X_i

業績好調の企業ほど余裕があるので女性を登用できる
（B：「逆の因果性」）

出所：筆者作成。

　例えば，企業で女性の登用を進め，正社員に占める女性の比率を高めるほど，利益率が高まるかを検証することを考えてみましょう。女性の登用を進める企業ほど，これまで男性中心で進めてきた製品開発やマーケティング戦略を見直し女性の視点を活かすことによって，業績が高まる可能性があります。この可能性を計量経済分析によって裏付けることができれば，女性が登用されていない企業に対して，エビデンスをもとに女性活躍推進の効果を示せるはずです。

　このとき，企業のデータを用いて，被説明変数を利益率，説明変数を正社員女性比率とする推定式を最小二乗法で推定し，正社員女性比率のパラメータが有意に正になるかを確認する研究計画が考えられます。しかし，女性の活躍推進が社会的な要請を受けているとしたら，大企業や優良企業といった利益率の高い企業ほど，女性の登用を進める余裕があると予想されます。

　この場合，説明変数として用いている正社員女性比率は，被説明変数の利益率から影響を受けることになり，図表11-1のように，逆の関係性が生じてしまいます。つまり，「女性の登用によって業績が高まる」（A）といった因果関係だけでなく，「業績好調の企業ほど余裕があるので女性を登用できる」（B）といった因果関係も存在するといえます。

　こうした因果関係（B）を「**逆の因果性**」（reverse causality）と呼びます。逆の因果性にはどのような問題があるのでしょうか。以下，推定結果の解釈と推定バイアスの2つの視点からみてみましょう。

◉ 推定結果の解釈に関する問題点

　上の2つの因果関係のうち、後者（B），すなわち，利益率の高い企業ほど女性を登用できるといった逆の因果性しかないとしたら，推定結果はどのように解釈すべきでしょうか。このとき，たとえ説明変数である正社員女性比率のパラメータが有意に正で推定されたとしても，それは逆の因果性（B）を反映したものであって，女性を登用することは必ずしも業績向上にはつながらないといえます。つまり，得られた推定結果は女性登用によって業績が高まるという女性活躍の効果（A）のエビデンスとしては使えません。

　逆の因果性が強い場合，説明変数と被説明変数の間の相関が大きいため，回帰分析を行うと有意なパラメータが得られます。しかし，このときの有意なパラメータは2つの因果関係の双方が反映された相関関係によってもたらされていることに留意すべきです。相関関係を把握することも重要ですが，正しい因果関係を特定できないと，政策判断に用いるような含意やエビデンスとしては活用できません。

◉ 推定上の問題点

　逆の因果性が存在するときには，推定上の問題も生じます。具体的には，推定パラメータがBLUEでなくなり，同時決定バイアスあるいは内生性バイアスと呼ばれるバイアスが生じてしまいます。

　この点は第5章でも説明しましたが，上の例を用いて，利益率を Y_i，正社員女性比率を X_i とした推定式を考えてみましょう。ここで，正しい因果性（A）は利益率 Y_i を被説明変数，正社員女性比率 X_i を説明変数とした(1)式の推定式で示されます。しかし，その背後には，逆の因果性（B）として，正社員女性比率 X_i が被説明変数，利益率 Y_i が説明変数となる(2)式も存在します。

$$Y_i = a + b X_i + u_i \tag{1}$$

$$X_i = \alpha + \beta Y_i + v_i \tag{2}$$

（相関）

このとき，好景気などの外部要因によって企業の売上高や利益が増加するような誤差項 u_i の増加があったとすると，企業の利益率 Y_i は高まります（$u_i\uparrow \Rightarrow Y_i\uparrow$）。ただし，(2)式にあるように，利益率 Y_i が高まると正社員女性を増やすという行動もとられるため，正社員女性比率 X_i が上昇します（$Y_i\uparrow \Rightarrow X_i\uparrow$）。

そうなると，(1)式では説明変数 X_i と誤差項 u_i の間に相関が生じてしまい（$u_i\uparrow \Rightarrow Y_i\uparrow \Rightarrow X_i\uparrow$），誤差項が説明変数と独立という誤差項の仮定3が満たされなくなります。誤差項の仮定3が満たされないとき，推定パラメータは一致性が得られず，BLUE とはいえなくなります。

見方を変えると，(1)式では正社員女性比率 X_i を説明変数として用いているので外生変数でなければいけないものの，実際には(2)式のように，利益率 Y_i によって決まる内生変数になっていて，正社員女性比率 X_i と利益率 Y_i が同時に決定されているといえます。第5章でも説明しましたが，こうしたバイアスは**同時決定バイアス**（simultaneous bias）あるいは**内生性バイアス**（endogeneity bias）といわれます。同時決定・内生性バイアスは一致性の無さから生じるものなので，第9章のトービットモデルやヘーキットモデルの例と同様に，推定上の問題としては深刻といえます。

> **ポイント**
> ✓ 統計的に有意な相関関係があっても，逆の因果性を反映している可能性があることに留意する。政策含意に結びつけるエビデンスを得るには，因果関係の特定が重要である。
> ✓ 逆の因果性が存在すると，誤差項が説明変数と独立であるという BLUE のための仮定が満たされないため，最小二乗推定量は一致性を持たず，同時性・内生性バイアスが生じる。

2 操作変数を用いた推定の仕組み

一般に,逆の因果性が生じていたり,説明変数が内生変数になっていたりする場合には,**2段階最小二乗法**(Two-Step Least Square；2SLS)や**操作変数法**(Instrument Variable；IV)といった推定方法が用いられます。以下,これらの推定方法を説明します。

◉ 操作変数を用いた推定方法の概要

逆の因果性は,説明変数 X_i が被説明変数 Y_i の影響を受けることから生じます。しかし,**説明変数 X_i と被説明変数 Y_i のデータを観察しても,相関関係は把握できますが,因果関係を識別することはできません**。例えば,正社員女性比率が高い企業ほど利益率が高いという相関関係が観察されても,正社員女性比率と利益率のいずれが原因と結果になっているかはわかりません。

このため,因果関係を特定するためには,どうしても追加的な情報(データ)が必要となります。そこで,2段階最小二乗法や操作変数法では,追加的な情報を**操作変数**(instrument variable)という変数として利用します。操作変数には,さまざまなものを用いることができますが,適切な操作変数としては図表11-2で示した2つの条件が必要になります。

上の例では,説明変数が正社員女性比率,被説明変数が利益率なので,操作変数は正社員女性比率に影響を与え,利益率の影響を受けないことが条件となります。そうした変数の候補として,同業他社の平均的な正社員女性比率などが挙げられます。同業他社で女性登用を進めていれば,その影響を受けて企業は自社の女性比率を高める可能性があります。また,自社の利益率が高まっても,同業他社の正社員女性比率は変わりにくいと考えられます。

図表11-2　適切な操作変数の条件

条件1	説明変数 X_i に影響を与える
条件2	被説明変数 Y_i からの影響は直接受けない

出所:筆者作成。

2段階最小二乗法では、こうした操作変数を用いて、以下のような2段階の推定を行います。

> ▶操作変数を用いた推定方法（2段階最小二乗法）
> ① X_i を被説明変数、操作変数 Z_i を説明変数とする式を**最小二乗法**で推定し、X_i の予測値 $\hat{X}_i$ を算出する。
> $$X_i = \alpha' + \beta' Z_i + e_i \rightarrow \hat{X}_i = \alpha' + \beta' Z_i$$
> ② 算出した**予測値 $\hat{X}_i$ を X_i の代わりに説明変数として用いて**、本来の推定式を推定する。
> $$Y_i = a + b\hat{X}_i + u_i$$

下で詳しく説明するように、こうして推定した $\hat{X}_i$ のパラメータ b は逆の因果性の影響を受けておらず、一致性のある推定量になります。また、詳細な解説は省略しますが、操作変数法は、これら2つの段階を同時に推定するもので、2段階最小二乗法とほぼ同様の結果が得られます。なお、2段階最小二乗法の2段階目の推定をそのまま行うと標準誤差が正しく算出されない問題があるため、統計ソフトのコマンドとして用意されている2段階最小二乗法や操作変数法を使うことが望ましいでしょう。

◉ なぜ因果関係が特定できるのか

操作変数を用いて上述の2段階の推定を行うと、なぜ逆の因果性の問題に対処できるのでしょうか。ポイントは**第1段階の推定において、問題となっている説明変数 X_i ($= \alpha' + \beta' Z_i + e_i$) を操作変数で説明できる部分 $\hat{X}_i$ ($= \alpha' + \beta' Z_i$) とそれ以外の部分 e_i（誤差項）に分解し、前者のみを第2段階の推定に用いる**ところにあります。

逆の因果性は、説明変数 X_i が被説明変数 Y_i の影響を受けるために生じます。このため、説明変数の情報の中から Y_i の影響を受けない部分だけを抽出し、その部分だけを説明変数として用いれば、逆の因果性の問題は生じなくなります。ここで、操作変数 Z_i は図表11-2に示したように、被説明変数 Y_i の

図表11-3　操作変数を用いた2段階推定のイメージ

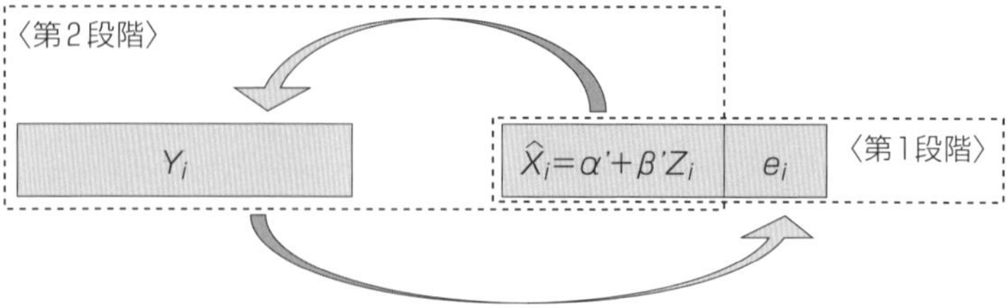

〈第2段階〉　Y_i　　　$\hat{X}_i = \alpha' + \beta' Z_i$　e_i　〈第1段階〉

注：筆者作成。

影響を直接受けないといった条件があるため，操作変数 Z_i によって説明される説明変数 X_i の予測値 $\hat{X}_i(=\alpha'+\beta'Z_i)$ は，被説明変数 Y_i の影響を受けません。このため，説明変数 X_i の代わりに予測値 $\hat{X}_i$ を用いた第2段階の推定は，逆の因果性に対処できているといえます。

　言い換えれば，図表11-3に示したように，第1段階の推定は，説明変数 X_i のうち被説明変数の影響を受ける部分を誤差項 e_i に落とすことで，Y_i の影響を受けない部分 $\hat{X}_i$ を抽出しているとみなせます。その上で，第2段階の推定では，Y_i の影響を受けない部分 $\hat{X}_i$ のみを説明変数として用いるため，図にあるように逆の因果性が生じません。このとき，誤差項は説明変数と独立であるという仮定が満たされ，最小二乗法による推定量は一致性を持ちます。**推定結果も，説明変数が原因で被説明変数が結果となる因果関係として解釈することができます。**

◉ 適切な操作変数の条件

　図表11-3をみると，適切な操作変数 Z_i としてなぜ図表11-2で示した条件が必要であるかがわかります。まず，操作変数 Z_i は説明変数 X_i の予測値 $\hat{X}_i$ を算出するために用いられるため，条件1のように説明変数と相関がある必要があります。次に，操作変数による説明変数の予測値 $\hat{X}_i$ が被説明変数 Y_i の影響を受けると，逆の因果性が残ってしまうため，条件2のように操作変数が被説明変数 Y_i の影響を直接受けないことも必要となります。

　これらの条件のうち，条件1は比較的容易に満たすことができます。ところ

が，条件2を満たすような操作変数 Z_i を見つけることは難しく，条件2を満たすことが操作変数の適切性を高めるポイントになります。

というのも，操作変数 Z_i と被説明変数 Y_i の相関関係をみても，条件2が満たされているかは判断できません。なぜならば，操作変数 Z_i が被説明変数 Y_i の影響を直接受けない場合でも，条件1によって操作変数 Z_i は説明変数 X_i とは相関するため，結果的に被説明変数 Y_i との相関は観察されます。このため，条件2を満たすかどうかは操作変数 Z_i と被説明変数 Y_i の関係を概念的に考えることが重要といえます。

例えば，女性の登用と利益率のケースにおいて，操作変数として同業他社の平均的な正社員女性比率が適切かどうかを判断する際には，同業他社の平均的な正社員女性比率が被説明変数の自社の利益率の影響を直接受ける可能性がどの程度あるかを概念的に吟味することが求められます。**操作変数の適切性を検定する方法も開発されていますが，こうした概念的な吟味を行って適切な操作変数を見つけ出すことが重要といえます。**

> **ポイント**
> ✓ 2段階最小二乗法や操作変数法は，操作変数 Z_i という追加的な情報（データ）を用いて逆の因果性の問題に対処するものである。
> ✓ 操作変数を用いた推定では，第1段階目に説明変数 X_i を操作変数 Z_i で説明する式を推定した結果から説明変数の予測値 $\hat{X}_i$ を算出し，第2段階目に元の説明変数 X_i の代わりに予測値 $\hat{X}_i$ を用いた推定を行うことで，一致性のある推定量を求める。
> ✓ 適切な操作変数 Z_i とは，説明変数 X_i に影響を与えるとともに，被説明変数 Y_i からの影響は直接受けないといった2つの条件を満たしたものである。

3　操作変数を用いた推定結果の見方

操作変数を用いた推定の結果の見方は，最小二乗法や一般化最小二乗法の推

定結果と変わりません。推定結果は第1段階と第2段階の両方が示されることもありますが，第2段階のみが示されることも少なくありません。いずれの場合でも，**推定結果を読み取るときには，なぜ操作変数を用いた推定を行う必要があるのか，また，操作変数が適切かどうか，といった点に注目することが重要**といえます。

例として，1～2節で取り上げた企業での女性の登用が利益率に与える影響の推定結果をみてみましょう。ここでは山本（2014）をもとに，上場企業約1,000社のパネルデータを用いて，企業の利益率（総資産経常利益率）を被説明変数，正社員女性比率や産業ダミー，年ダミーなどを説明変数とする式を推定します。データは，『CSR（企業の社会的責任）企業調査』（東洋経済新報社）と『日経 NEEDS 財務データ』（日本経済新聞社）を紐づけて作成した上場企業の2003～11年のパネルデータです。

パネルデータを用いるため，推定は変量効果モデルとして一般化最小二乗法を用います。また，**逆の因果性を考慮するため，同業他社の正社員女性比率を操作変数として活用した2段階最小二乗法を適用**します。

ここで，操作変数を用いる理由は，上でみてきたとおりです。すなわち，推定式では正社員女性比率を説明変数として用いますが，企業業績が良好な企業ほど女性を登用する余裕があるため，被説明変数の影響を受ける内生変数になっている可能性があります。つまり，逆の因果性の存在が懸念されます。推定結果は以下のとおりです。

▷第1段階

$$正社員女性比率 = \underset{(0.014)^{***}}{0.089} + \underset{(0.109)^{***}}{0.536} 同業他社の正社員女性比率 + \cdots$$

▷第2段階

$$利益率 = \underset{(0.019)^{*}}{-0.037} + \underset{(0.134)^{**}}{0.242} 正社員女性比率（予測値）+ \cdots$$

注：1）***，**印は1％，5％水準で有意であることを示す。括弧内の数値は標準誤差。
　　2）その他の変数は掲載を省略。サンプルサイズは4,677。

推定結果は第1段階と第2段階の双方を掲載しています。まず，第1段階の

推定結果をみると，同業他社の正社員女性比率のパラメータは有意にプラスになっており，正社員女性比率に影響を与えていることがわかります。

次に，第２段階の推定結果をみると，説明変数に「正社員女性比率（予測値）」と示されており，第１段階の推定結果から企業ごとに算出した正社員女性比率の予測値が用いられていることがわかります。そのパラメータは有意にプラスになっており，正社員女性比率が高い企業ほど利益率が高い傾向があることがわかります。

このプラスのパラメータは，2段階最小二乗法を用いているため，**操作変数が適切であれば，業績好調だから正社員女性比率を高めるといった逆の因果性の影響は含まれていないはず**です。よって，推定結果は，正社員女性比率を高めることで利益率が上昇するという効果が存在することを示唆するものと解釈できます。このように，因果関係の特定を意図した推定を行うことで，女性登用が企業にとってもメリットがあるといった政策含意につながるようなエビデンスを導出しやすくなります。

> **ポイント**
> ✓ 操作変数を用いた推定の結果の見方は，最小二乗法の推定結果と変わらない。ただし，なぜ操作変数を用いた推定を行っているかを把握することや，操作変数が適切であるかを確認することが重要である。
> ✓ 操作変数が適切であれば，2段階最小二乗法や操作変数法を用いた推定結果は，逆の因果性を取り除いたものとみなせるため，説明変数が被説明変数に与える影響や効果として解釈できる。

4　操作変数を用いた推定結果の例

4.1　2段階最小二乗法：Ｊリーグの観客動員数の決定要因

操作変数を用いた推定結果の例として，Ｊリーグに加盟するクラブがサッ

カー教室などの普及活動を熱心に行うほど観客動員数が増加するかを検証した齋藤・田中（2011）をみてみましょう。齋藤・田中（2011）は2006〜07年にJリーグに加盟していた33のサッカークラブのパネルデータを用いて，平均観客動員数が普及活動回数やその他の要因によってどのように決まるかを2段階最小二乗法によって推定しています。

ここで，被説明変数に平均観客動員数，説明変数に普及活動回数を用いていますが，両者の関係には「普及活動を多くするほど観客動員数が増える」といった因果性のほかに，「観客動員数が少なくなるとクラブが普及活動に力を入れる」といった逆の因果性も存在する可能性があります。

この点を考慮するために，齋藤・田中（2011）はクラブの総資産を操作変数に用いて，2段階最小二乗法による推定を行っています。クラブの総資産は説明変数である普及活動に影響を与える一方で，当該年の平均観客動員数からの直接の影響は受けないと仮定しています。この操作変数の仮定が正しければ，2段階最小二乗法による推定によって逆の因果性は考慮できるはずです。

図表11-4は推定結果を抜粋したものです。ここで，(1)列は操作変数を用いずに通常の変量効果モデルとして推定した結果，また，(2)列は操作変数を用いた2段階最小二乗法による推定結果を掲載しています。

図表11-4をみると，(1)列の推定結果では，普及活動回数は有意ではなく，観客動員数に影響を与えていないことが示されています。しかし，(1)列では逆の因果性を考慮していません。したがって，**普及活動によって観客動員数が増加するというプラスの相関関係**と，**観客動員数が減少したから普及活動を増やすというマイナスの相関関係（逆の因果性）が相殺し合い，両者の関係性が検出されていない**可能性があります。

そこで，操作変数を用いて2段階最小二乗法で推定した(2)列をみると，普及活動回数は有意にプラスになっているため，逆の因果性を考慮すれば，普及活動回数の増加は観客動員数を増やす効果があるとみなせます。なお，係数から判断すると，普及活動を1回増やして増える観客動員数は61.6人なので，効果自体は大きいとはいえないかもしれません。

図表11-4　Jリーグ観客動員数の決定要因の推定結果

被説明変数＝平均観客動員数（人）	(1)通常の 変量効果モデル		(2)2段階最小二乗法に よる変量効果モデル	
普及活動回数	-0.4	(-1.0)	61.6*	(1.8)
ホームタウン人口	0.0	(0.4)	0.0	(-1.3)
チケット料金	2.8	(0.8)	2.9	(0.7)
J1ダミー	6128.8***	(6.3)	2290.7	(0.5)
日本代表在籍者数	666.3**	(2.5)	177.7**	(0.5)
前年度最終順位	-33.9	(-0.5)	2387.3	(2.1)
自由度修正済決定係数	0.52		0.40	
サンプルサイズ	64		64	

注：1）***，**，*印は1％，5％，10％水準で有意であることを示す。括弧内の数値はt値。
　　2）操作変数にはクラブの総資産を用いている。
　　3）その他変数は掲載を省略。
出所：齋藤・田中（2011）。

4.2　操作変数法：ネーミングライツ導入の集客効果

　操作変数を用いた推定結果のもう1つの例として，第7章でも取り上げた江種ほか（2015）によるネーミングライツ制度に関する推定を取り上げます。第7章の**図表7-5**で示したように，江種ほか（2015）は公共施設に名前をつける権利を企業に販売するネーミングライツ制度がどのような要因で導入されているかを分析し，周辺自治体がネーミングライツ制度を導入している場合に，導入されやすいことを明らかにしています。

　江種ほか（2015）ではさらに，ネーミングライツ制度を導入することで施設の利用者数が増加するかについても検証しています。具体的には，施設の利用者数を被説明変数，ネーミングライツ制度導入の有無を示すダミー変数やその他の要因を説明変数とした式を推定しています。

　2008～13年のパネルデータを用いているため，推定は変量効果モデルとして行っており，**図表11-5**の(1)列が推定結果になります。(1)列をみると，ネーミングライツ制度導入ダミーの係数はプラスで有意になっており，制度導入によって利用客数が増加する可能性が示されています。

図表11-5　公共施設の利用客数の決定要因の推定結果

被説明変数＝ ln 利用客数	(1)通常の変量効果モデル	(2)操作変数法による変量効果モデル
ネーミングライツ制度導入ダミー	0.50*** (4.1)	0.86*** (3.3)
収容人数（千人）	0.03*** (8.2)	0.03*** (2.9)
徒歩所要時間（分）	-0.02***(-5.1)	-0.02** (-2.0)
人口密度（千人/k㎡）	0.10*** (4.0)	0.12** (2.1)
中小自治体ダミー	-1.02***(-7.5)	-0.99***(-3.0)
年ダミー	yes	yes
サンプルサイズ	354	354

注：1）***，**印は1％，5％水準で有意であることを示す。括弧内の数値は t 値。
　　2）操作変数には周辺自治体でのネーミングライツ制度導入ダミーを用いている。
　　3）定数項は掲載を省略。
出所：江種ほか（2015）。

　しかし，ここで逆の因果性によるバイアスが懸念されます。というのも，集客が見込めるような施設ほどネーミングライツ制度が導入されやすかったり，逆に，集客が落ち込んできた施設が改善策としてネーミングライツ制度を導入しようとしたりする可能性があるからです。そこで，江種ほか（2015）はネーミングライツ制度導入の有無を示すダミー変数に対する操作変数として，周辺自治体でのネーミングライツ制度の導入ダミーを用いた推定を行っています。

　周辺自治体でネーミングライツ制度を導入していれば，制度の存在や導入のノウハウを知ることで当該施設での導入が進みやすいと考えられるため，操作変数と説明変数（内生変数）との相関はあると想定されます。一方，当該施設の利用者数の多さによって周辺自治体でのネーミングライツ制度の導入の有無が変わるとは考えにくいため，操作変数は被説明変数からの影響は受けないと想定されます。こうした想定が正しければ，ネーミングライツ制度導入ダミーの操作変数として，周辺自治体でのネーミングライツ制度の導入ダミーは適切といえます。

　図表11-5の(2)列が操作変数法によって推定した結果です。これをみると，操作変数を用いない(1)列の結果と大きくは変わりませんが，ネーミングライツ制度導入ダミーの係数が大きくなっており，その差が内生性バイアスであった

と解釈できます。いずれにしても，ネーミングライツ制度導入ダミーの係数はプラスで有意なため，導入によって利用客数の大幅な増加が見込めることが示唆されます。

第12章
パネルデータ分析と固定効果モデル
―― 固有効果の存在とバイアスの対処方法 ――

前章では操作変数を活用して因果関係を特定する推定方法を学びましたが，因果関係の特定は，パネルデータを活用した推定によっても可能になるケースがあります。そこで，本章ではパネルデータを用いた固定効果モデルと変量効果モデルを扱います。変量効果モデルはすでに第6章で扱っていますが，本章では固定効果モデルとの対比に焦点を当てます。

> **本章の目標**
>
> □1節：変量効果モデルと固定効果モデルの違いは固有効果と誤差項の独立性の有無であることを理解し，それぞれ固有効果を考慮した一般化最小二乗法と期間平均からの乖離をとった最小二乗法で推定することを把握する。
> □2節：固定効果モデルでは，固有効果がもたらす逆の因果性を考慮できるほか，欠落変数バイアスに対処できることを理解する。また，統計的にはハウスマン検定に従うと，固定効果モデルと変量効果モデルのいずれかを正しく選定できることも把握する。
> □3節：パネルデータを用いた固定効果・変量効果モデルの推定結果を正しく読み取れるようにする。

1 変量効果・固定効果モデルの概要

パネルデータとは，複数の経済主体の情報を時系列で追跡したデータで，例えば，前章3節の例で用いたデータのように，上場企業約1,000社の利益率や正社員女性比率の情報を2003〜11年の期間でとったものです。パネルデータを用いる場合，(1)式のように，被説明変数や説明変数，誤差項は経済主体 i と時点 t の2つの添え字をつけるとともに，時間によって変わらない経済主体に固

有の要素 F_i（固有効果）を推定式に含めるのが一般的です。

$$Y_{it} = bX_{it} + F_i + v_{it} \tag{1}$$

第6章の変量効果モデルの説明でも述べたように，(1)式を通常の最小二乗法で推定すると，推定値にバイアスが生じる可能性があります。なぜならば，通常の最小二乗法では固有効果 F_i を誤差項に含めて(1)式を推定することになりますが，固有効果によって誤差項に自己相関が生じたり，誤差項が説明変数と相関したりするために，BLUE を得るための誤差項の仮定が満たされなくなることが多いからです。

このため，パネルデータを用いる際には，固有効果 F_i の存在を考慮し，固有効果 F_i の特性に応じて，(1)式を変量効果モデルあるいは固定効果モデルとして扱うことが必要になります。**変量効果モデル**（random-effect model）とは，固有効果 F_i が説明変数 X_{it} と独立であることを仮定したモデルです。**固定効果モデル**（fixed-effect model）とは，固有効果 F_i が説明変数 X_{it} と独立でないことを仮定したモデルです。推定式の形は(1)式と同じですが，固有効果と説明変数の独立性の有無によって，推定モデルが異なることに留意する必要があります。以下，2つの各推定モデルについてみてみましょう。

● 変量効果モデル

第6章でも説明しましたが，変量効果モデルでは，(1)式の固有効果 F_i を誤差項に含め，(2)式のように，$F_i + v_{it}$ を誤差項として扱います。

$$\text{変量効果モデル}：Y_{it} = b\underbrace{X_{it}}_{} + \underbrace{(F_i + v_{it})}_{\text{誤差項}} = b\underbrace{X_{it}}_{} + \underbrace{u_{it}}_{} \tag{2}$$

（無相関　　　　　無相関）

このとき，固有効果 F_i があるために，同じ経済主体 i の別の時点 t の誤差間で自己相関が生じる可能性があります。そうなると，誤差項の共分散ゼロという仮定が満たされないため，(1)式を最小二乗法で推定しても効率性が得られず，パラメータは BLUE になりません。そこで，**変量効果モデルは誤差間の**

自己相関を考慮した一般化最小二乗法を用いて推定します。

　ここで重要な点は，変量効果モデルでは，固有効果 F_i は存在するものの，説明変数 X_{it} とは独立であることが仮定されていることです。というのも，誤差項に含まれている固有効果 F_i が説明変数と相関していると，誤差項と説明変数が独立であるという仮定が満たされなくなり，(1)式を一般化最小二乗法で推定してもパラメータは一致性を持たず，BLUE でなくなるからです。

◉ 固定効果モデル

　変量効果モデルと違って，固定効果モデルでは，固有効果 F_i と説明変数 X_{it} に相関があることを想定します。よって，固有効果 F_i を誤差項に含めると説明変数 X_{it} と誤差項（$F_i + v_{it}$）の間に相関が生まれ，一致性が得られません。このため，固定効果モデルでは固有効果 F_i を明示的に考慮した推定を行う必要性が生じます。

　固有効果 F_i を明示的に考慮した推定にはいくつかの方法がありますが，最もシンプルなものは経済主体ごとのダミー変数を作成し，説明変数として推定式に含めるものです。固有効果 F_i は経済主体ごとに異なる要因なので，それをダミー変数として捉えるというシンプルな考え方です。ただし，この方法は大量のダミー変数を説明変数に含めなければならないため，推定に時間がかかってしまい，実際にはあまり用いられません。

　固定効果モデルでは，経済主体ごとのダミー変数を用いる代わりに，経済主体ごとに期間平均値からの乖離をとった推定式を想定することで，時間を通じて変化しない固有効果 F_i を除去します。より具体的には，まず，(3)式の両辺とも各経済主体 i について全期間 t の平均をとり，(4)式のように表します。

$$
\begin{align}
\text{固定効果モデル：} \quad & Y_{it} = b\,X_{it} \quad\;\; + F_i \quad\;\; + v_{it} \tag{3}\\
-) \quad & \bar{Y}_i = b\bar{X}_i \quad\;\; + F_i \quad\;\; + \bar{v}_i \tag{4}\\
& (Y_{it}-\bar{Y}_i) = b(X_{it}-\bar{X}_i) + (F_i - F_i) + (v_{it}-\bar{v}_i) \tag{5}\\
\rightarrow \quad & \widetilde{Y}_{it} = b\,\widetilde{X}_{it} + \widetilde{v}_{it} \tag{6}
\end{align}
$$

(3)式の X_{it} と F_i は「相関」。(5)式の (F_i-F_i) は「ゼロ」。(6)式の $\widetilde{X}_{it}$ と $\widetilde{v}_{it}$ は「無相関」。

　ここで，$\bar{Y}_i$ と $\bar{X}_i$ は経済主体 i についての Y_{it} と X_{it} の期間平均値を指します。例えば，2003～11年のパネルデータを用いる場合，Y_{it} を企業の利益率としたら，企業ごとに2003～11年の利益率の平均をとったものが $\bar{Y}_i$ になります。ただし，固有効果 F_i はそもそも時間を通じて変化しないものであるため，期間平均値 $\bar{F}_i$ は F_i と同じになります。

　次に，(3)式から(4)式を引いて，(5)式を求めます。(5)式は，両辺とも期間平均値からの乖離として示されますが，ここで注目すべきは，**固有効果 F_i の期間平均からの乖離はゼロであり，(5)式で固有効果 F_i が除去される**点です。このため，結果的に(6)式に示したように，固定効果モデルは，被説明変数と説明変数を期間平均値からの乖離をとって変換した $\widetilde{Y}_{it}$ と $\widetilde{X}_{it}$ を用いた推定式を，最小二乗法で推定できることになります。(6)式では固有効果 F_i が除去されているため，誤差項は説明変数と独立となり，一致性のある推定値が得られます。

　固有効果 F_i を除去するには，期間平均値からの乖離でなくても，前期の値からの乖離をとることでも可能です。具体的には，以下の(7)式から(10)式のように，経済主体ごとに前期からの乖離をとれば，固有効果 F_i は今期も前期も同じであるため，前期からの差分をとった ΔY_{it} と ΔX_{it} を被説明変数と説明変数に用いることで，最小二乗法推定量が一致性を持ちます。この推定方法は前期からの差分をとるため，**差分モデル**（first difference model）とも呼ばれます。

$$\text{差分モデル：} \quad Y_{it} = bX_{it} + F_i + v_{it} \quad (7)$$

$$-)\ Y_{i,t-1} = bX_{i,t-1} + F_i + v_{i,t-1} \quad (8)$$

$$(Y_{it} - Y_{i,t-1}) = b(X_{it} - X_{i,t-1}) + (F_i - F_i) + (v_{it} - v_{i,t-1}) \quad (9)$$

$$\rightarrow \Delta Y_{it} = b\Delta X_{it} + \Delta v_{it} \quad (10)$$

なお，固定効果モデルや差分モデルの推定は，被説明変数と説明変数を期間平均値や前期の値からの乖離をとったものに変換した推定式を最小二乗推定するため，一般化最小二乗法の一種と解釈することもできます。

モデルの名称と実態との違い

変量効果モデルと固定効果モデルは，「変量」と「固定」という名称が付いているため，両者の違いとして，「固有効果 F_i が確率変動する場合には変量効果モデルで，確率変動せずに固定されている場合には固定効果モデルである」といった誤った理解をしてしまいがちです。表面的にはともに同じ(1)式で表されるため，固有効果 F_i の特性に応じて分類されるのは事実ですが，「変量」と「固定」といった名称はほとんど意味がなく，説明変数 X_{it} との間に相関があるかどうかが変量効果モデルと固定効果モデルの違いになります。

> **ポイント**
>
> ✓ パネルデータを用いた推定には，固定効果モデルと変量効果モデルが用いられることが多い。両モデルとも，時間によって変わらない固有効果 F_i を持つが，固有効果 F_i と説明変数 X_{it} が独立な場合は変量効果モデル，独立でない場合には固定効果モデルに分類される。
> ✓ 固有効果 F_i が説明変数 X_{it} と独立の場合，最小二乗推定量は効率性を持たないため，固有効果で生じる自己相関を考慮した一般化最小二乗法を適用する変量効果モデルを用いる。
> ✓ 固有効果 F_i が説明変数 X_{it} と相関する場合，最小二乗推定量は一致性を持たないため，経済主体ごとの期間平均値からの乖離をとって固有効果を除去する固定効果モデルを用いる。

2　固定効果モデルの長短所とハウスマン検定

2.1　固定効果モデルのメリット

　パネルデータには，サンプルサイズが大きく，また，横断面と時系列の双方のバリエーションが含まれるため，多くの情報を推定に用いることができるといったメリットがあります。こうしたメリットは変量効果モデルと固定効果モデルの双方に当てはまります。

　一方で，固定効果モデルを用いた推定には，前節でみたように，一致性のあるパラメータ推定量が得られやすいという特有のメリットがあります。このため，固定効果モデルには，第11章で扱ったような同時決定・内生性バイアスによって一致性が得られないケース，あるいは，第9章で扱ったような欠落変数バイアスによって一致性が得られないケースの対処法としても活用できます。以下，この2点についてみてみましょう。

● 同時決定・内生性バイアスに対処できることがある

　第11章で扱ったように，説明変数が被説明変数の影響を受ける逆の因果性が生じているケースでは，同時決定・内生性バイアスが生じていました。こうしたバイアスはさまざまな要因によってもたらされますが，その要因が時間によって変わらない固有効果 F_i であることも少なくありません。

　例えば，第11章のように，企業の利益率を被説明変数，正社員女性比率を説明変数とした推定式を考えてみましょう。このとき，経営基盤がしっかりとしているために常に高い利益率が得られているような企業だから，女性の登用を進めることができる，といった逆の因果性があることが懸念されます。このときの逆の因果性は，しっかりとした経営基盤による高い利益率といった企業固有の効果によってもたらされているといえます。

　このとき，利益率 Y_{it} を固有効果 F_i による部分とそれ以外の時間によって変動する部分 y_{it} に分けて書くと，推定式は以下の(11)式のようにあらわされます。

$$Y_{it} = (y_{it} + \underbrace{F_i}_{\text{相関}}) = b\,\underbrace{X_{it}} + (F_i + v_{it}) \tag{11}$$
$$\rightarrow \widetilde{Y}_{it} = \widetilde{y}_{it} = b\widetilde{X}_{it} + \widetilde{v}_{it} \tag{12}$$

ここで，説明変数 X_{it} は被説明変数 Y_{it} の影響を受ける内生変数になっていますが，被説明変数 Y_{it} のうち，時間によって変わらない固有効果 F_i からの影響しか受けていません。このため，期間平均値からの乖離をとって固有効果 F_i を除去する固定効果モデルを適用すれば，逆の因果性をもたらす要因はなくなり，求めたい因果関係，すなわち，女性の登用を進めることで利益率がどの程度高まるかといったことがパラメータ b に反映されます。

このように，時間によって変化しない固有効果 F_i によって逆の因果性がもたらされているケースでは，固定効果モデルの適用が有効な対処法になります。ただし，固定効果モデルで固有効果を除去したとしても，時間によって変化する要因によって逆の因果性が生じているケースも少なくありません。例えば女性登用と利益率の関係では，今期業績がよくなったから女性登用を進めるといった時間可変の因果関係があれば，固定効果モデルだけでは逆の因果性を考慮しきれません。

このように，時間不変の要因とともに，時間可変の要因によっても逆の因果性がもたらされているケースでは，第11章でみた操作変数を用いた推定方法と固定効果モデルを組み合わせることが必要になります。具体的には，**固定効果操作変数法**（fixed-effect instrument variable estimation）といった推定方法を用います。詳しい推定方法の説明は省略しますが，このときに用いる操作変数は，時間不変のものではなく，時間によって変化し，かつ，説明変数である正社員女性比率に影響を与え，被説明変数である利益率からの影響を直接受けないものになります。

● 欠落変数バイアスに対処できることが多い

第5章や第9章で述べたように，被説明変数の説明変数として本来含めるべきものが欠落していて，かつ，その欠落変数が他の説明変数と相関している場

合，推定パラメータには一致性が得られないという欠落変数バイアスが生じます。こうしたバイアスへの対処方法としては，可能な限りデータを収集して変数に追加したり，代理変数を探したりして，欠落変数にせずに説明変数として含めることが求められます。

　この点，固定効果モデルは時間を通じて変化しない要因はすべて固有効果 F_i として除去されるため，欠落変数バイアスが生じにくいというメリットがあります。つまり，(13)式のように，説明変数と相関のある欠落変数があっても，それが時間を通じて変化しない固有効果であれば，固定効果モデルでは固有効果 F_i は除去されるため，バイアスは生じなくなります。

$$Y_{it} = b \overbrace{X_{it}}^{相関} + (\overbrace{F_i} + v_{it}) \tag{13}$$
$$\underbrace{\phantom{(F_i + v_{it})}}_{誤差項}$$

　欠落変数バイアスは，個人の能力・嗜好や企業の風土など，データとしては観察されない要因によって生じることが多いものの，そうした要因の多くが時間を通じて変わらないため，固定効果モデルによってコントロールしやすいといえます。さらに，固定効果モデルでは，時間を通じて変わらない要因はすべて除去されるため，性別や学歴，業種，企業規模など，分析期間内で変わらないような属性情報を説明変数に含める必要がなくなり，説明変数の数を減らせるというメリットもあります。

2.2　固定効果モデルのデメリット

　固定効果モデルには，上述のメリットが存在する一方で，デメリットも存在します。具体的には，時間を通じて変わらない要因を分析対象にできないことと，非線形モデルに適用できないことが挙げられます。

◉ 時間によって変わらない要因の影響を明らかにできない

　時間を通じて変わらない要因 F_i がすべて除去されるという固定効果モデルのメリットは，デメリットにもなります。というのは，データとして観察され，説明変数に含めて分析対象にしたい要因であっても，時間を通じて変わらない

ものであれば,除去されてしまうからです。

例えば,正社員女性比率とともに,女性役員数が企業の利益率に与える影響を固定効果モデルで把握するケースを考えてみます。このとき,仮に多くの企業で女性役員の登用が進んでおらず,女性役員は限られた企業で常に同じ数しか存在しないとしたら,分析期間内に女性役員数は変化しません。このとき,女性役員数を説明変数に入れても,固有効果として除去されるため,パラメータは識別されません。

このように,固定効果モデルは,時間によって変わる要因のみを説明変数として分析対象にするものであるため,分析目的によっては適さないケースもあることには留意が必要です。もっとも,時間によって変わらない要因であっても,時間によって変わる要因との交差項として説明変数に含めることで,相乗効果を分析対象にすることはできます。

◉ 非線形モデルに適用できない

期間平均や前期からの乖離をとることで固有効果 F_i を除去する固定効果モデルは,線形モデルにしか適用できないといった制約があります。というのは,非線形モデルは以下の(14)式のように,非線形関数 $f(●)$ の中に固有効果 F_i が含まれるため,両辺で期間平均値をとったものを引いたとしても,$f(●)$ があるために固有効果 F_i は単純には除去できないからです。

$$Y_{it} = f(bX_{it} + F_i + v_{it}) \qquad (14)$$

このため,プロビットモデルや順序ロジットモデル,多項ロジットモデル,トービットモデル,ヘーキットモデルといった非線形モデルでは,原則として固定効果モデルの適用,あるいは,固有効果の除去はできません。

なお,これらの非線形モデルでパネルデータを扱う際には,変量効果モデルを適用できることが多く,例えば,第7章4節で扱ったように,変量効果プロビットモデルによる推定は多く用いられています。

2.3 ハウスマン検定によるモデルの選定

　以上のように，固定効果モデルにはメリットとともにデメリットも存在するため，分析目的に応じて適用することが一般的です。一方で，**統計的には**，固定効果モデルと変量効果モデルのいずれを選択すべきかを判断する検定方法として，**ハウスマン検定**（Hausman test）が用いられます。

　ハウスマン検定は，固有効果 F_i と説明変数 X_{it} が独立であることを帰無仮説とする検定で，帰無仮説が棄却できないときには変量効果モデル，棄却できるときには固定効果モデルを選択します。通常，ハウスマン検定の結果は，帰無仮説を棄却できる有意水準，直感的に言えば，固有効果と説明変数が独立である確率（変量効果モデルが正しい確率）として p 値が示されます。よって，ハウスマン検定の p 値が0.01や0.05，0.10など，十分に小さいときには固定効果モデル，p 値が大きいときには変量効果が支持されると判断します。

　なお，パネルデータを用いた推定モデルの選択には，F 検定が用いられることもあります。F 検定は固有効果がすべてゼロであるという帰無仮説を検定するものです。F 検定の結果，帰無仮説が棄却されなければ，固有効果が存在しないため，最小二乗法を用います。ただし，パネルデータを用いる場合，固有効果が存在することが多いため，F 検定を省略し，ハウスマン検定の結果から変量効果モデルか固定効果モデルを選択することが一般的です。

> **ポイント**
> ✓ 固定効果モデルには，固有効果によって生じる逆の因果性を考慮できたり，欠落変数バイアスを除去できたりするメリットがある一方で，時間によって変わらない要因を分析対象にできなかったり，非線形モデルに適用できなかったりするデメリットがある。
> ✓ 固定効果モデルと変量効果モデルは，統計的にはハウスマン検定の結果に従っていずれかを選択することが望ましい。

3 固定効果・変量効果モデルを用いた推定結果の例

固定効果モデルや変量効果モデルを用いた推定結果の見方は，線形モデルの最小二乗推定の結果とほとんど変わりません。そこで，ハウスマン検定の結果を含めて，具体的な推定例を用いて推定結果の見方をみていきましょう。

3.1 企業パネルデータの活用：WLB 施策の生産性上昇効果

企業パネルデータを用いた固定効果・変量効果モデルの推定例として，短時間勤務制度やフレックスタイム制度，長時間労働是正の取り組みなどのワーク・ライフ・バランス（WLB）施策を導入することで企業の生産性が高まるかを検証した Yamamoto and Matsuura（2014）をみてみましょう。

◉ WLB 施策導入と企業業績の関係

WLB 施策の導入は労働者にとってはメリットのあることですが，企業からすると費用がかかるため，費用に比べて生産性がどの程度上昇するかという費用対効果の大きさが注目されます。しかし，WLB 施策の導入の有無別に企業業績を比較し，導入企業ほど高いパフォーマンスを示していることがわかったとしても，それは単に「もともと業績の良い企業は余裕があるので費用を負担して WLB 施策を導入できている」といった逆の因果性が反映されているに過ぎない可能性があります。

こうした逆の因果性は第11章でみたように，操作変数を用いた推定によって対処することができますが，「もともとの業績の良さ」が経営基盤や資産規模など時間によって大きく変わらない要因によってもたらされているとしたら，パネルデータを用いた固定効果モデルを適用することで，正しい因果関係を特定した上で費用対効果を推定することができます。

◉ 時間不変要因による逆の因果性

Yamamoto and Matsuura（2014）では経済産業研究所のアンケート調査と『企業活動基本調査』（経済産業省）の個票データを組み合わせた1,677社の企

図表12-1　WLB施策の費用対効果の推定結果

被説明変数＝lnTFP（全要素生産性）	変量効果	固定効果モデル			
	(1)	(2)	(3)	(4)	(5)
WLB導入数	0.042***	0.013	-0.015	-0.090***	-0.022
	(0.012)	(0.017)	(0.023)	(0.020)	(0.020)
WLB導入数との交差項					
×中堅大企業ダミー			0.055*		
			(0.030)		
×製造業ダミー				0.189***	
				(0.026)	
×IT技術活用ダミー					0.040*
					(0.021)
タイムトレンド	0.018***	0.020***	0.020***	0.020***	0.040***
	(0.002)	(0.002)	(0.002)	(0.002)	(0.004)
サンプルサイズ	5,169	5,169	5,169	5,169	3,949

注：1）***，*印は1％，10％水準で有意であることを示す。括弧内の数値は頑健標準誤差。ハウスマン検定の結果，有意水準1％で固定効果モデルが採択される。
　　2）中堅大企業ダミーは従業員数300人以上の企業を1，IT技術活用ダミーは電子商取引を実施している企業を1とするダミー変数。
出所：Yamamoto and Matsuura（2014）．

業パネルデータを構築し，WLB施策の費用対効果を固定効果モデルで推定しました。具体的には，各企業の生産性を示すTFP（全要素生産性）を計測し，被説明変数として用いるとともに，代表的なWLB施策8つの前年までの導入数，WLB施策導入数と企業属性との交差項，タイムトレンドなどを説明変数として用いた推定式を推定しています。

推定結果は**図表12-1**に掲載しています。(1)列は比較のために変量効果モデルの推定結果，(2)〜(5)列は固定効果モデルの推定結果を示しています。また，(2)〜(5)列はWLB施策導入数と企業属性の交差項を説明変数に入れており，相乗効果としてWLB施策の効果を高める要因の特定を試みています。

(1)列と(2)列を比較すると，WLB施策導入数は変量効果モデルで推定した(1)列では有意にプラスになっていますが，固定効果モデルで推定した(2)列では有意になっていません。また，脚注に示したように，ハウスマン検定を実施すると，固定効果モデルが採択されます。このことは，**WLB施策導入と生産性は**

プラスの相関はあるものの，それは時間不変の企業固有の要因によって生じている逆の因果性を反映しており，固定効果モデルで時間不変の要因を除去すると，WLB施策導入と生産性の関係性はなくなることを示しています。

ただし，WLB施策導入にまったく効果がないかというと，そうではなく，WLB施策導入数と企業属性の交差項は有意にプラスになっているため，条件によってはWLB施策導入が生産性を高めています。具体的には，従業員300人以上の中堅大企業や製造業，IT技術活用企業などでWLB施策導入数が増えると，企業の生産性が上昇することが示されています。

◉ 年ダミーやタイムトレンドの役割

なお，図表12-1にはタイムトレンドが説明変数に加えられています。タイムトレンドはパネルデータの年の数値をそのまま変数として用いているもので，毎年1ずつ大きくなります。そのため，タイムトレンドのパラメータは，推定期間内に年平均で被説明変数（TFP）がどの程度変化しているかを示しており，図表12-1では0.02というパラメータが多く推定されています。つまり，この期間，TFPが年率2％で成長していたことを示しています。

このように，パネルデータを用いた推定を実施する場合，年ごとに各サンプルに共通して生じる経済成長や景気変動の要因をコントロールするために，年ダミーやタイムトレンドを含めることが一般的です。

3.2　回顧パネルデータの活用：「あさどく」の効果

次の例として，「あさどく」の経験がその後の書籍の読書数にプラスの影響を与えたかを検証した本郷・山崎（2012）を取り上げます。「あさどく」とは「朝の読書全校一斉実施運動」の通称で，毎朝授業が始まる前の一定時間，全校児童・生徒と教師が一斉に好きな本を読む取り組みのことを指します。「あさどく」は1990年代末から導入する学校が増え，2011年12月には全国で2万6千校以上の小中学校が導入しています。

そこで，本郷・山崎（2012）は「あさどく」経験によって読書の習慣が身につき，読書数が増加するのではないかという問題意識のもと，大学生を対象に

したアンケート調査データをもとに「あさどく」の効果を検証しました。アンケート調査は大学生が対象ですが，小中高校時代に「あさどく」の経験があったかどうか，また，各時点でのおおよその読書数を調査しているため，各時点のパネルデータを構築することができます。このように，過去の情報を振り返る形で調査したデータをもとに構築したデータを**回顧パネルデータ**と呼びます。

本郷・山崎（2012）は，こうした回顧パネルデータを用いて，各時点での書籍の月平均読書数を被説明変数，「あさどく」を実施している場合に1をとる「あさどく」ダミー，雑誌やマンガの月平均読書数などを説明変数にした推定式を最小二乗法，変量効果モデル，固定効果モデルとして推定しました。

推定結果を抜粋した**図表12-2**をみると，「あさどくダミー」はいずれも有意にプラスになっています。脚注には，F検定とハウスマン検定の結果，固定効果モデルが採択されると記されています。

そこで，固定効果モデルの推定結果に注目すると，**「あさどく」実施によって書籍の月平均読書冊数が0.65冊増えることや雑誌を読む人ほど書籍も多く読む一方で，マンガを読むと書籍の読書数が減少する**ことがわかります。

図表12-2　「あさどく」効果の推定結果

被説明変数＝書籍の月平均読書冊数（冊）	(1) OLS	(2)変量効果モデル	(3)固定効果モデル
あさどくダミー	0.78***	0.69***	0.65***
	(3.3)	(3.5)	(3.1)
雑誌の月平均読書冊数	0.16***	0.16***	0.14***
	(3.9)	(3.8)	(2.6)
マンガの月平均読書冊数	0.08***	0.01	-0.07**
	(3.1)	(0.2)	(-2.1)
その他変数	yes	yes	yes
サンプルサイズ	1,068	1,068	1,068

注：***，**印は1％，5％水準で有意であることを示す。括弧内の数値はt値。
　　F検定とハウスマン検定の結果，固定効果モデルが採択される。
出所：本郷・山崎（2012）。

第13章

効果・影響の測定
―データを用いた政策・プログラム評価の方法―

　第11〜12章では因果関係の特定に焦点を当てましたが，計量経済分析では，因果関係の方向性に留意しながら，政策やプログラムなどの効果・影響の大きさを測定することも多くあります。そこで，本章では，政策変更やプログラム導入などの効果測定の方法として，DD 分析を扱います。さらに，より精度の高い効果測定の手法として，マッチング推定も説明します。

本章の目標

- □1節：政策やプログラムの効果測定を行う際には，トリートメントグループという分析対象とコントロールグループという比較対象の設定が重要であることを理解する。DD 分析はパネルデータを用いて，アウトカムの差をグループ間で比較する方法であることを理解する。
- □2節：効果・影響の測定方法の応用として，グループ間の属性の違いを補正するマッチング推定について理解する。
- □3節：DD 分析やマッチング推定の分析結果を正しく読み取れるようにする。

1　パネルデータを用いた DD 分析

1.1　効果測定の概念と DD 分析

　政策変更や法改正，研修プログラムの実施，人事制度の変更など，何らかの政策やプログラムの効果や影響を客観的に測定するには，どうしたらいいでしょうか。以下，例として，大学で計量経済学の講義を履修することによって，計量経済学の知識やスキルがどの程度身についたかを効果測定することを考えてみましょう。

第13章　効果・影響の測定　195

◉ 厳密な効果測定の難しさ

このとき，効果測定の最も簡単な方法として，講義履修後に計量経済学の到達度テストを実施し，その得点をアウトカム指標と定義して，講義履修者の平均得点の高低で効果の大きさを確認することが考えられます。しかし，平均得点は到達度テストの難易度によっても変わるため，例えば平均得点が80点と示されても，講義の効果があったかを客観的に判断することはできません。

より客観的な効果測定の方法としては，講義履修の前後で到達度テストの平均得点がどのように変化したかに注目することが考えられます。例えば，講義開始前に到達度テストを履修者に受けてもらっていたとして，その平均得点が65点だったとします。この場合，講義によって得点が15点増えているため，講義の効果は15点分あったといえそうです。

しかし，大学の講義には計量経済学だけでなく，統計学やゼミなどの関連科目もあり，また，自主的に勉強している学生も多いため，計量経済学のスキルは講義以外の要因によっても上達している可能性があります。仮に，他の要因によって計量経済学の講義の受講者の得点が増えていたとしたら，講義に効果があったとはいえません。

◉ トリートメントグループとコントロールグループの比較

そこで，さらに客観的な効果測定の方法として，講義を受講していない学生を比較対象とすることが考えられます。具体的には，効果の大きさを計測したい分析対象として**トリートメントグループ**（treatment group），その比較対象として**コントロールグループ**（control group）を設定します。

計量経済学の講義の効果測定でいえば，履修者がトリートメントグループ，非履修者がコントロールグループになります。そして，トリートメントグループとコントロールグループのそれぞれに講義履修前後の2時点で到達度試験を受けてもらい，両グループの平均得点の変化の差をみることで，講義の効果の大きさを判断します。

例えば，コントロールグループの学生の平均得点が講義履修前の時点で30点，履修後の時点で40点だったとします。この場合，計量経済学の講義を履修して

いない学生でもテスト得点が10点増加しているため，この期間，どの学生でも計量経済学のスキルが10点程度増加するものと考えられます。ということは，計量経済学の講義履修者の得点増加15点のうち10点は，計量経済学の講義以外の要因によるものとみなせるため，講義の純粋な効果は5点分に過ぎないと判断できます。

◉ アウトカムの差をグループ間で比較する

このように，効果測定を客観的に行うには，トリートメントグループとコントロールグループのプログラム実施前後のアウトカムの差（difference；D）を算出し，さらに，その差についてグループ間での差（difference；D）をとることが必要になります。各グループの2時点の差（D）とグループ間の差（D）という2つの差（DD）をとるため，こうした方法を「**差の差の分析**」（difference-in-differences analysis）あるいは **DD 分析**といいます。

上の計量経済学の講義の効果測定の数値例は，図表13-1に示したようにマトリックスでみるとわかりやすいでしょう。ここで履修者と非履修者の講義前後の到達度テストの平均得点が示されていますが，各グループの時間方向の変化をとったものが(C)列，グループ間の差を各時点でとったものが(3)行に示されています。そして，両者の差をとったものが太線で囲んだ部分で，これが DD 分析で識別される効果で，**平均処置効果**（Average Treatment Effect；

図表13-1　DD 分析の例：テスト平均得点

	(A) 講義前	(B) 講義後	(C) 差（B－A）
(1)履修者 ＜トリートメント＞	65点	80点	15点
(2)非履修者 ＜コントロール＞	30点	40点	10点
(3)差 （1－3）	35点	40点	5点

出所：筆者作成。

ATE) と呼びます。

このように，シンプルな DD 分析では平均点の差の差をとっているだけなので，必ずしも計量経済学のツールを使っていません。しかし，この方法は，政策やプログラムなどの効果を客観的に測定する簡単な方法として，非常に有用です。政策やプログラムの対象と比較対象について，2時点の変化がわかれば，景気変動などによる政策やプログラム以外の要因の影響を除去した上での効果が測定できます。

1.2 計量経済分析における DD 分析

計量経済分析で効果測定を実施する場合には，政策やプログラム以外の要因を説明変数 X_{it} でコントロールするとともに，ダミー変数を活用することで，平均処置効果 ATE を推定します。具体的には，プログラム実施前後の2時点のトリートメントグループとコントロールグループのアウトカム指標やコントロール変数を用いて，以下の推定式を推定します。

$$Y_{it} = a + bTRE_{it} \cdot AFTER_{it} + cTRE_{it} + dAFTER_{it} + eX_{it} + F_i + v_{it} \quad (1)$$

ここで，Y_{it} はアウトカム指標，TRE_{it} はトリートメントグループに1，コントロールグループに0をとるダミー変数，$AFTER_{it}$ はプログラム実施後に1，実施前に0をとるダミー変数，X_{it} はコントロール変数，F_i は固有効果を示しています。

(1)式では，まず，グループと時点以外でアウトカム指標に影響を与える要因を説明変数 X_{it} でコントロールしていると解釈できます。さらに，(1)式では，時点にかかわらずグループ間で生じているアウトカムの差を TRE_{it} でコントロールするとともに，グループにかかわらず2時点間で生じている差を $AFTER_{it}$ でコントロールしています。

このため，グループによる差と時点による差の両方によるアウトカムの差を $TRE_{it} \cdot AFTER_{it}$ というダミー変数の交差項で捉えており，そのパラメータが平均処置効果 ATE の推定値になります。つまり，パラメータ b は，プログラム非対象者と比べて，プログラム対象者のアウトカムが2時点でどの程度変化

したかを示しています。

なお，固有効果 F_i が含まれるため，(1)式は変量効果あるいは固定効果モデルとして推定されることが一般的です。また，アウトカム指標は就業の有無などを示すダミー変数とすることも一般的で，その場合は(1)式を線形確率モデルやプロビットモデルとして推定します。

1.3　DD 分析の推定結果の例

回帰分析による DD 分析で平均処置効果 ATE を推定した例として，山本・伊藤（2014）の推定結果をみてみましょう。山本・伊藤（2014）は DD 分析を用いて，地域の育児政策が育児期の女性就業者の雇用に与えた影響を検証しています。

日本では2004年に「子育て支援総合推進モデル市町村事業」という地域単位の育児政策が実施され，全国約50のモデル市町村（モデル地域）で積極的な育児支援事業が展開されました。そこで，山本・伊藤（2014）は，育児政策の効果としてモデル地域の指定を受けた地域ほど，女性の就業率が増加したかを DD 分析によって検証しました。

山本・伊藤（2014）では，『日本家計パネル調査（JHPS/KHPS）』の2004～12年の個票データを用いて，40歳未満の女性の非正規雇用の就業確率がモデル地域への指定によって増加したかを変量効果プロビットモデルで推定しています。以下は，推定結果を抜粋したものです。

非正規雇用ダミー ＝ 0.58モデル地域ダミー × 2010~12 年ダミー
　　　　　　　　　　(0.29)**
　　　　　　　　　　[0.16]

　　　　　　－ 0.15モデル地域ダミー ＋ 0.03　2010~12 年ダミー ＋ …
　　　　　　　　(0.20)　　　　　　　　　(0.11)
　　　　　　　　[0.03]　　　　　　　　　[0.01]

注：1）（　）内の数値は頑健標準誤差。［　］内の数値は限界効果。**印は5％水準で有意であることを示す。
　　2）定数項とその他の変数は掲載を省略。サンプルサイズは544。

ここでトリートメントグループは「子育て支援総合推進モデル市町村事業」でモデル地域に指定されている市町村に居住している女性、また、コントロールグループはそれ以外の女性としています。つまり、モデル地域を1とするモデル地域ダミーが(1)式の TRE_{it} に該当します。

年ダミーは2004〜07年をベースに、2008〜09年と2010〜12年ダミーの2つを用いて分析していますが、上では2010〜12年ダミーの結果のみを示しています。ここでは2004〜07年をモデル事業実施前（あるいは実施直後で効果が小さかった期間）、2010〜12年をモデル事業実施後と想定しています。よって、年ダミーが(1)式の $AFTER_{it}$ に該当します。

また、上では掲載を省略していますが、年齢や配偶者年収、子ども数などの属性も説明変数に入れています。例えば、配偶者の年収が高いほど、女性が非正規雇用を選択している可能性があります。ここで、もし配偶者の年収がモデル地域とそれ以外の地域で違っていれば、その影響が地域間の非正規雇用確率の違いに反映されてしまいます。説明変数で属性をコントロールするのはこうした点を考慮する目的があります。

推定結果をみると、モデル地域ダミーと2010〜12年ダミーの交差項のパラメータは有意にプラスになっており、「子育て支援総合推進モデル市町村事業」によってモデル地域の女性の非正規雇用確率が、他の地域よりも増加したことが示されています。また、限界効果をみるとこの事業によって女性の非正規雇用確率は16％増加しており、この増加分が地域の育児政策の平均処置効果 ATE とみなせます。

> **ポイント**
> ✓ 政策やプログラムの効果測定を客観的にする方法として、分析対象のトリートメントグループと比較対象のコントロールグループのアウトカムの2時点の変化の差をとるDD分析が有用である。
> ✓ 回帰分析によるDD分析では、アウトカム指標を被説明変数として、グループの違いを捉えるダミー変数、時点の違いを捉えるダミー変数、両者の交差項、その他コントロール変数を説明変数とする推定式を推定する。推定

> 結果のうち，交差項のパラメータが平均処置効果 ATE となる。

2 マッチング推定

2.1 マッチングの考え方

　前節でみたように，政策やプログラムを DD 分析で評価する際には，分析対象のトリートメントグループと比較対象のコントロールグループの差に注目しました。ここで，2つのグループを比較することで政策やプログラムなどの効果が測定できるのは，グループの間に属性などに系統的な違いが存在しないことが前提になっています。

　政策やプログラムの効果は，本来であれば，対象になった人のアウトカムが，仮に対象にならなかった場合のアウトカムよりも大きいかどうかで計測すべきです。しかし，現実には「仮に対象にならなかった場合のアウトカム」は観察できるものではありません。このため，次善策として，政策やプログラムの対象とならなかったコントロールグループに属する人と，アウトカムを比較しているといえます。よって，トリートメントグループとコントロールグループの属性は，できるだけ似ていることが望ましいのです。

　ところが，実際のデータにおいて，2つのグループで属性が似ていることは希です。このため，**統計的にグループ間で属性の似通ったサンプルを集め，それらをマッチさせて比較するマッチング推定**が開発されています。

　具体的には，トリートメントグループの各経済主体 i について，属性 X_i と似た属性 X_j を持つ経済主体 j をコントロールグループから探してマッチングを行い，それぞれのアウトカム（Y_i と Y_j）に有意差があるかを検定します。似た属性をマッチさせて比較するため「マッチング推定」と呼びますが，マッチさせる相手は1つのサンプルである必要はなく，属性の似た複数のサンプルを集めて合成させたアウトカムを比較することが一般的です。

2.2 マッチング推定の方法

マッチング推定にはいくつかの方法がありますが,以下,代表的な3つの方法を紹介します。

◉ 通常のマッチング

通常のマッチングは上で説明したもので,複数の属性 X_i をもとに,いずれの属性も近いサンプルを各グループから選んでマッチさせます。複数の属性の近さを計算するため,推定方法はテクニカルで複雑になりますが,考え方はとてもシンプルです。マッチさせた後は,トリートメントグループのアウトカムの平均値とマッチさせたコントロールグループのアウトカムの平均値の差を t 検定し,有意な差が検出できれば,平均処置効果があるとみなします。

◉ 傾向スコアマッチング

傾向スコアマッチング(propensity score matching)は,複数の属性 X_i をもとにマッチングをする代わりに,属性から**傾向スコア**(propensity score)という1つの指標を予測し,その予測値を用いてマッチングを実施する方法です。傾向スコアの予測値があれば,複数でなく1つの指標でマッチングを行えるため,通常のマッチング推定よりも簡単に実施できるメリットがあります。

傾向スコアとは,トリートメントグループに入る確率 P_i のことを指します。通常,傾向スコア P_i は,トリートメントグループを1とするダミー変数 TRE_i を被説明変数,属性 X_i を説明変数とするプロビットモデル($\Pr(TRE_i=1) = F(a+bX_i)$)を推定し,その予測値として求めます。傾向スコアは属性 X_i をもとに算出されるため,傾向スコアの近いサンプルをマッチさせれば,結果的に属性 X_i の近いサンプルを比較していることになります。

◉ 傾向スコア加重最小二乗法

傾向スコア加重最小二乗法は,傾向スコアを使ってウエイトを算出して加重最小二乗法(WLS)を適用するものです。加重最小二乗法を用いるので,計

量経済分析の応用として解釈しやすいのが特徴です。

グループごとに傾向スコア（トリートメントグループに入る確率）を比較すると，**図表13-2**にあるように，平均的にみればトリートメントグループに属する経済主体の傾向スコアは高いものの，中には低い傾向スコアを持つ経済主体（属性から判断するとコントロールグループに近い経済主体）も存在します。同様に，コントロールグループの中にも高い傾向スコアを持つ経済主体（トリートメントグループに近い経済主体）も存在します。

そこで，トリートメントグループで傾向スコアの低い経済主体と，コントロールグループで傾向スコアの高い経済主体の双方を大きく評価するウエイトを作成し，そのウエイトを用いて加重最小二乗法を実施すれば，より似通った経済主体同士を比較できることになります。具体的に，そのようなウエイトは，トリートメントグループを示すダミー変数を TRE_i，傾向スコアを P_i とすると，$\frac{TRE_i}{P_i} + \frac{1-TRE_i}{1-P_i}$ として算出できます。

2.3 マッチング推定の結果の見方

マッチング推定の結果の見方に慣れるため，第6章で扱った労働時間規制の適用除外について，規制が適用除外された労働者の労働時間が長くなるかどうかを推定した山本・黒田（2014）の推定結果をみてみましょう。

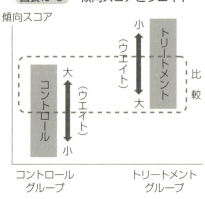

図表13-2　傾向スコアとウエイト

出所：筆者作成。

労働時間規制が適用されなくなると，残業代が支払われなくなるため，労働時間が過度に長くなってしまうのではないかという懸念がよく聞かれます。こうした懸念が正しいものかを調べるには，労働時間を被説明変数とし，労働時間規制の適用除外ダミーとその他の要因を説明変数とした以下の推定式を推定し，労働時間規制の適用除外ダミーのパラメータが有意になっているかを確認することが必要になります。

$$ln\ 労働時間 = \beta_0 + \beta_1 労働時間規制適用除外ダミー + \beta_2 その他要因 + 誤差項 \tag{2}$$

ここで，労働時間が適用除外されている労働者がトリートメントグループ，適用されている労働者がコントロールグループになります。ただし，上述のように，両グループの属性には差がないことが必要になります。**通常，グループ間の属性の違いは，(2)式のように，その他要因としてコントロールしますが，マッチング推定を行うことでも対処できます。**

図表13-3は，『日本家計パネル調査（JHPS/KHPS）』の2008～10年のホワイトカラー職のデータを用いて，全サンプルと大卒以外のサンプルに限定した2つのケースの推定結果をまとめています。ここで，最上段の最小二乗法による推定結果は，(2)式を最小二乗法で推定した場合の労働時間規制適用除外ダミー β_1 の係数と標準誤差を示しています。

次に，マッチング推定と傾向スコアマッチング推定の結果は，トリートメントグループとコントロールグループの労働時間の差を属性あるいは傾向スコアをもとにマッチング推定した結果をそれぞれ掲載しています。いずれも各グループの（マッチされた）平均値の差を有意差検定した結果を示しています。

最下段の傾向スコア加重最小二乗法による推定結果は，傾向スコアをもとに算出したウエイト $\left(\dfrac{TRE_i}{P_i} + \dfrac{1-TRE_i}{1-P_i}\right)$ を用いて，(2)式を加重最小二乗法で推定した場合の労働時間規制適用除外ダミーの係数と標準誤差を示しています。

図表13-3をみると，推定結果はいずれも類似しており，大きな差は見受けられません。つまり，労働時間規制が適用除外されている労働者ほど，週の労働時間が4～10％程度長い傾向があり，その傾向は通常の最小二乗法による推

図表13-3　労働時間規制の労働時間への影響の推定結果

	週当たり労働時間（対数値）	
	全サンプル	大卒以外
最小二乗法	0.043*** (0.012)	0.060*** (0.020)
マッチング推定	0.060** (0.014)	0.078** (0.025)
傾向スコアマッチング推定	0.059** (0.016)	0.095** (0.029)
傾向スコア加重最小二乗法	0.054*** (0.014)	0.097*** (0.021)
サンプルサイズ	1,607	769

注：1）***，**印は1％，5％水準で有意であることを示す。括弧内の数値は頑健標準誤差。
　　2）最小二乗法と傾向スコア加重最小二乗法は，労働時間規制の適用除外ダミーの係数のみを掲載。
出所：山本・黒田（2014）第2章を修正。

定結果でもマッチング推定結果でもみられる頑健なものといえます。

ポイント

- ✓ 政策やプログラムの効果測定を行う際には，トリートメントグループとコントロールグループの属性が似ている必要がある。
- ✓ グループ間で属性の違いがみられるときには，説明変数としてコントロールする方法の他に，似た属性を持つサンプル同士をマッチさせて比較するマッチング推定といった方法がある。
- ✓ マッチング推定には，通常のマッチング推定，傾向スコアマッチング推定，傾向スコア加重最小二乗法などの種類がある。

3　DD分析とマッチング推定の例：キャリア研修の効果測定

　DD分析とマッチング推定の例として，企業におけるキャリア開発研修の効果測定を行った山本（2015）の結果をみてみましょう。山本（2015）は大手民間研修提供企業との産学連携研究として，同社が複数企業に提供しているキャリア研修の受講企業と従業員向けに，独自のアンケート調査を実施しました。

アンケート調査では，研修受講者124人と非受講者149人に対して，研修受講前後の約1年間で主観的なパフォーマンス指標がどのように変化したかを調べています。パフォーマンスとしては，アイデンティティの形成や視野の広がり，ポジティブな場づくりといった多くの指標を用いており，いずれも前年と比べて傾向が強まったかどうかを1〜5の5段階で回答してもらっています。

ここで，研修受講者をトリートメントグループ，非受講者をコントロールグループとすると，各グループでの主観的なパフォーマンス指標の変化がわかるため，それらをグループ間で比較したり，従業員の属性でマッチングしたりすることで，DD分析や傾向スコアマッチング推定を通じた研修の効果測定が実施できます。

図表13-4はDD分析と傾向スコアマッチング推定を用いたDD分析（マッチングDD分析）によって推定した平均処置効果ATEの推定値を掲載しています。図表中の数値は研修受講者と非受講者の主観的パフォーマンス指標の変化の差を示しており，プラスの場合は研修受講者ほどプラスの変化が大きいと

図表13-4 研修効果のDD分析とマッチングDD分析

主観的パフォーマンス指標	平均処置効果の推定値	
	(1) DD分析	(2) マッチングDD分析
＜意識面の変化＞		
アイデンティティの形成	0.122(0.09)	0.265(0.13)**
当事者意識の強化	0.048(0.11)	0.097(0.15)
キャリア自己効力感	0.082(0.10)	0.144(0.13)
キャリア展望	0.048(0.06)	0.131(0.09)
視野の広がり	-0.010(0.10)	0.063(0.14)
男女平等意識	0.086(0.06)	0.225(0.08)***
他の職場への理解	0.077(0.08)	0.305(0.11)***
＜行動面の変化＞		
自発的職務改善	0.088(0.08)	0.215(0.11)*
上司との会話	-0.057(0.06)	0.026(0.34)
ポジティブな場づくり	-0.110(0.09)	0.094(0.12)
他の職場との交流	0.109(0.09)	0.373(0.12)***

注：括弧内の数値は標準誤差。***，**，*印は1％，5％，10％水準で有意であることを示す。サンプルサイズは273。
出所：山本（2015）。

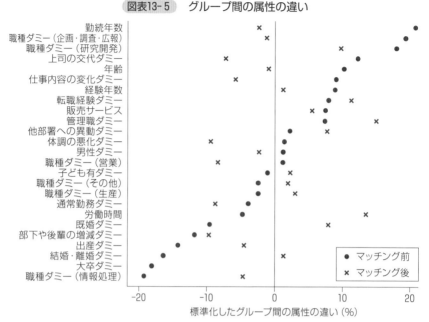

図表13-5 グループ間の属性の違い

出所:山本 (2015)。

解釈できます。つまり，数値が統計的に有意にプラスであれば，研修効果があるとみなせます。

図表13-4のDD分析の結果をみると，いずれのパフォーマンス指標でみても平均処置効果ATEは有意でなく，研修効果は認められません。ただし，ここではシンプルなDD分析をしているため，グループ間で従業員の属性が異なっており，そのために効果が正しく検出されていない可能性があります。

実際，研修受講者と非受講者のさまざまな属性の違いを検証してみると，**図表13-5**のように，勤続年数や職種，学歴，婚姻状態などの属性で違いがみられることがわかります。そこで，こうした属性の違いを考慮するため，従業員のさまざまな属性を用いて傾向スコア（研修受講確率）をプロビットモデルで推定し，それをもとにマッチング推定を行った結果を図表13-4の(2)列に示しています。

これをみると，アイデンティティ形成や男女平等意識，他の職場への理解，自

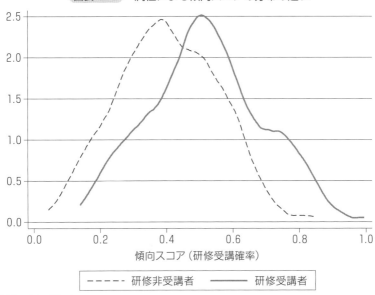

図表13-6 属性による傾向スコアの分布の違い

出所：山本（2015）。

発的職務改善，他の職場との交流といったパフォーマンス指標で統計的に有意にプラスの効果がみられています。つまり，**マッチング推定で属性の違いを補正することによって，DD分析の平均処置効果ATEが有意にプラスになった**といえます。こうした結果は，キャリア研修の効果は表面的には観察されにくいかもしれないものの，属性の違いなど他の要因を適切にコントロールすることで主観的パフォーマンス指標にあらわれることを示唆していると考えられます。

なお，図表13-5には，マッチさせた後のグループ間の属性の違いもプロットしていますが，総じて小さくなっていることがわかります。また，傾向スコアの分布をグループごとにプロットした図表13-6をみると，トリートメントグループの研修受講者のほうが傾向スコア（研修受講確率）は高いものの，コントロールグループの非受講者との差はそれほど大きくはなく，似たような傾向スコアを持つ従業員が多くいることがわかります。このように似た傾向スコアのサンプルが2つのグループに存在していれば，マッチング推定が適切に行われやすいといえます。

第 14 章

サバイバル分析
——生存時間の要因特定——

　第12〜13章ではパネルデータを活用した計量経済分析を扱いましたが，パネルデータは，分析対象とする事象がどの程度持続するかといった生存時間を分析することにも活用できます。こうした分析をサバイバル分析といいます。本章では，サバイバル分析の基本的な考え方や計量経済分析の手法，結果の見方について解説します。

> **本章の目標**
>
> ☐ 1 節：サバイバル分析は，あるイベントがどの程度の期間持続するかといった点について，生存時間や生存率，ハザード率を用いて明らかにするものであることを理解する。また，生存時間，生存率，ハザード率の関係を把握する。
> ☐ 2 節：サバイバル分析には，分布ハザードモデルと Cox 比例ハザードモデルの 2 つの種類があることを理解し，使い方や結果の見方を把握する。
> ☐ 3 節：サバイバル分析の結果を正しく読み取れるようにする。

1　生存・リスクの測り方とサバイバル分析の考え方

◉ イベントの発生と持続・リスク

　サバイバル分析は，ある事象・状態（**イベント**）の持続時間の決まり方を分析するもので，個人であれば雇用や失業，婚姻，同居，健康など，企業であれば黒字，操業，未上場など，さまざまなイベントが分析対象となります。どの程度持続するかということは，裏返せば，どの程度持続しないかを意味するため，サバイバル分析は，イベントが持続しないことのリスクを分析するものと解釈することもできます。

　例えば，婚姻状態の持続時間を分析することは，婚姻状態が崩れて離婚して

しまうリスクを分析することに他なりません。また、企業の存続を分析することは、倒産リスクを分析することになります。

サバイバル分析では、こうしたイベントの生存・リスクを分析対象にして、それらが個人や企業の属性によってどの程度異なるか、といった要因や影響の大きさを検証します。

◉ 利用データの特色

サバイバル分析の多くは、パネルデータを用います。ただし、データの利用方法は前章までの分析とは若干異なり、各時点でのイベントの持続の有無に注目して、図表14-1のようにデータを捉えます。

図表14-1では大学生の恋人カップルの交際というイベントに注目し、A～Dの4組のカップルを例に挙げています。イベントの発生時期、すなわち、恋人になった時期は同じではなく、カップルによって異なります。その後、交際が持続しているかどうかを〇印（持続）と●印（破局）で示しています。

サバイバル分析では、イベント発生から終了までの持続時間を分析対象にしますが、中には、カップルBのように交際状態のままデータが打ち切られてい

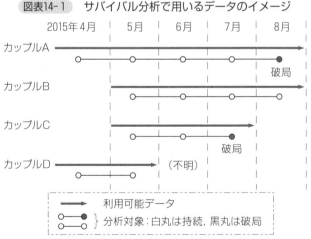

図表14-1　サバイバル分析で用いるデータのイメージ

出所：筆者作成。

たり，カップルDのように途中で交際持続の有無が不明のままデータが終わっていたりすることもあります。しかし，その場合でも，少なくとも把握できる期間は交際が持続したという情報を用いて分析が行われます。

◉ 生存時間と生存率

図表14-1のようなデータを用いて，サバイバル分析では，イベントの持続とリスクを生存時間，生存率，ハザード率といった指標で捉えます。

生存時間（survival time）とは，あるイベントが生じてからの持続時間のことで，時間，月，年などさまざまな単位で測られます。上の例では交際月数が生存時間になります。

生存率（survival rate）とは，イベントが生じた後にどのくらいの割合で持続しているサンプルが存在するかを示す指標です。生存率はイベント発生時に1からスタートし，その後，持続しないサンプルが生じるたびに低下していきます。上の例では，4組のカップルのうち各時点で何組が残っているかが生存率になります。

図表14-2は上の大学生のカップルの例を想定して，サークル内とそれ以外のカップル別に生存率の推移のイメージを図示したものです。生存率が時間とともに低下していくことが示されています。また，生存率の低下する度合いが

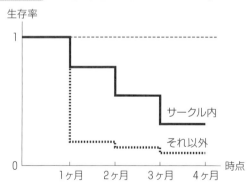

図表14-2　生存率曲線と属性による違い（イメージ）

出所：筆者作成。

サークル内カップルかどうかで異なり，サークル内のほうが長く続く傾向があることも示されています。

さらに，サークル内カップルは毎月ほぼ一定割合で生存率が低下している一方で，それ以外のカップルは最初の1ヶ月で大きく減少し，その後は持続する傾向があることもわかります。このように，**サバイバル分析では，どのような要因が生存率を高めるかといった点が注目されます。**

◉ ハザード率

ハザード率（hazard rate）とは，ある時点で持続しているイベントのうち，どの程度が次の時点で終了しているかを示す指標です。ハザードとは「危険」を意味し，生存の対の概念になります。ただし，生存率はイベントが生じたすべてのサンプルを分母にして各時点の生存サンプルの割合を測るのに対して，ハザード率は各時点で生存しているイベントを分母にして翌期のリスクを測る点で異なります。

ハザード率の推移をイメージすると，**図表14-3**のようになり，生存率でみられた傾向がそのまま反映されていることがわかります。ここで，サークル内カップルのハザード率はほぼ一定ですから，毎月一定数のカップルが破局していることがわかります。一方で，それ以外のカップルは付き合い始めにハザー

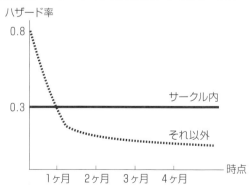

図表14-3　ハザード率曲線と属性による違い（イメージ）

出所：筆者作成。

ド率が高く，その後は低く安定していることから，初めの1ヶ月は破局するカップルが多く，それ以降は破局が少ない様子が描かれています。

● サバイバル分析における生存率とハザード率

生存時間，生存率，ハザード率の3つの指標は，どれも同じデータから計算されるので，いずれを分析対象にしても同様の結果が得られるはずです。ただし，サバイバル分析では，グラフをもとにイベントがどのように持続しているかを概観する際には生存率に注目し，回帰分析を用いた厳密な検証を実施する際にはハザード率に注目することが一般的になっています。

> **ポイント**
> ✓ サバイバル分析は，あるイベントが発生してからの持続時間がどのような要因によって決まるかを分析するものである。
> ✓ 分析には，イベントの持続を示す指標として生存時間や生存率，イベントの終了（リスク）を示す指標としてハザード率が用いられる。
> ✓ どの指標も同じデータから算出されるため，分析にはいずれも用いることができるが，グラフを用いた分析では生存率，回帰分析ではハザード率が活用されることが多い。

2 分布ハザードモデルとCox比例ハザードモデル

計量経済分析では，ハザード率に注目し，説明変数 X_i がハザード率 H_i にどのような影響を与えているかを捉えるモデルを推定します。推定するモデルは大きく分けて，分布ハザードモデルとCox比例ハザードモデルといった種類があり，いずれも多くの実証分析で活用されています。以下，それぞれの概要と推定結果の見方をみていきます。

2.1 モデルの概要

ハザード率 H_i は時間 t と説明変数 X_i を用いて以下のように示せます。

$$H_i = h(t)\exp(bX_i) \tag{1}$$

ここで，ハザード率 H_i は時間 t により変化する部分と，説明変数 X_i により変化する部分の2つから成り立っています。ハザード率が時間によってどのように変化するかを規定するのが**基準ハザード関数** $h(t)$ です。また，ハザード率が説明変数 X_i によってどのように影響を受けるかを規定する部分が関数 $\exp(bX_i)$ です（$\exp(\bullet)$ は自然対数の底の指数関数です）。

分布ハザードモデルと Cox 比例ハザードモデルでは，時間によりハザード率がどう変化するか，すなわち基準ハザード関数の捉え方が異なります。

◉ 分布ハザードモデル

分布ハザードモデルでは，(1)式の基準ハザード関数 $h(t)$ を何らかの分布関数で捉え，時間によりハザード率がどのように変化するかを特定します。分布関数の候補には，指数分布，ワイブル分布，対数正規分布，対数ロジスティック分布，ガンマ分布などさまざまあり，データに応じて当てはまりがよくなるような分布を分析者が指定します。

例えば，指数分布であれば $h(t)=1$ となるため，ハザード率が時間を通じて大きく変わらないときに利用します。一方，ワイブル分布であれば $h(t)=\theta t^{\theta-1}$ となるため，ハザード率は時間とともに変化し，かつ，その変化の仕方はパラメータ θ によって異なります。分布ハザードモデルでは基準ハザード率のパラメータも同時に推定するため，さまざまな形状のハザード率に当てはめることが可能になります。

分布ハザードモデルの推定では，基準ハザード率の関数形とともに，属性などの要因によってハザード率がどのように異なるかというパラメータ b に注目が集まります。(1)式から明らかなように，推定されたパラメータ b の有意性や符号条件をもとに，説明変数 X_i がハザード率を高めたり低めたりする要因に

なっているかを判断します。

● Cox比例ハザードモデル

これに対して，**Cox比例ハザードモデル**では，基準ハザード関数 $h(t)$ は特定化しません。代わりに，説明変数に応じてサンプルの比率をとることで基準ハザード関数 $h(t)$ をキャンセルアウト（相殺）する方法をとります。

簡略化した例として，説明変数 X_i がダミー変数1つのみで，1か0の値しかとらないケースを想定してみましょう。このとき，ダミー変数が1のサンプルと0のサンプルについて，(1)式の比率をとると以下(2)式のようになります。

$$\frac{H_{i|X_i=1}}{H_{i|X_i=0}} = \frac{h(t)\exp(b\cdot 1)}{h(t)\exp(b\cdot 0)} = \exp(b) \qquad (2)$$

(2)式では基準ハザード関数 $h(t)$ が分母と分子の双方にあるため，キャンセルアウトされ，ハザード率の比率の自然対数値がパラメータ b と一致します。このように，Cox比例ハザードモデルでは，基準ハザード関数の形状を考える必要はないというメリットがあります。

2.2 推定結果の見方

サバイバル分析の推定結果の見方を確認するため，大学生の授業出席の持続期間がどのような要因によって決まるのかを推定した例をみてみましょう。この推定では，第10章でも利用しましたが，筆者が担当した2013年度の計量経済学各論（ミクロ計量経済学）という授業の履修者276名の属性と出席状況のデータを利用しています。

ここでは授業を履修した時点でイベントが発生し，その後，定期的に実施した授業内レポートを提出し続け，さらに，期末試験を受験していれば最後まで出席が持続しているとみなしています。

● 生存率曲線の違い

このデータから生存率を算出し，時点ごとにプロットすると**図表14-4**のよ

図表14-4　授業出席の生存率曲線

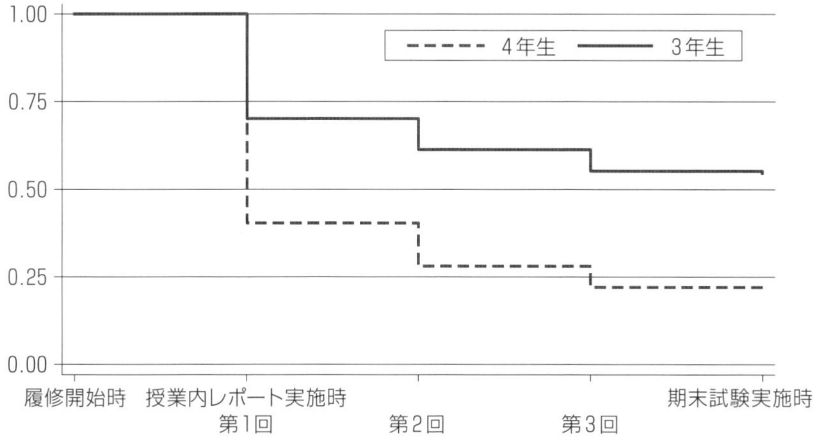

注：Kaplan-Meier による推定値。
出所：筆者作成。

うになります。図表14-4は学年による生存率の違いを示していますが、4年生は授業開始直後に生存率が大きく低下することや、その後は学年による生存率の違いが小さいことなどがみてとれます。

● ハザードモデルの推定結果

属性による生存率あるいはハザード率の違いがどの程度あるかを回帰分析によって確認すると、以下のようになります。

> ▷ 分布ハザードモデル（ワイブル分布）
>
>   ハザード率 ＝ 0.42 3年生ダミー ＋ 0.82 女性ダミー ＋ 0.13 山本ゼミダミー
>   　　　　　(-5.14)***　　　　　　(-0.97)　　　　　　　(-2.84)***
>
>   　　　　　　ワイブル分布のパラメータ θ ：1.23 (15.37)
>
> ▷ Cox 比例ハザードモデル
>
>   ハザード率 ＝ 0.55 3年生ダミー ＋ 0.83 女性ダミー ＋ 0.16 山本ゼミダミー
>   　　　　　(-3.62)***　　　　　　(-0.90)　　　　　　　(-2.58)**

注：数値はハザード比に与える影響。括弧内の数値は t 値。***、**印は1％、5％水準で有意であることを示す。

推定結果をみると，分布ハザードモデルとCox比例ハザードモデルで大きな違いはみられないことがわかります。

このほか，ハザードモデルの推定結果では，係数とハザード比（オッズ比）のいずれが示されているか，ハザード率と生存時間のいずれへの影響が示されているか，分布ハザードモデルの基準ハザード関数は何かといった点に注目することが重要になります。以下，これらの点について説明します。

◉ 係数とハザード比の違い

ハザードモデルは非線形モデルなので，係数は限界効果としては解釈できません。このため，推定結果で係数が示されている場合には，符号条件や有意性のみに注目することになります。

こうしたこともあり，ハザードモデルの推定結果の多くは，上の例のように，ハザード率の比率である**ハザード比（オッズ比）**に与える影響を示しています。上の分布ハザードモデルの推定結果をみると，3年生ダミーの係数は0.42となっていますが，この数値は「3年生のハザード率は4年生の0.42倍である」と読み取ります。

ハザード比が1であればハザード率は変わらないことになります。このため，ハザード比に与える影響を解釈する際には，1を基準にして，1未満であればハザード率は相対的に小さく，また，1よりも大きければ相対的に大きいとみなします。こうしたことから，括弧内の t 値には1未満だとマイナスをつけて表記することも慣例になっています。

仮説検定もこれまでのように0かどうかを検定するのではなく，1かどうかを検定するものになります。つまり，上の推定結果で統計的に有意とは，有意に1と異なることを意味しています。

◉ ハザード率への影響と生存時間への影響の違い

さらにサバイバル分析の推定結果を読み取る際には，示されている推定結果がハザード率と生存率のいずれに対する影響かを確認することも重要です。分析によっては，ハザード率への影響ではなく，生存時間への影響として係数や

オッズ比を載せているものもあります。

いずれに対する影響を示しているかで、係数の意味がまったく逆になってしまうため、特に留意が必要といえます。上の例はいずれもハザード率への影響が示されているので、プラス（ハザード比であれば1以上）であれば、その説明変数はイベントの持続を抑制する要因になっていると解釈します。仮に、時間に対する影響が示されていれば、プラスの推定結果はイベントの持続を促進する要因として解釈します。

● 分布ハザードモデルで仮定されている分布に注目する

最後に、分布ハザードモデルでは、基準ハザード関数に何を仮定したかに注目することも重要です。上の例ではワイブル分布を想定しているため、上述したようにパラメータ θ が推定されています。

● 推定結果の解釈

以上の点を踏まえて、上の推定結果をみてみると、次のことがわかります。まず、いずれのモデルでも3年生ダミーと山本ゼミダミーがマイナスで有意になっています。このことは、3年生や山本ゼミであればハザード率が低く、授業に長く出席する傾向が強いことを示唆します。また、女性ダミーは有意になっていないため、授業出席の持続期間は性別によっては異ならないと解釈できます。

> **！ ポイント**
>
> ✓サバイバル分析では、分布ハザードモデルと Cox 比例ハザードモデルのいずれかを用いた推定が行われる。分布ハザードモデルでは、基準ハザード関数に特定の分布を仮定してパラメータを推定し、Cox 比例ハザードモデルでは、比率をとることで基準ハザード関数を消去してパラメータを推定する。
> ✓パラメータの推定結果はハザード率のハザード比への影響として示されることが多く、その場合には、1よりも大きければプラスの影響、1よりも小さければマイナスの影響として解釈する。また、示されている影響がハザード

率と生存時間のいずれに対するものなのかにも留意したうえで，推定結果を解釈することが望ましい。

3 サバイバル分析の例

3.1 Cox比例ハザードモデル：大学生の交際期間

サバイバル分析の例として，冒頭の例でも取り上げた大学生の恋人カップルの持続期間に関して，Cox比例ハザードモデルで推定した結果をみてみましょう。大里ほか（2011）は，大学生を対象に独自のアンケート調査を実施し，約300人のデータから，どのようなカップルの交際期間が長いかを検証しました。そこで，男女別にCox比例ハザードモデルを推定した結果を図表14-5に抜粋しました。

図表14-5はハザード比への影響を掲載しているため，数値が1よりも小さいかどうかで交際期間を伸ばす要因かどうかを判断します。推定結果をみると，国立大学ダミーや理系男子・文系女子のカップルを示すダミーなどのハザード比への影響が1を超えており，これらの要因は有意に交際期間を短くすることがわかります。また，過去の恋人数は男性でマイナスに有意になっており，恋愛経験が交際期間を延ばす要因になることが示唆されます。

このほか，恋人が年上か年下かを示すダミー変数については，女性の恋人年上ダミーのみ，統計的に有意にマイナスになっており，年上の恋人と付き合っている女子学生は，他よりも交際期間が長くなっていることもわかります。

3.2 分布ハザードモデル：女子大の存続要因の特定

サバイバル分析の別の例として，ワイブル分布を仮定した分布ハザードモデルを用いて女子大学の存続要因を検証した荒ほか（2015）をみてみましょう。荒ほか（2015）は，国公立・私立116校の1970～2014年のデータをもとに，どのような女子大学が存続しやすいのかを，設立年や学部，校風などに注目しな

図表14-5　大学生のカップルの持続要因の推定結果

被説明変数＝ハザード率	(1)男性	(2)女性
国立大学ダミー	6.53** (2.00)	2.37* (1.85)
過去の恋人数	0.76* (-1.67)	0.95 (-0.58)
文系男子×理系女子ダミー	2.16 (0.46)	5.21** (2.40)
理系男子×文系女子ダミー	6.14** (2.51)	5.60** (2.20)
恋人年上ダミー	0.61 (-0.38)	0.29* (-1.95)
恋人年下ダミー	0.48 (-0.77)	0.77 (-0.60)
その他変数	yes	yes
サンプルサイズ	110	193

注：ハザード比への影響を掲載。括弧内の数値は t 値。***，**，*印は1％，5％，10％水準で有意であることを示す。
出所：大里ほか（2011）。

がら分析しています。

　分析では，女子大学として存続しているかに注目し，統合・合併・移行・移管・共学化が生じた時点で女子大学としての存続が終了したとみなして，サバイバル分析を実施しています。この定義に従うと，分析対象にした116校のうち41校が女子大学としての存続を45年間のうちに終えています。

　まず，設立年代別に女子大学の生存率曲線を比べた図表14-6をみると，1940年代に設立された女子大学の生存率が最も高く，近年になるにつれて生存率が低くなる傾向があることがわかります。

　次に，図表14-7で，女子大学の生存を分布ハザードモデルで推定した結果をみてみましょう。**ここでは生存時間に対する影響として係数が表示されているため，プラスの係数は女子大学としての存続を促進する要因と解釈できます。**

　図表14-7をみると，設立年ダミーはいずれも有意に負になっており，1950年代以降に設立された女子大学は1940年代に設立された女子大学よりも存続しにくいことがわかります。

　学部については，当該学部が大学に設置されていれば1をとる学部ダミーを用いていますが，推定結果をみると，被服学部は存続にマイナスの影響がある一方で，保育学部や栄養学部，グローバル学部ではプラスの影響があることがわかります。保育学部や栄養学部のように専門性があったり，グローバル学部

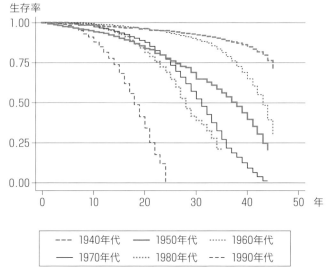

図表14-6 女子大学の生存率曲線

注：Kaplan-Meier による推定値。
出所：荒ほか (2015)。

のように時代にマッチした特性があったりすると，存続しやすいとの解釈が可能です。

　一方，大学紹介や学長メッセージ，沿革，学部紹介，情報公開などの情報から収集し，独自に分類した校風については，ダミー変数のベースとなる実学系の校風を持つ女子大学に比べて，自立・人間教育・社会相互扶助といった校風を持つ女子大学は存続しにくいことも示されています。

図表14-7　女子大学の存続要因の推定結果

被説明変数＝生存時間	(1)		(2)		(3)	
設立年ダミー（ベース＝1940年代）						
1950年代	-0.34***	(-8.86)	-0.51***	(-11.25)	-0.31***	(-7.57)
1960年代	-0.06*	(-1.85)	-0.17***	(-4.39)	-0.06*	(-1.74)
1970年代	-0.33***	(-7.19)	-0.62***	(-12.05)	-0.24***	(-4.88)
1980年代	-0.42***	(-7.81)	-0.78***	(-13.66)	-0.37***	(-6.43)
1990年代	-0.95***	(-19.38)	-1.20***	(-23.26)	-0.99***	(-20.21)
学部ダミー（設置されている大学に1）						
被服	-0.06*	(-1.85)			-0.02	(-0.43)
保育	0.20***	(7.35)			0.21***	(7.61)
栄養	0.27***	(9.15)			0.30***	(9.47)
グローバル	0.33***	(9.14)			0.31***	(8.32)
校風ダミー（ベース＝実学）						
自立			-0.19***	(-3.97)	-0.25***	(-5.69)
人間教育			-0.28***	(-5.90)	-0.20***	(-4.59)
社会相互扶助			-0.11**	(-2.10)	-0.15***	(-3.18)
サンプルサイズ	4,336		4,336		4,336	

注：1）ワイブル分布を仮定した分布ハザードモデルの推定結果。
　　2）生存時間への影響（係数）を掲載。括弧内の数値は t 値。***，**，*印は1％，5％，10％水準で有意であることを示す。
　　3）その他の変数は掲載を省略。
出所：荒ほか（2015）。

第15章
パネルデータを活用した実証分析の具体例
──さまざまな推定結果の見方とその実践 3──

　本章では第Ⅲ部で取り扱ったモデルや推定方法を実践的に理解するための練習をしていきます。パネルデータを用いた固定効果モデル，操作変数を用いた推定，DD 分析による政策評価について，具体的な推定結果を紹介し，ポイントとなる事項を中心に，問いに答える形式で解説します。

> **本章の目標**
>
> □各節：パネルデータを用いたさまざまな推定結果を実践的に理解できるようにする。
> □1節：固定効果モデルの推定結果を理解する。
> □2節：操作変数を用いた固定効果モデルの推定結果を理解する。
> □3節：固定効果モデルと DD 分析の推定結果を理解する。
> □4節：マッチング DD 分析の推定結果を理解する。

1　固定効果モデルと変量効果モデル：人々はどのようなときに NHK を視聴するのか

　第12章ではパネルデータを用いた推定として，固定効果モデルを扱いました。固定効果モデルを活用した例として，テレビのニュース番組の視聴率を検証した加藤ほか (2014) をみてみましょう。加藤ほか (2014) は，NHK のニュース番組に対する信頼性を検証するため，災害時や総理大臣交代時など，人々が重要な情報を得ようとする際に，民間放送よりも NHK のニュース番組を視聴しているかを固定効果モデルで推定しました。

　推定では，NHK と民間放送のニュース番組を観測単位として，2011年1月3日から2012年1月1日まで構築した11番組の平均視聴率の週次パネルデータ

を利用しています。ニュース番組は，通勤や通学前の幅広い世代が視聴している朝7時と夜11時の時点で放送を行っている番組を選定しています。その上で，震災や台風，総理大臣交代時にNHKニュース番組の平均視聴率が民間放送よりも高いかを調べるため，平均視聴率を被説明変数とする固定効果モデルを推定しています。

説明変数には，東日本大震災が発生してから1ヶ月の期間に1をとる震災ダミー，台風が北緯20度以上・東経130度以東を基準として日本に接近した日の前後1週間を1とする台風ダミー，総理大臣交代日・内閣終了日・成立日の前後1週間を1とする総理大臣交代ダミー，NHKのニュース番組を1とするNHKダミーを用いています。

推定結果は**図表15-1**のとおりです。表では，震災・台風・総理大臣交代の3つのダミー変数とNHKダミーの交差項について，組み合わせを変えながらいくつかの推定を行っています。これらの推定結果の読み方や推定方法につい

図表15-1　ニュース番組の視聴率に関する推定結果

被説明変数＝平均視聴率	(1)	(2)	(3)	(4)
震災ダミー	0.04			0.07
	(0.17)			(0.44)
震災×NHKダミー	3.47***			3.52***
	(0.39)			(0.40)
台風ダミー		0.14		0.04
		(0.14)		(0.15)
台風×NHKダミー		0.09		0.48
		(0.33)		(0.33)
総理大臣交代ダミー			0.41**	0.40*
			(0.21)	(0.21)
総理大臣交代×NHKダミー			-0.3	-0.3
			(0.49)	(0.49)
サンプルサイズ	589	589	589	589

注：1) 括弧内の数値は標準誤差。***，**，*印は1％，5％，10％水準で有意であることを示す。定数項は掲載を省略。
　　2) ハウスマン検定の結果，いずれも変量効果モデルではなく固定効果モデルが支持される。
出所：加藤ほか（2014）。

て，いくつかの問いに答える形式で考えてみましょう。

> **問A．推定でコントロールしている固有効果は具体的にどのようなもので，統計的にどのような特性があると考えられますか？**

　ここではニュース番組を観測単位としたパネルデータを用いています。このため，固有効果はそれぞれのニュース番組に固有の要因で，常に視聴率に影響を与えるものが該当します。具体的には，有名なキャスターや解説者が出演していることや個性的な番組づくりをしていること，伝統や知名度，時間帯の違いなどが固有効果の例として挙げられます。

　表の注2にあるように，ハウスマン検定では変量効果モデルではなく，固定効果モデルが支持されているため，これらの固有効果は説明変数と相関を持っていることがわかります。よって，変量効果モデルで推定すると，誤差項と説明変数が独立であるという誤差項の仮定が満たされず，一致性のあるパラメータが推定されないという問題が生じます。このため，推定は固定効果モデルとして行っています。

> **問B．注目するNHKダミーを単体で説明変数に用いていないのはなぜでしょうか。**

　固定効果モデルでは，各変数とも期間平均からの乖離をとることで固有効果を除去し，最小二乗法を適用しています。このため，**時間によって変化しない要因はすべて除去されてしまうため，NHKダミーも単体では説明変数に含めることができません**。代わりに，推定では，震災ダミーや台風ダミー，総理大臣交代ダミーといった時間によって変わる変数との交差項をとり，影響の違いを捉えようとしています。

問C. 推定結果から何がわかるでしょうか？

まず，(1)列をみると，震災ダミーは有意でないものの，震災ダミーとNHKダミーの交差項は有意になっていることがわかります。このことから，震災の時期にニュース番組が全般的に高い視聴率を記録していたことはないものの，NHKのニュース番組については視聴率が高かったことが把握できます。係数から判断すると，震災の時期にNHKのニュース番組は，視聴率が3.47%高くなっていたことがわかります。視聴率の平均値は6.8%なので，3.47%という差は大きいものと判断できるでしょう。

同様に，(2)〜(3)列をみると，NHKダミーとの交差項は台風ダミーおよび総理大臣交代ダミーについて有意ではないことがわかります。総理大臣交代ダミーは単体で有意にプラスになっており，総理大臣が交代する時期にニュースの視聴率が高まるものの，特にNHKの番組に偏って生じるわけではないといえます。

(1)〜(3)列の結果は，説明変数をすべて同時に入れた(4)列でもほとんど変わりません。つまり，人々は震災の時期は民間放送よりもNHKのニュース番組を好んで視聴していたことが示されます。このことから，加藤ほか（2014）は，NHKは災害時に信頼できる情報を放送するという役割を果たせていると解釈しています。

2　固定効果モデルと操作変数法：メンタルヘルスの状態が悪くなると企業業績が悪化するのか

第12章では，固定効果モデルを用いると，時間によって変わらない固有の要因から生じる逆の因果性に対処できることを説明しました。また，時間によって変わる要因によって生じる逆の因果性については，第11章で扱った操作変数を用いた推定が必要になることも説明しました。

そこで，企業パネルデータを用いて，従業員のメンタルヘルスの状態が悪化すると企業業績にどのような影響が生じるかを検証した山本・黒田（2014）を

figure 15-2 メンタルヘルスが企業業績に与える影響の推定結果

被説明変数＝売上高利益率（ROS）						
	固定効果			固定効果操作変数法		
	(1)	(2)	(3)	(4)	(5)	(6)
メンタルヘルス休職者比率						
当期	0.00			-0.02		
	(0.01)			(0.04)		
1期前		-0.01			-0.05	
		(0.01)			(0.07)	
2期前			-0.02*			-0.09*
			(0.01)			(0.06)
サンプルサイズ	825	819	804	623	618	606

注：1）括弧内の数値はロバスト標準誤差。*印は10%水準で有意であることを示す。定数項とその他の変数は掲載を省略。
　　2）ハウスマン検定の結果，固定効果モデルが支持される。操作変数として，メンタルヘルス施策の導入数などを用いている。
出所：山本・黒田（2014）第10章。

もとに，操作変数を用いた固定効果モデルの推定結果をみてみましょう。

山本・黒田（2014）は約450社の企業のパネルデータを用いて，企業の売上高利益率（ROS）を被説明変数，メンタルヘルスを理由に休職している従業員の比率（メンタルヘルス休職者比率）やその他の変数を説明変数とする固定効果モデルを推定しています。

ただし，説明変数に用いているメンタルヘルス休職者比率は内生変数になっている可能性があるため，企業が導入しているメンタルヘルスに関する施策の数などを操作変数に用いた推定も併せて行っています。また，メンタルヘルスが企業業績に与える影響はすぐに表れず，ラグを伴うとも考えられるため，当期だけでなく，1期前や2期前の時点のメンタルヘルス休職者比率を説明変数に用いた推定も行っています。

推定結果は図表15-2のとおりです。図表15-2のうち，(1)～(3)列が固定効果モデルの推定結果，(4)～(6)列が操作変数を用いた固定効果操作変数法による推定結果です。これらの推定結果や推定モデルなどについて，問いに答える形式で考えてみましょう。

問A．この推定では，なぜ固定効果モデルを用いるのでしょうか？

推定では，説明変数に用いているメンタルヘルス休職者比率が高い職場や企業では，働き方に何らかの問題があり，従業員全体の生産効率が低下するなどして，結果的に企業業績が悪化する可能性を捉えようとしています。つまり，説明変数のメンタルヘルス休職者比率が原因となって，被説明変数の売上高利益率を低める可能性があるといった想定をしています。

しかし，実際には，業績の悪い企業では，従業員の給与が減らされたり，従業員がリストラの不安を感じていたり，職場の雰囲気が悪くなったりするために，従業員のメンタルヘルスの状態が悪くなっている，といった逆の因果性も考えられます。つまり，説明変数のメンタルヘルス休職者比率が外生変数ではなく，被説明変数の売上高利益率の影響を受ける内生変数になっていることが懸念されます。

そこで，この推定では，固定効果モデルを用いることで，常に業績が悪いために多くの従業員がメンタルヘルスを病んでいる，といった時間不変の要因による逆の因果性をコントロールしようとしています。

なお，表の注2にあるように，ハウスマン検定では，固有効果と説明変数に相関があるため，固定効果モデルを用いたほうがいいことが示されており，統計的にも固定効果モデルの適用が支持されます。

問B．なぜ操作変数を用いた推定も行っているのでしょうか？

固定効果モデルを用いることで，時間によって変わらない固有効果から生じる逆の因果性には対処できますが，時間によって変わる要因がもたらす逆の因果性には対処できません。例えば，急激に業績が悪化したことでメンタルヘルス休職者比率が上昇するといった関係性は固定効果モデルでも残ってしまいます。

そこで，推定では操作変数を用いることで，この点に対処しようとしています。この場合，操作変数に必要とされる条件は，内生変数になっているメンタ

ルヘルス休職者比率に影響を与えるものの、被説明変数の売上高利益率からの直接影響は受けないことです。この推定では、操作変数として、企業が導入しているメンタルヘルスに関する施策の数を用いています。この変数が上述の条件を満たしていれば、操作変数法と固定効果モデルを組み合わせることで、逆の因果性に対処できるといえます。

> **問C．メンタルヘルス休職者比率のラグを説明変数に用いている理由は何でしょうか？**

上述したように、ここでは、メンタルヘルス休職者比率が上昇しても、その影響がすぐには企業業績に及ばず、影響が出るには1～2年程度のラグが生じる可能性を考慮しています。

このほか、ラグを用いるのは、逆の因果性に対処するという理由もあります。というのも、業績悪化によって従業員のメンタルヘルスが悪くなるとしたら、業績とメンタルヘルス指標の時点をずらせば、そうした逆の因果性が生じなくなるといえます。具体的には、メンタルヘルス休職者比率の時点を過去に遅らせることで、メンタルヘルス休職者比率が上昇した1～2年後に企業の利益率が悪化するといった関係性を捉えることになります。

このとき、時点がずれているので、企業業績の悪化によって1～2年前のメンタルヘルスの状態が悪くなるとは考えにくいでしょう。このように、**原因とみなしている説明変数のラグをとり、時間的なタイミングの違いから因果関係を推察する方法は、計量経済分析ではよく用いられます。**

> **問D．推定結果から何がわかるでしょうか？**

推定結果をみると、固定効果モデルと固定効果操作変数法による推定のいずれでも、メンタルヘルス休職者比率のパラメータは当期と1期前では有意ではなく、2期前でのみ有意になっていることがわかります。つまり、メンタルヘルス休職者比率の上昇はすぐには企業の売上高利益率に影響を与えないものの、

2年のラグを伴って，売上高利益率を低下させるマイナスの影響があることがわかります。

3　DD分析：市町村合併によって水道料金は安くなったのか

第13章ではパネルデータを用いたDD分析を行うことで，政策変更やプログラムの効果測定が実施できることを説明しました。そこで，水道事業所の合併によって，水道料金が低下したかをDD分析で検証した愛木ほか（2014）をみてみましょう。

日本の水道料金は市町村によって大きな違いがあることが知られています。先行研究では水道事業には規模の経済性があるために，合併によって生産効率を上げ，水道料金の引き下げも可能になると指摘するものもあります。そこで，愛木ほか（2014）は，平成の大合併（市町村合併）に伴って全国で多くの水道事業所が合併した事象に注目し，合併前後で水道料金の低下がみられたかを検証しています。具体的には，水道事業所を観測単位として，市町村合併がみられた期間の前後の2時点（1999年と2006年）のパネルデータを用いた推定を図表15-3のように行いました。

図表15-3　水道事業所の合併効果についての推定結果

被説明変数＝ln 水道料金	(1)	(2)
合併ダミー	0.0547** (1.96)	0.043* (1.75)
2006年ダミー	0.0457** (2.45)	0.011 (0.64)
合併ダミー×2006年ダミー	-0.037 (-0.94)	-0.055 (-1.59)
その他コントロール変数	no	yes
自由度修正済決定係数	0.003	0.227
サンプルサイズ	1,928	1,928

注：1）***，**，*印は1％，5％，10％水準で有意であることを示す。括弧内の数値は t 値。
　　2）その他の変数は掲載を省略。
出所：愛木ほか（2014）。

ここで，被説明変数に各地域の水道料金（合併が起きた地区の合併前の水道料金は，合併前の水道料金の加重平均値），説明変数に合併地域を示す合併ダミー（合併地域であれば1，それ以外は0をとるダミー変数），合併が終了している時点を示す2006年ダミー（2006年が1，1999年が0をとるダミー変数），その他水道料金に影響を与えるコントロール変数（稼動率など）を用いています。この表から，合併の効果をどのように読み取れるでしょうか。

問A．合併ダミーと2006年ダミーの係数から何がわかりますか？

合併ダミーのパラメータは，時点にかかわらず合併の起きた地域の水道料金がそれ以外の地域と比べてどの程度違うかを示しています。表をみると，**合併ダミーは統計的に有意にプラスとなっていて，パラメータの大きさから，合併の起きた地域の水道料金は期間を通じて4～5％程度高かったことが把握できます。**

一方，2006年ダミーの係数は，合併の有無にかかわらず，2006年時点の水道料金が1999年時点と比べてどの程度違うかを示しています。表をみると，**その他の要因をコントロールしない場合は2006年のほうが水道料金が5％弱高く，コントロールした場合は1999年と2006年で水道料金に有意な差はみられないことがわかります。**

問B．合併ダミーと2006年ダミーの交差項の係数から何がわかりますか？

推定では，合併ダミーと2006年ダミーの両方を入れた上で，さらにそれぞれの交差項も含めており，DD分析を行っています。この交差項は，合併した地域で，かつ，2006年であるときに1をとるものです。このため，交差項の係数は，合併後の水道料金の変化が合併した地域でどの程度異なるか，すなわち，合併の平均処置効果（ATE）を示すことになります。

ここで，上述のように合併ダミーのパラメータは「合併地域と非合併地域にみられる（2時点に共通した）料金の差（D）」を示しています。また，2006

年ダミーのパラメータは「合併前後の（各地域に共通した）料金の差（D）」を示しています。そして、交差項の係数は「合併前後の料金変化が合併地域と非合併地域でどの程度異なるか（DD）」を示すことになります。

合併地域の水道料金に変化があったとしても、景気動向の違いなどの他の要因によるものである可能性があります。そこで、合併していない非合併地域の水道料金の変化との差をとることで、合併による水道料金の変化を抜き出すという考え方に従って、推定では、合併ダミーと2006年ダミーの交差項を入れています。

表をみると、いずれのケースも交差項は統計的に有意になっていません。このため、水道事業所の合併で規模が大きくなっても水道料金の変化はみられなかったと判断できます。

4　マッチング DD 分析：高年齢者雇用安定法改正の影響によって就業率は上昇したか

第13章では DD 分析の応用として、マッチング推定やマッチング推定を用いた DD 分析を紹介しました。その例として、高年齢者雇用安定法の2006年4月の改正の効果測定を行った山本（2008）の結果をみてみましょう。

日本では、高年齢者雇用安定法の改正が繰り返され、企業における60歳代前半の雇用維持が促進されてきました。そうした改正のうち、2006年4月の改正では、企業に対して、①定年年齢の引き上げ、②継続雇用制度の導入、③定年廃止のいずれかの手段を講じることを義務づけました。その結果、60歳代前半の就業率が上昇したと言われていますが、当時は景気回復期でもあり、法改正以外の要因で就業率が上昇した可能性もあります。つまり、就業率の上昇のどの程度が法改正の効果であったかは自明ではありません。

そこで、山本（2008）は『日本家計パネル調査（JHPS/KHPS）』の2006～07年の個票データをもとに、60-62歳をトリートメントグループ、57-59歳をコントロールグループとした継続就業率に関する DD 分析を行っています。2007年に法改正の影響を受けたのは60-62歳の雇用者だけで、かつ、公的年金の支

図表15-4　高年齢者雇用安定法改正の継続就業率への影響に関するDD分析

	法改正前 2006年 (1)	法改正後 2007年 (2)	差（D） シンプル (3)	差の差（DD） シンプル (4)	差の差（DD） マッチング (5)
トリートメントグループ <60-62歳：55歳で雇用者>	55.1 <49.9> [147]	68.1 <46.7> [188]	13.0** (5.2)	11.3* (5.3)	14.4** (4.1)
コントロールグループ <57-59歳：55歳で雇用者>	92.0 <27.2> [163]	93.7 <24.4> [285]	1.7 (2.4)		

注：1) **, *印は5％、10％水準で有意であることを示す。< >内の数値は標準偏差、[ ]内の数値はサンプルサイズ、( )内の数値は標準誤差。
　　2) マッチングに用いた変数は、年齢、性別、婚姻状態、世帯人数、学歴、非勤労収入、借入金、健康状態。
出所：山本（2008）。

給開始年齢引き上げの対象にもなっていなかったため、60-62歳の雇用者の就業率には法改正の影響が反映されやすいといえます。

推定結果は**図表15-4**のとおりです。表には、法改正前後の就業率やその変化、DD分析、マッチングDD分析の結果を載せています。この表から、法改正の効果はどのように把握できるでしょうか。

問A．法改正前後で就業率はどのように変わりましたか？

各グループの就業率の平均値は(1)列と(2)列に示されており、いずれのグループでも就業率が上昇していることがわかります。変化幅は(3)列に示されており、**トリートメントグループでは就業率が13％も上昇したことがわかります。一方、コントロールグループでも有意な変化ではありませんが、1.7％上昇したことも示されています**。

> 問B．DD 分析やマッチング DD 分析を行うことの意義はどこにありますか？

　2007年頃は景気回復期であったため，法改正がなくても高年齢者の継続就業率は高まっていた可能性があります。こうした点を考慮するため，図表15-4 ではコントロールグループの就業率の変化も示しており，さらに，(4)〜(5)列ではグループ間の就業率の変化の差を示しています。

　(4)列ではシンプルにトリートメントグループの就業率の変化幅13%からコントロールグループの変化幅1.7%を引いており，単純な DD 分析を行っています。つまり，トリートメントグループで13%の就業率の上昇がありましたが，法改正の影響を受けていないはずのコントロールグループでも就業率が1.7%上昇しています。よって，その1.7%の上昇は景気回復による影響とみなすことができるため，法改正の純粋な影響は11.3%と判断できます。

　一方，トリートメントグループとコントロールグループには，年齢，性別，婚姻状態，世帯人数，学歴，非勤労収入，借入金，健康状態といった属性の違いがあるかもしれず，その違いが大きければ，DD 分析の結果は正しくないかもしれません。そこで，(5)列では属性をもとにマッチング推定を実施し，属性の近い労働者をトリートメントグループとコントロールグループで比較しています。マッチング推定を用いた DD 分析の結果をみると，平均処置効果（ATE）は14.4%で，むしろシンプルな DD 分析の結果よりも大きく推定されていることがわかります。

　いずれにしても，2006年4月施行の高年齢者雇用安定法の改正によって，60歳代前半の就業率は大きく上昇したことが確認できます。

5　演習問題

　以下，マッチング推定やサバイバル分析の例を紹介します。演習問題として，解いてみてください。

5.1 ジョブカフェと若年雇用【マッチング DD 分析】

雇用促進を目的とした政策は，高齢層だけでなく，若年層に対しても行われています。例えば，2000年代には若年層の就業率を高めるために政府で「若者自立・挑戦プラン」が策定され，全国にジョブカフェと呼ばれる若年層の雇用促進のためのセンターが設置されたり，一部地域をモデル地域に指定してジョブカフェの機能強化を図る事業が進められたりしました。

そこで，山本・野原（2014）では，モデル地域で実施されたジョブカフェ強化事業が若年層の就業率を高めたかについて，傾向スコアマッチング推定によるDD分析を行いました。分析には『日本家計パネル調査（JHPS/KHPS)』の個票データを利用し，モデル地域とそれ以外の地域に居住するおおむね35歳未満の男性の就業率の差を傾向スコアマッチング推定で算出するとともに，その差をジョブカフェ強化事業の実施の前後で比較しています。

その結果を抜粋したものが**図表15-5**です。表では2004～07年の各年について，モデル地域とそれ以外の地域の男性の正規雇用率の差をマッチング推定した結果を示しています。さらに，その横に事業実施前の2004年の差との差も示しています。この表について，以下の問いに答えてください。

図表15-5　ジョブカフェ強化事業の効果測定の推定結果

	モデル地域とそれ以外の地域差 (D)	2004年の地域差の差 (DD)
2004年（事業開始前）	-0.08　(0.06)	－　　　－
2005年	0.124**(0.05)	0.200**(0.08)
2006年	-0.08　(0.08)	-0.01　(0.10)
2007年	-0.02　(0.08)	0.05　(0.09)

注：1）**印は5％水準で有意であることを示す。括弧内の数値は標準誤差。
　　2）その他の変数は掲載を省略。
出所：山本・野原（2014）。

> 問A．傾向スコアマッチング推定では，モデル地域とそれ以外の地域の労働者の属性が近くなるように，どのような推定を行っていますか？
> 問B．推定結果からどのようなことがわかりますか？

5.2　お笑い芸人の持続期間【サバイバル分析】

　お笑い芸人の中には長く人気が続く人もいれば，すぐに人気がなくなってしまう人もいます。こうした違いはどのような要因によって生じるのでしょうか。中村ほか（2010）はこの点について，毎月発表されているテレビ出演回数ランキングのデータを用いて，サバイバル分析を実施しています。

　中村ほか（2010）は，200人の芸人を観測単位として，テレビ出演回数がランキング100位以内に入っている状態がどのような要因によって持続するかをワイブル分布にもとづく分布ハザードモデルで推定しています。

　説明変数には，吉本興業所属，コンビ，西日本出身，女性であれば1をとる各種ダミー変数や芸歴（年）などを用いています。推定結果は**図表15-6**のとおりです。表をもとに，次の問いに答えてください。

図表15-6　お笑い芸人の人気に関するサバイバル分析の推定結果

被説明変数＝生存時間（月）		
吉本興業所属ダミー	0.315*	(0.17)
コンビダミー	-0.148	(0.19)
西日本出身ダミー	-0.111	(0.16)
女性ダミー	0.011	(0.25)
芸歴	0.022***	(0.01)
その他変数	yes	
サンプルサイズ	200	

注：1）***，*印は1％，10％水準で有意であることを示す。
　　2）数値は生存時間への影響を示している。括弧内の数値は標準誤差。
　　3）その他の変数は掲載を省略。
出所：中村ほか（2010）。

問A．吉本興業の芸人のハザード率は，他の芸人よりも高いといえますか？

問B．その他，どのような芸人の人気が続きやすいといえますか？

参考文献

愛木佑人・安西琢未・今田暁・藤原広騎・武藤愛（2014）「平成の大合併に伴う水道事業所の合併効果」，『三田商学研究・学生論文集』，慶應義塾大学商学部，2014年3月

朝日慎也・日下舞子・本郷みづき・山崎裕美・山田明史・山本純也，「キャラクターの計量分析」，『山本勲研究会・三田祭論文集』，慶應義塾大学商学部，2010年11月

秋山信介・大畑和之・山下亮潤，「Ｊの経済学」，『山本勲研究会・卒業論文集』，慶應義塾大学商学部，2009年3月

安部潤・野原快太，「動物園民営化のすゝめ」，『山本勲研究会・卒業論文集』，慶應義塾大学商学部，2014年3月

荒舞衣子・飯島えり子・今井里紗・川原遥夏・税所篤大力・高木快，「女子大学の教育効果と存続要因の分析」，『三田商学研究・学生論文集』，慶應義塾大学商学部，2015年3月

上野嘉郎，「文学賞の計量分析」，『山本勲研究会・卒業論文集』，慶應義塾大学商学部，2012年3月

江種穂波・奥野寛史・小林雄一・廣石知美・俞崢，「ネーミングライツの経済分析」，『三田商学研究・学生論文集』，慶應義塾大学商学部，2015年3月

大里安奈・楠本浩雅・坂戸友美・杉田明日香・谷口博哉・和久太郎，「学生恋愛の計量分析」，『山本勲研究会・三田祭論文集』，慶應義塾大学商学部，2011年11月

大野由香子・山本勲，「労働市場における地域寡占がパートタイム雇用者の賃金格差に与える影響」，『日本の家計行動のダイナミズムⅦ』，慶應義塾大学出版会，2011年6月

加藤成悟・栗山茜・成田晴美・西本梨紗・村山功祐・小野沢京平，「NHKの効率性と存在意義に関する計量経済分析」，『三田商学研究・学生論文集』，慶應義塾大学商学部，2014年3月

栗山茜・武藤愛，「朝食の計量分析」，『山本勲研究会・卒業論文集』，慶應義塾大学商学部，2015年3月

黒木俊介，「ノーベル賞の計量分析」，『三田商学研究・学生論文集』，慶應義塾大学商学部，2014年3月

黒田祥子・山本勲，『デフレ下の賃金変動：名目賃金の下方硬直性と金融政策』，東京大学出版会，2006年9月

齋藤寛之・酒井遼大・竹内健人・竹原朋輝・松坂卓流,「アカデミー賞のシグナリング効果」,『三田商学研究・学生論文集』,慶應義塾大学商学部,2015年3月

齋藤翔・田中健太郎,「日本のスポーツを元気にする実証分析」,『山本勲研究会・卒業論文集』,慶應義塾大学商学部,2011年3月

津村恵里子,「お墓の計量分析」,『山本勲研究会・卒業論文集』,慶應義塾大学商学部,2013年3月

中村友行・増田将志・森原悠,「Cut the comedy」,『山本勲研究会・卒業論文集』,慶應義塾大学商学部,2010年3月

永田裕香子・西巻慎平・古橋卓弥・増中玲央・山里晴香「指定自動車教習所の実証分析」,『三田商学研究・学生論文集』,慶應義塾大学商学部,2015年3月

樋口美雄(編)・岡崎浩郎・岩瀬智彦・内田祐司・神谷之泰・河村宗寛・中村一成,山本勲,『プロ野球の経済学』,日本評論社,1993年9月

樋口美雄・山本勲「わが国男性高齢者の労働供給行動メカニズム―年金・賃金制度の効果分析と高齢者就業の将来像」,『金融研究』,第21巻別冊第2号,2002年10月

本郷みづき・山崎裕美,「読書の計量分析」,『山本勲研究会・卒業論文集』,慶應義塾大学商学部,2012年3月

松浦あずみ,「大学生の働き方に関する意識調査」,『山本勲研究会・卒業論文集』,慶應義塾大学商学部,2012年3月

武香織・山本勲,「ABO血液型に対する意識と学歴・賃金への影響」,日本人類遺伝学会第57回大会報告,2012年10月

山本勲,「高年齢者雇用安定法改正の効果分析―60歳代前半の雇用動向」,『日本の家計行動のダイナミズムⅣ』,慶應義塾大学出版会,2008年9月

山本勲,「非正規労働者の希望と現実―不本意型非正規雇用の実態」,『非正規雇用改革』第4章,日本評論社,2011年6月

山本勲,「上場企業における女性活用状況と企業業績との関係―企業パネルデータを用いた検証」,RIETI Discussion Paper Series 14-J-016,2014年3月

山本勲,「企業によるキャリア研修の効果:マッチングDDを用いた検証」,未定稿,2015年6月

山本勲・伊藤大貴,「地域の育児支援策と女性就業:「子育て支援総合推進モデル市町村事業」の政策評価分析」,『三田商学研究』第57巻第4号,2014年10月

山本勲・黒田祥子,『労働時間の経済分析:超高齢社会の働き方を展望する』,日本経済新聞出版社,2014年4月

山本勲・坂本和靖,「震災ボランティア活動参加の決定メカニズム」,『日本の家計行動のダイナミズムⅧ』,慶應義塾大学出版会,2012年6月

山本勲・野原快太,「積極的労働市場政策と若年雇用:ジョブカフェ関連事業の政策評価分析」,『三田商学研究』第57巻第 4 号,2014年10月

Yamamoto Isamu and Matsuura Toshiyuki, "Effect of Work-Life Balance Practices on Firm Productivity: Evidence from Japanese Firm-Level Panel Data," *The B. E. Journal of Economic Analysis & Policy*", Vol. 14, No. 4, October 2014

さらに学びたい人のために

　本書では横断面データやパネルデータを用いた実証分析のための計量経済学について，数式展開や証明を省略する代わりに，多くの分析事例を紹介しながら，分析手法の正しい選び方や推定結果の読み方を中心に解説してきました。このため，計量経済学を学問として数式展開や証明を含めてきちんと学びたい人や，さらに多くの分析ツールや分析事例を把握したい人には，以下の教科書をおすすめします。本書を読み終えた後に，あるいは，本書と並行して学ぶことで，計量経済学や実証分析の知識・スキルがより身につくはずです。

 計量経済学の基本事項を数式展開や証明も含めて学ぶのに適している教科書

`全般`
- 蓑谷千凰彦，『計量経済学（第2版）』，多賀出版，2003年
- 伴金美・中村二朗・跡田直澄，『エコノメトリックス』，有斐閣，2006年
- 羽森茂之，『ベーシック計量経済学』，中央経済社，2009年

`マクロ計量経済学`
- 山本拓，『経済の時系列分析』，創文社，1988年

 ミクロ計量経済学について，応用までしっかりと学ぶことや，さらに多くの分析手法や分析事例を把握することのできる教科書

`ミクロ計量経済学の基礎から応用`
- 北村行伸，『ミクロ計量経済学入門』，日本評論社，2009年
- 末石直也，『計量経済学』，日本評論社，2015年

`分析ツールや分析事例`
- ヨシュア・アングリスト，ヨーンシュテ・ファンピスケ（大森義明ほか訳）『「ほとんど無害」な計量経済学』，NTT出版，2013年
- 森田果，『実証分析入門』，日本評論社，2014年

- 樋口美雄・新保一成・太田清,『入門パネルデータによる経済分析』, 日本評論社, 2006年

統計ソフトを用いて計量経済学を実践的に学ぶことのできる教科書

Stata
- 松浦寿幸,『Stataによるデータ分析入門（第2版）』, 東京図書, 2015年
- 筒井淳也・水落正明・秋吉美都・坂本和靖・平井裕・福田亘孝,『Stataで計量経済学入門（第2版）』, ミネルヴァ書房, 2011年

Eviews
- 高橋青天・北岡孝義,『Eviewsによるデータ分析入門』, 東京図書, 2013年
- 松浦克己・コリンマッケンジー,『Eviewsによる計量経済分析』, 東洋経済新報社, 2012年

R
- 秋山裕,『Rによる計量経済学』, オーム社, 2009年
- 福地純一郎・伊藤有希,『Rによる計量経済分析』, 朝倉書店, 2011年

計量経済学の基礎から応用まで広範囲に学ぶことのできる大学院レベルの教科書

全般
- Arthur Goldberger, *A Course in Econometrics*, Harvard University Press, 1991年
- Fumio Hayashi, *Econometrics*, Princeton University Press, 2000年

ミクロ計量経済学
- Jeffrey Wooldridge, *Econometric Analysis of Cross Section and Panel Data* (second edition), The MIT Press, 2010年
- William Greene, *Econometric Analysis* (seventh revision), Pearson Education, 2011年

索　引

■英　数

2乗項 …………………………………… 42
2段階最小二乗法 … 90, 170, 171, 174, 175
2段階推定 …………………………… 140
2値変数 …………………………… 46, 98
BLUE … 79, 80, 81, 85, 89, 139, 140, 156,
168, 181, 182
Cox比例ハザードモデル
……………………… 212, 214, 216, 218
DD分析
… 194, 196, 198, 204, 205, 229, 231, 232
F検定 ………………… 32, 152, 189, 193
Oaxaca分解 ……………………… 65, 67
OLS …………………………………… 14
PDCAサイクル ……………………… 4
p値 ………………………… 17, 30, 31
t値 ………………… 16, 29, 31, 56, 64
t分布 ………………………………… 30

■あ　行

閾値 …………………… 121, 124, 125, 156
一致性
…… 79, 89, 139, 140, 169, 171, 182, 183
一般化最小二乗法 …… 84, 86, 95, 97, 101,
103, 105, 150, 152, 182, 184
イベント ………………………… 208, 210
因果関係 ………… 20, 21, 168, 170, 171
ウエイト ………………… 95, 97, 99, 202
エビデンス …………………………… 4
エビデンスに基づく行動サイクル …… 4
横断面データ …………………… 11, 24
応用ミクロ経済学 …………………… 8
オッズ比 ……………………………… 216

■か　行

回帰曲線 …………………………… 107
回帰直線 …………………………… 14, 77
回帰分析 ……………………………… 10
回顧パネルデータ ………………… 193
外挿 …………………………………… 18
ガウスマルコフの定理 ……………… 80
加重最小二乗法 …… 84, 94, 95, 97, 99, 202
仮説検定 …………………………… 16, 31
傾きダミー ……………………… 48, 50
頑健標準誤差 ……………… 84, 114, 141
観察変数 …………………………… 163
観測数 ………………………………… 26
観測単位 ……………………………… 25
観測値 ………………………………… 25
観測変数 ……………………… 120, 124
擬似決定係数 ……………………… 111
基準ハザード関数 ……………… 213, 214
期待値 ………………………… 138, 139
基本統計量 …………………………… 12
帰無仮説 …………………………… 32, 189
逆の因果関係 ………………………… 88
逆の因果性 …… 21, 88, 167, 168, 170, 174,
176, 178, 186, 190, 227
逆ミルズ比 … 138, 139, 141, 145, 148, 158
教育プレミアム ………………… 36, 37, 41
寄与度 ………………………………… 67
均一分散 ………………………… 80, 95
勤続プレミアム ……………………… 50
クロスセクションデータ …………… 24
傾向スコア ……………………… 201, 203
傾向スコア加重最小二乗法 …… 201, 203
傾向スコアマッチング …………… 201

索　引 243

傾向スコアマッチング推定
　………………………203, 205, 234
経済主体行動………………21, 26, 27, 120
経済理論………………2, 5, 9, 10, 20, 119
係数……………………10, 14, 110, 216
欠損値………………………………12
決定係数……………………… 15, 32
欠落変数バイアス……86, 89, 140, 142, 186
限界効果………29, 110, 112, 124, 125, 128,
　　　　　　　　144, 145, 153, 155, 160
原理・原則……………………………3
効果測定…………………………194
交差項………40, 50, 60, 197, 223, 225, 230
構造形……………………………21, 26, 27
効率性………………………79, 84, 86, 181
コクラン・オーカット法………………86
誤差…………………………………10, 77
誤差項………………………………80, 87, 93
誤差項の仮定………………………80
固定効果操作変数法………………186, 226
固定効果モデル……90, 181, 182, 184, 185,
　　　　　　　　191, 223, 224, 226
個票データ…………………………12, 26
固有効果…………………90, 101, 181, 182
コントロール……38, 62, 65, 90, 187, 227
コントロールグループ
　………………195, 200, 203, 205, 231

■さ　行

最小二乗法…………14, 76, 78, 79, 103, 141
最小値……………………………12, 13
最小二乗推定……………………140
最小二乗推定量…………………79, 80
最大値……………………………12, 13
最尤推定…………………………141
最尤推定量………………………109
最尤法………108, 112, 114, 115, 143, 157
最良線形不偏推定量………………79

差の差の分析……………………196
サバイバル分析…………………208
差分モデル………………………183
散布図……………………………13, 14
サンプルサイズ……………………12, 26, 33
サンプルセレクション……………136
サンプルセレクションバイアス
　………………140, 142, 145, 157, 164
サンプルセレクションモデル……136
時間可変…………………………186
時間不変……………………186, 190, 227
時系列データ………………10, 23, 85, 95
自己相関…………………85, 86, 95, 182
自然対数…………………………43, 44
実行可能な一般化最小二乗法………99
質的変数…………………………46, 104
質的変数モデル…………………105
指標変数…………………………46
シミュレーション…………………18, 133
重回帰分析………………………17, 35, 37
集計横断面データ………………26
集計時系列データ………………25
集計データ………………………12, 25
従属変数…………………………10
自由度……………………………32, 33
自由度修正済決定係数……………33, 57, 62
順序プロビットモデル……………119
順序ロジットモデル
　………118, 119, 121, 123, 129, 155, 156
消費関数…………………10, 20, 28, 96
推定値……………………………14
正規確率密度関数…………………108
正規分布関数……………………107
生産関数…………………………44, 151
生存時間……………………210, 216, 219
生存率………………………210, 215
生存率曲線………………………214
世代効果…………………………133

切片ダミー……………………47,48
説明変数………10,28,88,101,168,172
セレクション関数………………141
線形確率モデル………83,97,105
線形関数……………………………28
線形モデル…………………………40
潜在変数
　………120,121,123,124,134,156,163
相関……………………………………13
相関関係………………………168,170
操作変数……170,171,174,176,178,226
操作変数の条件………………………170
操作変数の適切性……………………173
操作変数法………………90,170,171,177
外生変数……………………………88

■た　行

対数線形化……………………………44
対数尤度………………………………111
タイムトレンド……………………192
代理指標…………………………142,145
代理変数………………………………90
多項ロジットモデル
　………118,119,122,126,131,158,160
多重共線性……………………………39
ダミー変数
　……46,51,59,60,83,97,104,120,197
単回帰分析………………………17,35
弾性値……………………………44,45
賃金関数…………………48,55,68,144
追跡データ……………………………24
ティックデータ………………………23
統御実験………………………………38
統計ソフト……………………………6,7
統計的に有意………17,31,56,59,216
統計の有意性…………………………31
同時決定・内生性バイアス…90,166,185
同時決定バイアス………………87,168,169

トービットモデル
　……………134,138,143,146,156,161
独立変数………………………………10
年ダミー……………………………192
共分散………………………80,85,101
トリートメントグループ
　………………195,200,203,205,231

■な　行

内生性バイアス………………88,168,169
内生変数…………………………88,178,227
内挿……………………………………18
年齢効果………………………………133
ノイズ…………………………2,10,21

■は　行

ハウスマン検定……189,191,193,224,227
ハザード比………………………216,218
ハザード率………………………211,212,215
外れ値…………………………………13
パネルデータ……11,24,85,89,95,101,
　102,116,151,152,176,177,180,190,
　　　　　　191,209,222,225,229
パラメータ
　……10,14,15,29,56,77,109,110,123
パラメータ推定値…………………28
被説明変数
　………10,28,88,101,118,134,168,172
非線形モデル………40,43,106,123,188
ビッグデータ…………………………3
標準誤差……………………15,16,29,77
標準偏差………………………………12
不均一分散………82,83,93,94,96,99,105,
　　　　　　　　　　　　114,141,152
不均一分散頑健推定量……………84
不偏推定量……………………………99
不偏性…………………………………79
フリクションモデル………………161

プロビットモデル……106,110,112,113,
　114,115,118,120,140,141,150,155,
　　　　　　　　　　157,201,206
分散……………………………………12
分散・共分散構造……………………86
分布関数…………………………… 107
分布ハザードモデル
　……………… 212,213,216,218,235
平均処置効果…… 196,198,205,230,233
平均値……………………………………12
平均値データ………………… 82,93,96
ヘーキットモデル
　……………… 136,139,144,147,157,164
ベース…51,59,61,115,126,127,132,160
偏弾性値…………………………… 45,56
変量効果プロビットモデル
　………………………… 115,151,198
変量効果モデル…86,101,103,151,177,
　　　　　　　　　181,184,191,224
法則性……………………… 3,7,10,27

■ま　行

マッチング………………………… 200
マッチングDD分析 ……………… 232
マッチング推定……… 200,202,203,233
ミクロ横断面データ……………………26
ミクロデータ……………………………26

ミクロパネルデータ……………………27
見せかけの関係………………………21

■や　行

有意差検定………………………… 203
有意水準………………… 17,30,32,114
尤度………………………………… 108
誘導形…………………………………21
尤度関数…………………………… 108
要因の特定化………………… 38,71
要因分解………………………………65
予測値………… 18,98,106,108,152,171
予備的分析……………………………12

■ら　行

ラグ………………………………… 228
離散選択モデル…………… 105,118,119
離散変数…………………………… 104
リスク……………………………… 208
量的変数…………………………… 104
理論なき計測………………………9,20
例外……………………………………3
連続変数…………………………… 104
ロジスティック分布関数……………… 107
ロジットモデル…………………… 107
ロバスト標準誤差………………………84

■著者紹介

山本　勲（やまもと　いさむ）

慶應義塾大学商学部教授。1993年慶應義塾大学商学部卒業，2003年ブラウン大学経済学部大学院博士課程修了（経済学博士）。1995～2007年日本銀行，2007年慶應義塾大学商学部准教授を経て現職。

専門は応用ミクロ経済学，労働経済学。主な著作として『労働時間の経済分析：超高齢社会の働き方を展望する』（共著，日本経済新聞出版社，2014年，第57回日経・経済図書文化賞受賞），『日本の家計行動のダイナミズムⅧ』（共編著，慶應義塾大学出版会，2012年，第4回政策分析ネットワーク賞受賞）。

実証分析のための計量経済学
■正しい手法と結果の読み方

2015年11月1日　第1版第1刷発行
2021年6月25日　第1版第29刷発行

著　者　山　本　　　勲
発行者　山　本　　　継
発行所　㈱中　央　経　済　社
発売元　㈱中央経済グループ
　　　　　パブリッシング

〒101-0051　東京都千代田区神田神保町1-31-2
電　話　03 (3293) 3371 (編集代表)
　　　　03 (3293) 3381 (営業代表)
https://www.chuokeizai.co.jp
印　刷／東光整版印刷㈱
製　本／誠　製　本㈱

©2015
Printed in Japan

＊頁の「欠落」や「順序違い」などがありましたらお取り替えいたしますので発売元までご送付ください。(送料小社負担)

ISBN978-4-502-16811-6　C3033

JCOPY〈出版者著作権管理機構委託出版物〉本書を無断で複写複製（コピー）することは，著作権法上の例外を除き，禁じられています。本書をコピーされる場合は事前に出版者著作権管理機構（JCOPY）の許諾を受けてください。

JCOPY〈http://www.jcopy.or.jp　eメール：info@jcopy.or.jp〉